本书为2016 年度教育部人文社会科学重点研究基地重大项目
“高考制度改革研究”（16JJD880029）之成果

高考改革与基础教育变革

周序 著

浙江教育出版社·杭州

总 序

FOREWORD

高考是中国教育改革的关键环节，而整个考试招生制度又是以高考制度为核心的。2014年8月29日，中共中央政治局会议审议通过了《关于深化考试招生制度改革的实施意见》。会议指出，考试招生制度是国家基本教育制度，是人才培养的枢纽环节，关系到国家发展大计，关系每一个家庭的切身利益，关系亿万青少年学生的前途命运。改革开放以来，我国教育考试招生制度不断改进，为学生成长、国家选才、社会公平作出了重要贡献。这是对以高考为核心的考试招生制度的重要而精练的评价。

2014年9月4日，国务院发布《国务院关于深化考试招生制度改革的实施意见》，进一步指出：考试招生制度“对提高教育质量、提升国民素质、促进社会纵向流动、服务国家现代化建设发挥了不可替代的重要作用。这一制度总体上符合国情，权威性、公平性社会认可”。这份纲领性文件充分肯定了考试招生制度的功能与作用，强调了改革开放以来考试招生制度改革取得的成就，是一个实事求是的基本判断。确实，以往高考在科学选拔人才、保证高校生源的质量，促进学生努力向学、提高民族文化水平，维护教育公平、稳定社会秩序，促进社会流动、保持社会活力等方面，一直起着重要的作用。改革开放近40年来，我国基础教育水平的提高、经济的腾飞、社会的发展，都与高考的恢复和改革密不可分。经过高考选拔的人才在接受高等教育后成为国家各行各业的骨干力量和栋梁之材，推动了中国经济的飞速发展，高考制度的积极意义应该充分予以肯定。

同时，该实施意见也指出了目前考试招生制度存在的弊端：“主要是唯分数论影响学生全面发展，一考定终身使学生学习负担过重，区域、城乡入学机会存在差距，中小学择校现象较为突出，加分造假、违规招生现象时有发生。”高考制度也确实存在很多局限性，因为竞争性的统一考试会诱发应试的顽症，如造成学生学习时间长、体育锻炼少、一定程度的偏科、只重分数不重平时表现，等等。虽然各种教育文件中都明文规定全面考核学生的德、智、体、美，择优录取，但在实际操作中，基本上是以“智”即高考分数来衡量学生的。尤其是平行志愿录取模式，更是将分数的重要性推向极致。在某些人口大省，高考分数集中的分数段，提升一分就可能超越千人，因此学生更是竭尽全力地追求分数。

为了克服应试造成的弊端，必须对高考制度进行变革。作为人们共同遵守的办事规程或行动准则，制度一旦形成，便具有一定的稳定性和刚性的约束力。高考制度的利弊都很显著，要对长久以来形成并得到多数民众拥护的高考制度进行变革，具有很大的难度，任何微小的变动都会引起全社会的关注。如何使高考制度与国家人才培养和社会人才需求有机结合起来，使之高效地服务于新时期国家社会经济的发展，是一个全局性问题。因此，必须在长远规划和全面研究的基础上，积极稳妥地推进高考制度变革。

2017年是进行高考综合改革试点的上海、浙江的“3＋3”科目改革完成一轮进入录取阶段的年份，也是总结成效和经验、准备推广实施的重要年份，而且是纪念恢复高考40周年的特别年份。高考改革各方面都在推进，出现了许多新气象、新挑战、新问题，亟须进行全面、系统的研究。应高考制度变革的时代与社会需要，我们组织编写了这套“高考制度变革与实践研究”丛书。

本丛书已列入2017年国家出版基金项目。丛书突出高考改革进入新阶段之后的考试招生制度的变化，直面出现的新气象、新挑战、新问题，力图对高考制度变革理论、国外高校招考制度、高考改革热点与难点问题、异地高考政策与随迁子女社会融入、高考录取制度改革、试点省市高考改革、高考改革形势下的基础教育变革、高考法律问题等方面进行系统的研究，为高考制度变革提供理论依据和政策建议，具有特别明显的现实意义和历史意义。

刘海峰

2017年4月12日

目录
CONTENTS

第一章

举国大考的前世今生

每年的6月7日，是“举国大考”——高考开始的日子。在我国，“高考”始终是一个热点话题、热门词汇。每年高考前后那段时间，网络上、报刊上、电视上，各种与高考有关的新闻话题可以说是铺天盖地：今年的“一本”线是多少，“三本”线又是多少；全市的录取率有多高，某某学校在高考中有没有取得优异成绩；等等。也少不了诸如某个考生因遇到堵车未能按时进入考场、今年的第一张录取通知书寄给了谁之类的新闻。成功家长教子法、高分考生成功经验等也大行其道，赚足了眼球。可以说，高考吸引的目光比12年的基础教育还要多。

自1977年恢复高考制度以来，高考为我国选拔了一批又一批的优秀人才，也成为青年人迈向成功人生的重要桥梁。但在高考的丰功伟绩背后，人们对高考的评价却并不全是一片赞美之声。虽然有媒体强调高考是“当代中国最成熟和最权威的人才选拔机制”[①]，也有学者论证说“高考总的来看是利大于弊，对促进整个社会的发展，特别是对‘文革’以后由乱到治，拨乱反正，对整个民族的复兴起到了很重要的作用”[②]，但这些声音掩盖不住人们对高考的指摘。在网络上随意一搜，就能找到数量庞大的对我国高考制度进行批判的文章：《中国高考之弊端》《媒体盘点高考弊端：一切看分数，高校分三六九等》，诸如此类，不胜枚举。在日常生活当中，也经常听到人们说“高考助长了死记硬背的学习方式”“高考导致了片面追求升学率的现象”“高考扼杀了学生的创造力”之类的话。如果我们走近那些即将参加高考的考生，常常能听到他们在高考压力之下的抱怨，甚至感受到他们对“为

①刘武俊.考试立法缺席[N].中国青年报，2000-07-14.

②刘海峰.高考改革的回顾与展望[J].教育研究，2007（11）：22.

高考而学”的迷茫。我们也时常能看到高中学校里四处张贴的与高考相关的口号和标语，例如“掉皮掉肉不掉队，流血流汗不流泪”“就算撞得头破血流，也要冲进一本线”等等。有一个大学生还专门写了一本书叫《我不原谅——一个90后对中国教育的批评和反思》，批评中国的基础教育，顺便也把高考批了个体无完肤。他在书中犀利地抨击道：高考乃中学一切摧残之基础，它是“独木桥”——全国所有学生都得走同一条单向街不说，还要抢着从这儿排队出去，于是乎各位就要拼个你死我活。[①]

值得注意的是，高考的不受待见并不仅限于网络，也不是个别学生的一家之言，很多学者也对高考进行了尖锐的批判。上海师范大学的张民选教授说：“作为高考，人们赋予它多少要求？在公平的口号下，它被赋予了多少职能？似乎中国的教育问题就在这里了，这唯一的一个问题解决了就一切都好，解决不了，这个社会就没有希望。”[②]中国人民大学的顾海兵教授曾忧心忡忡地表示：“统一高考制度一日不改，中国的创新基础一日不可能厚实，中国的核心竞争力一日不可能强大！”[③]《半月谈》也曾刊文《追问高考四大弊端》，批判高考的种种弊端。[④]总的来说，人们对高考的批判绝非个性使然、个别现象，而是带有相当程度的普遍性，有的批判也是有理有据。各种各样的观点综合起来表达了一个共同的意思，即现有高考制度是中国教育各种问题的关键所在。有人甚至认为它是“为什么我们的学校总是培养不出杰出人才”的最终解答。

面对这一切，我们应该思考：为什么高考虽屡遭批判，却能延续至今？如果高考早已弊病丛生、弊大于利，为什么不干脆取消算了，还要留着它来受人指责？如果高考是不得不为之的一项制度，又为什么会成为众矢之的？因此，厘清高考制度的弊端并进行深入分析、合理评价，就成为很有必要的一项工作。

①钟道然.我不原谅——一个90后对中国教育的批评和反思[M].北京：生活·读书·新知三联书店，2012：36.

②刘杰.考试公正与教育公平[J].教育与职业，2005（22）：69.

③顾海兵.高考与统一高考之辩——兼与孙东东教授商榷[J].湖北招生考试，2005（2下）：16.

④刘誉泽.追问高考四大弊端[J].半月谈，2004（17）：30-33.

第一节
如此怨念为哪般——高考为什么会成为众矢之的

一、为什么人们不满高考

高考实行的是凭分录取，分数面前人人平等。高考的本意是要选拔适合进入高等学校进一步深造的人才，但高考衡量人才的标准却仅仅是考试分数：知识掌握程度用分数来衡量，能力高低用分数来评判，甚至道德品行也以分数为依据……这样一个标准显得单一而僵化，甚至导致了高分低能的现象，不少学生虽然在高考中获得的分数很高，但其综合能力、素质偏低。更重要的是，一些不能用分数来衡量的内容，或者不在高考考查范围内的内容，例如动手能力、演讲能力、批判能力等，尽管对学生来说也非常重要，却经常被师生所舍弃。单一的衡量标准带来的结果就是学校发展的趋同化和学生个性的丧失，“千校一面”成为各个层级基础教育的常态，而“除了考试，别的什么都不会”则成为很多中学生的真实写照。

上述现象往往被概括为“应试教育”。“应试教育”这一提法其实并不准确，笔者在《应试主义》一书中曾专门对“应试”“应试教育”和“应试主义”三个概念进行区分。[①]在笔者看来，有考试必然会有应试，应试是一个自然而然的、普遍存在的学习行为，学生在考前进行针对性的复习，这自然是在应试，对此，我们不但不能加以指责，反而应该赞赏——如果某个学生不去复习，倒是要怪他学习态度不端正了。那么同样道理，对于老师在考前为学生做针对性的讲解，布置针对性练习，也不能盲目加以否定，即便考前的针对性训练被称为“应试教育”。如果他不帮助学生复习应考的话，我们可能反倒要认为这个老师不负责任。真正导致严重问题，值得批判和反思的，应该是“应试主义教育”，即将针对考试的教育

①周序．应试主义[M]．厦门：厦门大学出版社，2017：3-5.

在时间上无限延长，在方式上极端僵化的行为，例如无休止的题海战术，日复一日、年复一年的满堂灌输和死记硬背，诸如此类。现如今，无论是在日常生活还是在学术研究中，这三个概念经常被混为一谈，将无可厚非的“应试”和“应试教育”都当成是“应试主义教育”来加以斥责，从而造成了一些不必要的误解。在本书中，为了保证严谨性，笔者将尽可能地使用“应试主义教育”这一概念。然而在引述他人观点的时候，为尊重作者、尊重原文，有时无法避免使用“应试教育”这一被普遍采用的提法，但需要明确的是，很多引文中的“应试教育”，实际上应该是指本书所说的“应试主义教育”。

相信任何一个经历过“黑色高三”“魔鬼应试”的人都能清晰地回忆起应试主义教育的状况：满堂灌输、题海战术、加班加点、频繁考试、死记硬背……想想都让人心有余悸。在应试主义教育当中，教学过程成为知识的灌输和记忆过程，学生的分析思考则被各种解题套路、答题模板所代替，“考什么，教什么，不考就不教”的现象普遍存在。不少经历过应试主义教育的学生，在通过高考这道关口的同时，也在很大程度上丧失了对新鲜事物的好奇和冲动，丧失了激情和创造，成为一个“知识丰富”但缺乏独立思想和创新意识的人。

总的说来，人们不满高考的各种原因，基本上都可以归结到应试主义教育上面去。批评者们从学生本位、人文关怀的角度出发，对分数至上、简单规训等应试主义教育的问题进行了犀利的抨击，而高考作为引发应试主义教育的重要因素，自然会面临人们的不满和指责。

二、一样考试，两样命运

在高考的统摄下，无数教师和学生为升学而殚精竭虑，应试主义教育似乎是必然的。但令人困惑的是，诸如研究生入学考试、大学英语四六级考试等，虽然也关系到考生的命运，但并未导致大学本科阶段的教育陷入应试主义教育的泥潭；公务员考试在报考规模和影响力上较之高考已不遑多让，甚至被称为“国考”，同样没有造成大学教师在课堂教学当中进行公务员考试培训的现象。所以说，考试和学校教育当中的应试主义教育未必就是天然绑在一起的。那么，因为应试主义教育的存在就对高考心存不满，认为高中阶段乃至整个基础教育阶段的应试主义教育问题都是由高考导致的，就显得于理不足了。但是，如果我们把目光继续往前追寻，就会发现，自隋唐到清末的科举考试，一直面临着非常典型的应试教育（准确地说是应试主义教育）问题[①]，而且这一问题早在封建社会时期就已经引起了普遍的关注和批评。

比如说，唐玄宗时，考生为了应考，往往在选修正经的时候趋易避难，这招来了国子监祭酒杨玚的批评，他曾上奏说，“今之明经，习《左传》者十二三，若此久行，臣恐左氏之学，废无日矣……又周礼、仪礼及公羊、谷梁殆将废绝”[②]；宋朝的欧阳修也曾上书称，“学者不根经术，不本道理，但能诵诗赋”[③]；元代的王恽说，考生为了中举，专事“剽窃，不根经史”[④]；明朝的顾炎武曾说，当时的考生在学习期间，基本上不读本经，而只是“窃取他人之文记之”[⑤]。他们的言论都不约而同地表达出对考什么就学什么、模仿照搬等应试现象的不满。如果说应试仅仅是学生的个人行为也就罢了，真正严重的问题是，学校教育也被应试的需求所挟持，陷入应试主义教育的泥潭。例如，北宋司马光曾评价学校的教育：“谨其出入，节其游戏，教以钞节经史，剽窃时刻，以夜继昼，习赋诗论策，以取科名而已。”[⑥]这种情况到了南宋不但没有好转，连太学里面也沾染了“为科举而学”的风气。朱熹曾毫不客气地批评说：“所谓太学者，但为声利之场，而掌其教事者，不过取其善为科举之文，而尝得售于场屋者耳。”[⑦]太学中的这类问题在明朝的时候还遭到了官方的批评，如《申明学规事宜》里痛陈：“太学乃教化之源，首善之地……近为老儒怀奸，师道不立，学规废弛，以致生徒全不务学，于先圣先贤之道，略不究理。循规蹈矩者少，越礼犯分者多，狂妄纵横，挑挞无藉。

①李纯蛟.科举时代的应试教育[M].成都：巴蜀书社，2004.

②刘昫，等.旧唐书[M].北京：中华书局：1997：4820.

③曾枣庄.全宋文[M].上海：上海辞书出版社：2006：185.

④王恽.秋涧集(卷三十五)[M]//永瑢，纪昀.文渊阁四库全书·集部一三九（影印版）[M].台北：台湾商务印书馆，1986：455.

⑤顾炎武.日知录（二）日知录之余[M].严文儒，戴扬本，校点.上海：上海古籍出版社，2012：647.

⑥司马光.司马温公集编年笺注（三）[M].李之亮，笺注.成都：巴蜀书社，2008：559.

⑦朱熹.晦庵先生朱文公文集（四）：学校贡举私议[M]//朱子全书[M].上海：上海古籍出版社，2002：3363.

有等入学十有余年，尚且不通文理，不能书算，不晓吏事。甚者抗拒师长，不遵教诲，放僻邪侈，靡所不为。如此习以成风，伤化败俗，虚旷岁月，徒费廪禄，教养无成，不得实材之用，甚辜朝廷兴建美意。”[①]到了清朝，情况仍未有所改变，学校教学的大多是科举考试的内容，“师以是教，弟以是学，举子以是为揣摩”[②]，而其他经世实学方面的内容，则基本上无人问津。

类似的批评意见在历朝历代的史书中都有大量记载，笔者在这里仅略举数例。总的来看，在科举考试实行期间，上至政府官员，下至文人学者，对科举考试都有诸多不满。因此，从唐代的杨琯、沈既济，到宋代的范仲淹、苏颂、司马光、蔡京，再到清代的舒赫德，以及早期改良派冯桂芬、王韬、郑观应等人，都纷纷提倡或推行荐举制，主张取消科举制。尽管最终不是没能付诸实践就是短暂尝试之后匆忙停止，但至少表达了其对科举考试的不满情绪。那些未记录在正史中的不满意见，更是不胜枚举，一些小说中也能找到这类不满意见的影子。例如曹雪芹笔下的贾宝玉，不但对“时文八股一道……平素深恶”[③]，还将通过科考求取功名的人称为“禄蠹”[④]。这些不满的声音和今天人们对高考的态度差不多，也是主要集中在应试主义教育上面。例如现在的主科、副科之分，考点、非考点之别，和科举时期的“师以是教，弟以是学，举子以是为揣摩”简直如出一辙；又如教师给学生提供作文模板、答题套路的做法，与科举时期教师教学生如何“钞节经史，剽窃时刻”也颇有几分神似。至于学生眼高手低、片面发展、纸上谈兵等现象，更是一直存在。

和科举、高考相比，人们对大学英语四六级考试、研究生入学考试或者公务员考试的评价就显得宽容多了。无论是在日常生活还是在网络空间，骂高考的人多而批四六级考试的人少，指责高考让学生“失去创造力”的人多而担心研究生入学考试令人“丧失批判思维”者少，呼吁取消高考者多而主张取缔公务员考试者少。可以说，同样是举国大考，同样是关系到人生前途、个人命运的重大考试，人们对四六级考试、研究生入学考试和公务员考试就没有那么多的不满情绪。即便有不满，也主要是集中在考试纪律不够

①黄佐.南雍志[M].台北：伟文图书，1976：933-934.

②陈培桂.淡水厅志[M].台北：大通书局，1984：120.

③曹雪芹，高鹗.红楼梦[M].北京：人民文学出版社，1982：1007.

④曹雪芹，高鹗.红楼梦[M].北京：人民文学出版社，1982：263.

严、报考人数太多而录取名额很少等方面。2011年大学英语四六级考试泄题事件曾引发广泛关注①，《国考报名已过百万　最火职位“四千挑一”》②之类的文章也赚足了点击率。相比之下，很少有人去关心大学生们在复习备战四六级或是公务员考试过程中的死记硬背、临摹答案等问题。尽管这类应试现象也普遍存在，但总归没有导致大学教师为学生提供专门培训的应试主义教育局面。应试虽存，但应试主义教育并未产生，自然也就不会出现因应试主义教育而导致的不满情绪。

总之，考试和应试主义教育并不总是相伴而生，科举和高考都导致了应试主义教育的问题，而研究生入学考试、公务员考试、四六级考试等则并未导致严重的应试主义教育问题。究竟什么样的考试会导致应试主义教育，什么样的考试不会导致应试主义教育？

三、什么样的考试会导致应试主义教育

有人认为，高考是关系到学生命运前途的大事，因此，学校为了帮助学生在高考当中脱颖而出，就只能搞片面的应试教育，从而陷入应试主义教育的深渊。在他们看来，或许一些“小打小闹”的考试不会导致应试主义教育，但是，由于高考具有高利害性，必然是和应试主义教育相伴而生的。比如，有人提出在高度重视教育的社会环境下，学历竞争和作为获得学历的跳板的高考竞争必然非常激烈。教育为了和追求文凭的社会现实相适应，只能将目光从学生的综合发展转向提高成绩，“把升学的选择性考试成绩当成评价基础教育的唯一标准，而忽视学生的全面发展”③。重视成绩而忽视全面发展，这就是应试主义教育的典型特征。江峰、林玲根据经济学中的供需原理提出：中国教育供求关系当中的主要矛盾是教育资源短缺和教育需求的无限膨胀之间的矛盾，由于高等教育的受教育机会，尤其是高质量的高等教育

①李征.今年四六级真题开考前就上网　连续第六年陷“泄题门”[EB/OL].（2011-12-18）[2016-02-26].http://news.163.com/11/1218/14/7LIGPJQE00014AEE.html.

②阚枫.国考报名已过百万　最火职位“四千挑一”[EB/OL.(2013-10-24)[2016-02-26].http://www.chinanews.com/gn/2013/10-24/5417127.shtml

③钱民辉.教育处在危机中　变革势在必行——兼论“应试教育”的危害及潜在的负面影响[J].清华大学教育研究，2000（4）：43.

受教育机会比较有限，但获得这些机会的需求却是无限的，因此只能通过竞争来解决。[①]应试主义教育就是这种竞争的体现。周颖从“经济人”假设出发进行的分析也支持这种观点。他认为，“对高质量教育的需求是无限膨胀的，而供给永远是短缺的……考生……不仅要取得较高的高考分数，更重要的是要取得超过本省的其他竞争者，特别是报考同一高校同一专业的竞争者的相对优势，从而赢得这场关系人生命运的大博弈”[②]，而作为一个“经济人”，考生们可能会觉得要赢得这场博弈，依赖应试主义教育比依靠素质教育更有实效。总的来说，在一些学者看来，高等教育的重要性和高等教育资源的不足，使高考成为一项高利害性的考试，因此必然导致应试主义教育。

考试的高利害性可以解释为什么科举、高考都导致了应试主义教育，但在四六级考试、研究生入学考试和公务员考试那里却不具备解释力。因为无论是四六级考试、研究生入学考试还是公务员考试，对考生来说同样是高利害性的，同样是关系到人生命运和个人前途的，但大学教师该讲专业课就讲专业课，不会因为学生马上要参加公务员考试，就把中国文学史讲成申论；也不会因为学生明天要考四六级，就把大学英语变成四六级真题评析。所以，高利害性只是导致应试主义教育的必要条件，而不是充分条件。

那么，科举、高考和四六级考试、研究生入学考试、公务员考试等比起来，到底区别在哪里呢？

我们发现，无论是科举还是高考，都具有跳板的功能。科举是封建社会寒门子弟跻身上层社会的途径。更重要的是，这个跳板几乎是唯一的跳板，只有通过科举考试，才有可能“春风得意马蹄疾，一日看尽长安花”。在现代社会，通过了高考的选拔，似乎就能摇身一变成为“天之骄子”。因此，无论是科举考试还是高考，都是读书人走的一座“独木桥”。既然这是一座可能改变命运的“独木桥”，那么那些未能通过“独木桥”的人，自然会对这一“独木桥”心生怨念。即便是那些历尽艰辛到达“彼岸”的人，也会抱怨这座“独木桥”太过拥挤，或者认为“独木桥”迫使自己用尽全部精力和其他人挤来挤去，没能得到真正意义上的全面发展。

---

①江峰，林玲．论教育的竞争与应试教育[J].南京师范大学学报（社会科学版），1999（3）：73.

②周颖．“县中”模式的特点及成因研究[D].北京：北京师范大学硕士学位论文，2009：25.

但大学英语四六级考试、研究生入学考试、公务员考试等则不同。大学英语四级考试虽然几乎每个大学生都要考，但毕竟可以多次考试，不像高考那样“成败在此一举”，而大学英语六级考试更不是所有大学生都必须通过才能毕业或升学的。尽管参加人数众多，但本质上属于选择性考试，因此这两项考试不具备跳板性质。至于研究生入学考试和公务员考试，虽然具有跳板的性质，但却不是“独木桥”。没有考上研究生，可以参加工作；没有考上公务员，还可以去其他企事业单位或自行创业，因此，这两项考试对于考生来说，绝非“自古华山一条路”。更何况大学生的选择多种多样，你要考研我要就业，你要当公务员我要自主创业，而不像高中生，基本上都主动或被动地把全部精力用在高考上面。因此，英语四六级考试、研究生入学考试、公务员考试等考试不会导致大学教育走向应试主义教育。学生可以自行应试，学校和教师几乎不会参与其中，也就自然不存在应试主义教育的问题了。

高考为什么会成为“独木桥”？高中教育一般还不属于义务教育，没有强制性，但高中生为什么不能像大学生那样有多种选择？而教师和家长也都齐心协力地鼓励大家去考大学？

中华民族自古重视读书，有“学而优则仕”“万般皆下品，唯有读书高”的文化传统，“书中自有黄金屋，书中自有千钟粟，书中自有颜如玉”等教诲，不断激励着一代又一代的人勤奋读书。尤其是在等级森严的封建社会，通过科举考试改变命运，一直是寒门子弟通往上层社会的最主要的途径。科举考试有一个很重要的特点，即它并不重视对考生经济实用之学的考查。对科举制度进行过深入研究的李纯蛟发现：在唐朝，考进士需要先考贴经，然后考杂文、策论等，如果贴经未能通过，可以用诗赋来代替，而不是以经济实用之学来代替。此外，皇帝的个人偏好也有很大的影响。例如，宋太宗、宋真宗偏爱诗赋，因此，当时的科举考试便将诗赋作为重点内容。[①]即便有的统治者偶尔也重视一下经济实用之学，但在科举考试中却未能坚持下来，反倒是形式僵化的八股取士逐渐成为科举考试的主流，“四书”“五经”成了官方认定的考试内容。换句话说，科举考试的内容，和统治者希望

①李纯蛟.科举时代的应试教育[M].成都：巴蜀书社，2004：28.

的人才所具备的能力之间并不吻合。因此，科举考试并不是检测考生们究竟有多少经世治国之才，而更像是一块敲门砖，帮助考生叩开上层社会的大门。

敲门砖的意义在高考当中得以延续。这表现在高中教育的主要价值某种程度上不在于培养学生的综合能力，也不在于促进学生的全面发展，而在于为学生将来上大学做准备。因此，高中教育长期被定位为升入大学的跳板，高中是“大学预备校”。这种说法并非毫无根据，有关高中教育的多份文件中都有所反映。例如：

1952年3月，教育部颁发的《中学暂行规程(草案)》中，将高中定位为“为升入高等学校或参加建设工作打好基础”。

1954年4月，政务院颁发了《关于改进和发展中学教育的指示》，其中明确提出，高中教育“要供应高等学校以足够的合格新生，并且还要供应国家生产建设以具有一定政治觉悟、文化教养和健康体质的新生力量”。

1963年4月，中共中央颁布的《全日制中学暂行工作条例(草案)》中也提出，“中学教育的任务，是为社会主义建设事业培养劳动后备力量和为高一级学校培养合格新生”。

教育部1978年1月颁布的《全日制十年制中小学教育计划(试行草案)》和1981年4月颁布的《全日制六年制重点中学教育计划(试行草案)》中，都把高中教育的任务定位为“为高一级学校输送合格的新生，为社会培养优良的劳动后备力量”。

1999年6月，国家教委颁发了《关于大力办好普通高级中学的若干意见》，指出：普通高中“是联系义务教育和高等教育的纽带”，“是九年义务教育后的高层次基础教育”。

2000年，教育部在《全日制普通高级中学课程计划(试验修订稿)》中提出，“普通高级中学是与九年义务教育相衔接的高一层次基础教育”。

教育部2001年颁布的《基础教育课程改革纲要(试行)》和2003年颁布的《普通高中课程方案(实验)》再次明确了对高中教育的定位，强调“普通高中教育是在九年义务教育基础上进一步提高国民素质、面向大众的基础教育”。

上述一系列政策文件，虽然偶有提到“培养劳动力”，但随着高等教育日渐大众化和用人单位对人才学历要求的提高，高中教育培养劳动力的功能日渐减少。上述文件中真正值得我们关注的，是它们都纷纷把高中教育的价值定位于基础教育和大学的预备校，这样，除了上大学，高中学生似乎就没有第二条路可走。这并不是高中教育该不该作为基础或跳板的问题，而是高中教育是不是只能作为或者主要作为基础或跳板的问题。虽然任何一个阶段的教育都可以而且应该作为高一级教育的基础，但更应该有本身的教育意义。而从上述文件内容来看，高中教育的主要价值在于“为高等教育做铺垫”。这一定位还得到了不少学者的支持。例如，冯建军认为高中教育是“高等教育的基础”①；石中英认为普通高中教育的意义在于“为大学阶段的成功学习做准备”②；廖军和、李志勇用“基础教育＋分流准备教育”来概括高中教育的性质③；谢维和明确提出应该把高中教育“从作为基础教育的一部分转变为大学预科”④……都肯定了高中教育作为高等教育的铺垫的价值，高考的敲门砖作用也由此得到证实。

我们有必要对高中教育的这一定位进行一番分析：“基础教育”意味着高中生接受的教育质量还不够高；“大学的预备校”也传递出只有上大学才是最终目的的含义。因此，高中毕业生只能说是“预备的人才”或“可能的人才”，还不足以称之为人才；只有通过了高考，上了大学，才成为“高级专门人才”。所以，在高中教育被定位为“基础”或“预科”的前提下，一个学生如果不能上大学，即便高中阶段学得再好，发展再全面，也是没有意义的。在崇尚学历和文凭的社会中，人们不会太多地关注一个高中毕业生究竟有没有真才实学，很多用人单位在招聘时也明确要求“本科以上文化程度”，甚至规定“‘985’‘211’高校毕业生优先”。所以，从这个意义上说，高中教育对学生的主要价值不在于教育本身，而在于其作为工具和跳板的作用；而高考的意义自然也就不在于测试能力和检验学习成效，而是要“敲开大学的门”。社会公众主要是把高中教育作为跳板来看待，无形中也助长了人们对高考敲门砖作用的认同：上高中的核心目的就是考大学，所以高

①冯建军.高中教育公平的哲学基础[J].教育科学研究，2011（2）：8.
②石中英.关于现阶段普通高中教育性质的再认识[J].教育研究，2014（10）：24.
③廖军和，李志勇.从精英到大众：我国普通高中教育定位之思考[J].教育科学研究，2011（2）：21.
④谢维和.从基础教育到大学预科——新时期高中教育的定位及其选择[N].中国教育报，2011-09-29（3）.

考这块敲门砖无论如何也要用好。至于高中教育本身对自己有什么样的促进作用，反倒显得不那么重要了。

那么，怎样才能更好地敲开大学这扇门呢？钱晓琳和王一涛的统计分析验证了广大师生的一个普遍经验："应试教育的成绩效应显然要大于素质教育。"[①]因此，许多高中教师都非常看重死记硬背、题海战术、满堂灌输等典型的应试主义教育的做法。即便是在素质教育被大力倡导的今天，应试主义教育的现象依然非常突出。虽然应试主义教育的危害人尽皆知，但为了敲开大学之门，一线师生对其依然是极力追求。总之，人们对高考的不满，很大程度上是来源于高考引发的应试主义教育现象。但应试主义教育的根源并不在于高考，而在于高中教育的跳板功能和高考的"独木桥"地位。从这个意义上说，高考本身并非问题的根源。

①钱林晓，王一涛.应试教育条件下的学生学习行为模型[J].教育与经济，2006（1）：57.

第二节
高考为什么会频繁改革

高考面临的众多指责大多源于人们对高考的误解。要消除这种误解，让人们清晰地看到高考的重要意义，首先是要保持高考政策的稳定性。通常而言，一项政策要想取得成效，保持一定的稳定性是必须的。但恢复高考以来，高考政策改革频繁，可谓三年一小改、五年一大改，如果把地方性的改革也算上，那几乎就是年年有新招。因此，社会公众的目光始终被高考改革的具体措施所吸引，人们对高考的误解在频繁改革的刺激下也长期未能淡化。为什么高考会如此频繁地进行改革呢？

一、高考改革的历史轨迹

自1977年恢复高考以来，大大小小的改革令人眼花缭乱。究其原因，有研究者认为是因为高考招生制度始终不能完全适应高等教育大众化阶段的现实需求，不能很好适应科学选拔人才的现实需求，以及不能很好适应基础教育改革的现实需求，因此，只能通过不断的改革来进行反复调整。[①]那么，究竟高考制度不能适应经济社会和教育发展的哪些具体的现实需求，科学选才依赖于什么样的高考制度，基础教育改革又需要什么样的考试评价，都需要进行更加具体、深入的讨论。从恢复高考以来一系列的改革举措来看，笔者认为，高考的频繁改革，归根结底是希望能够解决如下四个方面的问题。

（一）高考究竟应该考什么

高考究竟应该考什么？对这一问题，普遍的认识是，高考考查的主要是知识。“长期以来，我国的高考都是在对现成知识的掌握上见高低：能否进入高校录取的范围，几乎完全取决于对现成知识的掌握；能被何种层次的高

①钟秉林.高考招生制度改革与高中学校人才培养[J].中国教育学刊，2015（10）：1-2.

校录取，也几乎完全取决于对现成知识的掌握”。[①]这种情况导致了中小学教育围绕知识来运转的局面，知识之外的内容，哪怕是建立在知识基础之上的内容，如实践能力、批判意识、创新精神等，都遭到无情的抛弃，以至于有人大声疾呼：“还有比知识更重要的……”[②]在基础教育当中究竟有没有什么内容比知识更加重要，或可见仁见智地进行探讨，但无论怎么改，知识始终都是高考考查的重点，这在当前乃至可预见的将来都是一个事实。在高考中，哪些学科应该纳入高考的考查范围，分值比例应该如何划分，是分科考试还是综合考试，是大综合还是小综合，等等，都需要一个科学合理的安排。而关于考试科目应该如何设置的问题，多年来一直众说纷纭，各种各样的改革方案更是令人眼花缭乱，目不暇接。因此，很难说我们对高考究竟应该考什么已经有了一个较为清晰的认识。

从恢复高考至今，高考考查科目呈现出从少到多、从分散到聚合的势头。恢复高考后很长一段时间，高考采用文理分科的方式进行，教育部《关于1977年高等学校招生工作的意见》规定，文科考查的科目包括政治、语文、数学、史地，理科考试科目则为政治、语文、数学、理化。报考外语专业的学生还要加试外语。第二年，外语从加试科目成为必考科目；文科的史地分为历史、地理两科，理科的理化分为物理、化学两科。1982年，生物也纳入高考科目。

从20世纪80年代末开始，高考的考试科目逐渐从分散走向综合，从分科考试变成综合考试。从80年代末到90年代，高考科目设置处于调整期，各个地方都出现了不同的改革方案，包括广东的“3+X”方案，上海的“3+1”方案，海南、湖南、云南的“三南”方案，以及大多数省份采用的“3+2”方案等。广东的“3+X”方案最开始指的是语文、数学、外语三科加上政治、历史、地理、物理、化学、生物当中的任意一科或几科，实行的是分科考试，后来演化为语文、数学、外语三科加上文科综合或理科综合。这种“3＋小综合”的形式逐渐成为高考的主流，被多数省份采用。语文、数学、外语各150分，文科综合及理科综合300分的形式也延续了较长一段

①丁念金.论中国高考改革的文化使命[J].基础教育，2009（11）：12.

②余小茅.还有比知识更重要的……[J].全球教育展望，2005（3）：17-19，80.

时间。2000年，上海、广东和河南开始试行“3＋大综合＋1”的改革方案。所谓“大综合”，指的是将政治、历史、地理、物理、化学、生物这六门学科知识综合在同一张试卷内，而“1”指的是在语文、数学、外语之外的六门学科中由考生任意选择一门。“大综合”的原始总分为150分，但在计入总分之前需按20%进行折算，因此实际总分只有30分。由于科目多、分值低，在实际教学中不受重视，因此，2012年之后，这一方案被取消。2003年起，江苏省实行“3+1+1”方案，即统考语文、数学、外语三科，“1+1”则是由高校指定其一，考生自选其一，理论上说，总共有15种不同的考试科目组合。

有些改革方案试图解决高中教育当中重高考轻会考的问题，力图将会考成绩纳入高考分数中。海南的“3＋3＋基础会考”方案开了这一思路的先河。其中，“3+3”指的是统考科目+文理小综合，而“基础会考”在文科指的是物理、化学、生物、技术四科，理科指的是政治、历史、地理、技术四科。“基础会考”各科均为100分，共400分，考生的实际得分按10%的权重计入高考总分当中，因此一个学生的“基础会考”最高分不会超过40分。这不超过40分的“基础会考”得分，加上“3+3”的成绩，就是考生的最终高考成绩。

2008年，江苏省在“3+1+1”方案的基础之上，又推出了“3＋学业水平测试＋综合素质评价”的方案。其中“3”指的是语文、数学、外语三科，语文、数学满分均为160分，外语为120分。但文科生需加试语文附加题40分，理科生需加试数学附加题40分。“学业水平测试”包括政治、历史、地理、物理、化学、生物共六科，又可划分为选测和必测两类。选测科目文科为历史以及政治、地理、化学、生物中的任一科，理科为物理以及政治、地理、化学、生物中的任一科；其余四门为必测科目。学业水平测试按等级划分，分为ABCD四个等级。四门必测科目必须达到C级以上才能参加高考，两门选测科目必须达到B级以上才能报考本科，而且考生需达到相应高校规定的等级之后方可被录取。综合素质评价包括道德品质、公民素养、学习能力、交流与合作、运动与健康、审美与表现六个方面。

广东的“3＋文科基础/理科基础＋X”方案当中，“3”依然指的是语文、数学、外语三科，但无论是“文科基础”还是“理科基础”，都不仅仅只有文科或者理科的知识内容。“文科基础”当中，政治、历史、地理三科的分值占70%，还有30%的分值属于物理、化学、生物三科；“理科基础”正好相反，物理、化学、生物占70%，而政治、历史、地理占30%。“X”是考生任选科目，文科生可在政治、历史、地理当中任选，理科生则在物理、化学、生物当中自选；艺体生需选考音乐、体育、美术。

2013年11月，党的十八届三中全会通过了《中共中央关于全面深化改革若干重大问题的决定》，为高考改革做了一个宏观规划。次月，国家公布了考试招生改革总体方案，提出了全面实施高中学业水平考试、逐步推行基于统一高考和学业水平考试成绩的综合评价与多元录取机制、减少考试科目、不分文理高考、外语实行社会化考试且一年多考等多项改革方案。高考科目逐渐演变为“3+3”的形式，除了统考科目外，其余三科由学生任选。浙江和上海于2017年实行的“3+3”方案就是这一思路的一个尝试。上海的“3+3”指的是语文、数学、外语三科成绩，加上三科选考科目成绩，学生可从思想政治、历史、地理、物理、化学、生命科学六门学科中任选三科。浙江省在备选科目当中增加了技术科目，使选择范围从“6选3”增加到了“7选3”。语文、数学两科的考试，仍在每年6月高考时段统一进行，各150分；外语考试一年安排两次，一次在1月份，一次在6月份，满分仍为150分，学生可在两次成绩当中选择较高的一次计入总分；学业水平考试每科100分，三科总共300分。

还有的方案试图扭转“重英语轻国语”的局面，意在提升学生对中华民族传统文化的重视程度。北京的高考改革新方案就是典型例子。2014年，北京市教育委员会拟定并公布了《北京2014—2016年高考高招改革框架方案(征求意见稿)》。该方案提出，2016年起，北京高考语文卷分值由原来的150分增加至180分，而英语卷分值则从原来的150分减至100分，以促使学生向重视中国传统文化的方向回归。①

上述方案虽然名目繁多、措施各异，但都围绕着学科知识的测试来展

①由于种种原因，这一方案最后并未实施。

开。2000年以来，受“改变课程过于注重知识传授的倾向”[①]这一思路的启发，让高考考查内容突破单一的知识范畴，将综合素质评价科学合理地纳入其中，也逐渐成为改革的方向之一。

1999年，《中共中央国务院关于深化教育改革，全面推进素质教育的决定》要求：“按照有助于高等学校选拔人才、中小学实施素质教育和扩大高等学校办学自主权的原则，积极推进高考制度改革。进行每年举办两次高等学校招生考试的试点。高考科目设置和内容的改革应进一步突出对能力和综合素质的考查。”2001年颁布的《基础教育课程改革纲要（试行）》则提出：“高等学校招生考试制度改革，应与基础教育课程改革相衔接。要按照有助于高等学校选拔人才、有助于中学实施素质教育、有助于扩大高等学校办学自主权的原则，加强对学生能力和素质的考查，改革高等学校招生考试内容，探索提供多次机会、双向选择、综合评价的考试和选拔方式。”2002年，《教育部关于积极推进中小学评价与考试制度改革的通知》中要求基础教育的各个学段实施综合素质评价。2003年出台的《普通高中课程方案（实验）》则明确而具体地提出，要“建立发展性评价体系”，要“实行学生学业成绩与成长记录相结合的综合评价方式”。2004年起，普通高中新课程实验开始在实验省份的高一新生中实施，三年后，天津、辽宁、江苏、浙江、安徽、福建、海南等省份把综合素质评价纳入高考录取指标当中，综合评价结果以及相应的材料均存放进考生的档案内，供高校录取时参考。[②]2010年颁布的《国家中长期教育改革和发展规划纲要（2010—2020年）》，把“全面提高普通高中学生综合素质”作为下一阶段的工作重点目标。2014年12月出台的《关于加强和改进普通高中学生综合素质评价的意见》重新确定了综合素质评价的具体内容，包括思想品德、学业水平、身心健康、艺术素养、社会实践等，同时提出改革评价方式，转变以考试成绩为唯一评价标准的做法，为高校录取学生提供参考。

①教育部基础教育司.走进新课程——与课程实施者对话[M].北京：北京师范大学出版社，2002：13.

②李铮.实施高中新课程省份高考改革方案比较[EB/OL].（2009-09-11）[2016-03-18].http://edu.people.com.cn/GB/116076/10034359.html.

（二）高考应该怎么考

既然高考以考查知识内容为主，用纸笔测试的方式来进行，那就涉及命题的问题了。究竟是由国家统一命题还是由各个省（自治区、直辖市）单独命题，高考试卷应该包括哪些题型，客观题和主观题的比例怎么分配，题量应该有多大，难度、信度、区分度是否合理，诸如此类问题，都是需要考虑的。

高考的命题方式，呈现出从分省到统一，再从统一到分散，又从分散到统一的趋势。1977年高考刚刚恢复的时候，由于命题工作比较仓促，统一命题的客观条件还不具备，因此实行的是分省命题。1978年开始实行全国统一命题，并持续到了1984年。1985年，上海市率先回归单独命题，之后，分省命题范围陆续扩大到了十余个省份。2006年4月，教育部出台了《普通高等学校招生全国统一考试分省命题工作暂行管理办法》，规定："分省命题是在全国统考的框架内，由教育部授权，由有关省、自治区、直辖市教育行政部门，根据《普通高等学校招生全国统一考试大纲》自行组织命题工作。"同时，该办法还对分省命题的组织管理方式、人员选聘及其职责、安全保密、命题工作程序、命题经费来源、违规行为处理等做了详尽的说明。这样，命题权限就下放到了各个省、区、市的教育行政部门。近年来，恢复全国统一命题的呼声又有所抬头，不少人呼吁高考应"全国一张卷"，也有不少分省命题的省份改回全国卷。但在2016年"两会"期间，时任教育部部长袁贵仁表示，高考恢复全国统一命题"还不到时候"。①

除了"谁命题"之外，"命出什么样的题"同样颇受关注。1982年教育部发布的《关于开展高考研究的通报》就非常强调命题技术。该通报提出了"命题、评分怎样考查考生能力""使用选择题的可能性与范围""新技术在招生统计、录取与改进制卷技术中的运用"等技术性的研究问题，倡导在"理论与实践统一""古为今用、洋为中用"的思想指导下对这些问题进行研究。研究的结果是，单选题、多选题、填图题等各种题型陆续出现在了高考试卷当中，各种题型所占的分值比例也从依据经验逐渐走向科学判断，高考命题的科学性逐渐增强。从1989年起，国家每年发布一次考试说明，对各个考试科目的试卷结构和题型进行规划或调整，对各种题型所占比例也有详细的介

①张茜，邱晨辉.教育部部长袁贵仁：高考"全国一张卷"还不到时候[N].中国青年报，2016-03-11(1).

绍和说明。2004年之后，随着高中新课程的实施，高考试卷的科学性指标开始以《高考试题分析》的形式向全社会公布，每年高考试题的难度系数等数据都会在《高考试题分析》当中呈现，供师生教学和复习时参考。

对于试卷题目，人们的争议似乎比“考什么”要小一些，但仍有分歧。每年的高考试卷都非常重视信度、效度、难度、区分度等指标，尽量保证命题的科学性，但有的时候数据指标看似合理，题目质量却有待商榷。“我们虽然增加了应用类题目在试卷中所占的比重，增加了‘综合能力测试’类题目，但并不一定能检测出学生的真实能力。”①最为典型的例子就是高考作文题目。多年来，高考作文从命题作文，变成话题作文，再到材料作文；从一律采用议论文体，到除诗歌外文体不限，再到彻底的文体不限，虽然一直都在进行革新，但命题质量很难说得到了明显提升，因此，总会招来人们的批评和不满。例如，2008年广东高考作文题目“面对第一次，不要轻易说‘不’”，2009年北京高考作文题目“我有一双隐形的翅膀”、安徽高考作文题目“弯道超越”，2012年安徽高考作文题目“梯子不用时请横着放”等，都饱受诟病，新出现的材料作文也是争议不断。所以，到底高考作文该怎么命题、命什么样的题，仍有待进一步的研究。除了作文之外，其他类型的题目同样面临着如何考查出学生的真才实学而不只是应试技巧的问题。

此外，对于高考应该采用统考、联考还是单考的形式问题，学界也长期争论不休。刘海峰是统一高考的拥护者，他认为用统一考试成绩客观公正地选拔人才是行之有效的方法，而将高考下放给地方和高校显得有些理想化②；而曾钊新则明确主张“高考要在‘统’字上松绑”③，冯增俊认为全国统一高考制度会对创新精神造成影响④，吴根洲也认为从统考到联考是高考改革的发展趋势⑤。作为大学自主招考的一种形式，自主招生考试在陆卓谟看来是“一项重要而有效的举措”⑥，而在刘光余眼里，却是“我们还未完

①周序，郑新蓉.高考承载的“异化”压力与可能消解[J].中国教育学刊，2012（2）：17.
②刘海峰.在理想与现实之间——三论坚持统一高考[J].高等教育研究，1998（2）：66-70.
③曾钊新.高考要在“统”字上松绑[J].现代大学教育，2006（3）：25-28.
④冯增俊.全国统一高考制度与中华民族创新精神[J].华东师范大学学报（教育科学版），2001（4）：26-31.
⑤吴根洲.从统考到联考：高校招生考试的改革方向[J].江苏高教，2013（4）：36-39.
⑥陆卓谟.高校自主招生考试改革的思考[J].江苏高教，2009（2）：72.

全准备好，我国的高校自主招生考试制度还很不规范，监督机制还不是十分有力”[①]。

高校自主招生考试虽然是近几年才成为热点话题的，但事实上自主招考早在科举制被废除的时候就已经从西方引入中国了，只不过当时的名称并不叫“自主招生考试”，而是被称作“大学堂单独招考”。根据高耀明的研究，在民国时期，高校单独招生和联合招生并存。[②]采取单独招考方式的高校可以“从本校专业要求出发，设置相关考试科目……招考次数及考点设置往往随录取情况而定”[③]。樊本富研究发现，民国时期，各大学和高等专门学校在招考形式上沿袭旧制，招生考试的管理和实施权大多集中于学校。各级各类高等学校都自设招考处或招生委员会等招生组织机构，命题、考试、阅卷、录取等均由学校自行负责；教育部没有制定全国通用的学生入学考试规程，仅制定有关招生原则进行协调和监督。[④]因而，相对来说，民国时期各大高校在招生方面拥有较大的自主权。

高校自主招生考试中，最引人瞩目的并不是“单独招考”的方式，而是“联考”的形式。2001年，教育部批准东南大学、南京理工大学、南京航空航天大学三所高校试行自主招考，这三所高校根据统一考试成绩和自测情况对学生进行综合评价，然后自主择优录取。在对这三所试点院校的自主招考经验进行总结的基础之上，2003年，教育部又选取了清华大学、北京大学等22所重点大学，每所高校各拿出5%的招生名额，进行自主招生考试的进一步试点。由于有了清华大学、北京大学等重点院校的带动，在此后的几年当中，试点院校的范围不断扩大，2004年扩展到28所，2005年扩展到42所，2006年更是增加到了53所。2009年，清华大学、南京大学、中国科学技术大学、上海交通大学和西安交通大学宣布试行五校联考，因为由清华大学牵头，因此参加这一联考的高校被称为“华约联盟”。在“华约联盟”的刺激下，大学联考短期内迅猛发展，后又出现了由北京大学牵头的“北约联

①刘光余.高校自主招生考试制度改革的思考[J].教育发展研究，2003（10）：30.

②高耀明.民国时期高校招生制度述略[J].高等师范教育研究，1997（4）：69-74.

③张亚群.从单独招考到统一招考——民国时期高校招生考试变革的启示[J].中国教师，2005（6）：24-25.

④樊本富.中国高校自主招生研究[M].武汉：华中师范大学出版社，2010：82.

盟”、由北京理工大学牵头的“卓越联盟”和由北京化工大学牵头的“京都联盟”等高考联盟。各个联盟均采取了联合命题、统一考试、统一阅卷、共享成绩的方式，再结合联盟内部各所高校个性测试和面试的情况进行综合录取。但大学联考的好景并不长，2012年，南开大学、复旦大学就先后宣布退出“北约联盟”，大学联考遭遇挫折。

就高考次数而言，一年一考经常被形容是“一考定终身”“成败在此一举”，因此也经常招致批评。1999年，天津市率先试行春季高考制度，首次将一年一考变为一年两考。2000年，北京、上海、安徽等省市纷纷效仿。实施春季高考的目的其实很简单——给在夏季高考中落榜的考生第二次机会，以缓解夏季高考带给考生的“一考定终身”的压力。既然是第二次机会，春季高考自然禁止应届考生（参加当年夏季高考的考生）参加。然而，这却导致了参加春季高考的学生大多是成绩一般或较差的学生的局面，因为优等生基本上都在夏季高考当中被录取了。这也造成名校及热门专业在春季高考当中招不到优秀学生，因此，一些名校拒绝参加春季高考的录取。缺乏了名校和热门专业，春季高考自然难以对考生形成吸引力，因此，多年来春季高考的影响力一直不大。随着高校的不断扩招，夏季高考录取率不断提高，“落榜生”越来越少，春季高考的生源越来越少，于是，北京、安徽、内蒙古等省、市、自治区先后停止了春季高考，上海的春季高考虽仍在进行，但报名人数逐年下降，也可以说是名存实亡。

（三）应该让谁参加高考

应该让谁参加高考？这看起来似乎不是个问题，但对于流动人口随迁子女来说，这个问题却长期困扰着他们。由于城乡二元格局尚未完全打破，随着进城务工就业人口数量的增多，高中生跨区“借读”的人数越来越多，于是，一些以前并未显现的问题慢慢浮出水面。流动人口随迁子女教育问题已经不再仅仅是能否进入流入地公办学校就读的问题，还涉及他们能否在流入地参加高考的问题。由于高中教材、高考题目各地不统一，因此，要求跟随父母流往外地“借读”的高中生必须回原籍参加高考就显得不近情理。比如，总有考生这样问：“我是在北京读的高中，用的是北京的教材，为什么要我回贵州参加高考，考贵州学生学的那些内容？”“高中阶段教育连就近入学都不讲了，为什么还要求我们以户籍所在地为中心‘就近参考’？”

为了方便流动人口随迁子女接受教育和参加高考，一些省份出台政策，允许他们在流入地而非户籍所在地参加高考，即通常所说的“异地高考”。但是，由于高考录取采用的是“分省定额”的方式，在这样的情况下，教育部很难给异地高考制定一个全国统一的政策，而是由各地单独制定方案。迄今为止，除西藏以外，其他省、市、自治区都已经出台了异地高考的政策方案。在这些方案当中，流动人口随迁子女人数越多，本地、外地生源竞争越激烈的省份，异地高考政策也越严格。其中门槛最高的要数北京、上海的异地高考政策了，这两地的方案也吸引了最多的关注目光。北京市规定，流动人口随迁子女在北京不能参加普通高校的考试录取，只能参加高等职业院校的考试录取，而且必须满足如下条件：一是考生的父母需要持有效的北京市居住证明，有合法稳定的住所，从事合法稳定的职业满6年，在北京连续缴纳社保满6年；二是考生本人应具有北京学籍，且在北京连续接受高中阶段教育满3年。上海市允许“外来”学生在一定条件下报考普通高等院校，而不仅仅是高职院校，但要满足“一定条件”。这些条件包括：考生本人在上海参加中考，在上海接受了完整的3年高中阶段教育，同时其父母还达到一定积分。其中最遭人诟病的就是关于积分的规定。有人研究发现，这一积分要求基本上是为高层次人才量身打造的，普通务工人员基本无法达到政策所规定的积分要求。有研究者指出：“对持有《上海市居住证》且积分达到标准分值这一限定条件，外来务工人员等社会弱势群体更是颇有微词……外来务工人员对高门槛、渐进式‘异地高考’政策存在诸多不满。”[①]

在现行高考制度中，有些学生是不用参加高考的，保送生即属此列。不过究竟应不应该允许一部分学生通过保送的方式上大学，却一直存在争议。1977年，所有考生都必须参加高考，凭分录取。1978年，为了丰富选才方式，《关于一九七八年高等学校招生工作的意见》提出：“在各省、市、自治区举办的高中应届毕业生和在校生的学科学习竞赛中，成绩特别优秀的青年，结合其他学科在原校的学习情况，经政审、体检合格，可不参加统一高

①程晨，李正明.上海市“异地高考”政策认同现状及改进对策——以上海市浦东新区为例[J].教育科学研究，2017（1）：37.

考，根据意愿分配入学。”这无疑为保送生制度的出台提供了政策依据。1984年，北京师范大学和山东矿业学院开始试点招收保送生，次年，试点院校迅速扩展到43所。1988年，《普通高等学校招收保送生的暂行规定》正式出台，这也标志着保送生制度成了一项正式的高考录取制度，目的是为了“避免优秀学生因在高考中发挥欠佳而上不了大学”。

保送生制度的初衷虽好，但执行过程中一直存在种种争议。如有的地方在保送过程中出现了徇私舞弊、暗箱操作现象，保送生制度在一定程度上成为滋生腐败的温床。2001年，教育部出台《关于2001年普通高等学校招收保送生工作的通知》，对保送生制度采取“压缩规模、严格标准、严格管理”的调整方案。但问题依然没有得到彻底解决。2009年7月《中国青年报》的一则调查就很能说明问题。在接受调查的10848人当中，有90.5%的人认为在社会诚信和监管体系不健全的情况下，保送生制度容易滋生腐败；不少人认为保送生多是“关系生”；赞成取消保送生制度的高达84.8%。从这一调查可以看出，保送生制度存在很大的争议。

与此相类似的还有北京大学的“中学校长实名推荐制”。北京大学于2010年开始尝试在向社会公示的前提下，由各中学校长实名向北京大学推荐优秀学生。2011年，北京大学招生办公室又发布了《2011年“中学校长实名推荐制”实施方案》，方案指出，2011年北京大学中学校长实名推荐制将在全国范围内实行，自方案公布之日起，全国各省、市、自治区的中学均可报名申请。被推荐的学生可以不用参加高考，直接就读北京大学。中学校长实名推荐制是为了选拔出“综合素质全面、学科成绩突出、志向远大、具备发展潜能、社会责任感强”的学生。在北京大学招生办看来，2010年的试点效果是良好的，但社会公众对此议论颇多。早在中学校长实名推荐制正式出台前夕，网友们就对此进行了热烈讨论。有网友提出：“信校长不如信考分！”“这样的改革，会改掉分数面前人人平等，革出利益输送渠道！”①有的学者也表示担心：校长也是一个普通人，有各种人情、关系，他会不会推

①谢洋．校长实名推荐？七成网友反对[N].中国青年报，2009-11-12（2）.

人唯亲？他能否抵制住亲朋好友的请托以及各种压力？[①]或许是由于不堪这些指责和压力，2015年，北京大学的自主招生计划中，“博雅人才培养计划”取代了中学校长实名推荐制。

（四）高考应该如何录取

高考录取首先涉及阅卷的问题。恢复高考之初，采用的是人工阅卷方式。随着电脑技术的普及，1985年，广东省开始尝试使用光电阅读器配以微电脑来对高考试卷进行评分。所谓网上阅卷，是“以计算机网络技术和电子扫描技术为依托，以控制主观题评分误差，实现考试公平性原则为最终目的，把多年来人工阅卷积累起来的丰富经验和现代高新技术相结合，教师不是对考生的原始答卷直接评分，而是在计算机网络上对电子化了的考生答卷进行评分”[②]。在对电脑阅卷技术进行一系列改进和完善之后，2003年，广东、福建两省所有高考科目都实行网上阅卷，并取得了较好成效。[③]现在，网上阅卷已经在全国范围内普遍采用。

与网上阅卷改革同时进行的还有网上录取。教育部从1999年开始推行高考网上录取试点工作，其实相关改革措施早在20世纪90年代初就已经开始酝酿，并且1996年还在广西和天津进行了相关试点工作。2000年，网上录取虽然仍然被称为“试验”，但实际上已经普及到21个省、市、自治区。[④]到2001年，所有省、市、自治区都实现了网上录取。

虽然电脑网络技术在录取工作中的作用有目共睹，但大家对是不是网上阅卷、有没有采用网上录取并没有投以太多的目光，公众关注的焦点主要集中在录取过程中的加分政策等上面。加分政策的起点可以追溯到1978年，《关于一九七八年高等学校招生工作的意见》提出，“对教育基础薄弱及农村地区考生，以及报考煤炭、石油、地质等艰苦专业考生，实行适当放宽录取”。这一规定虽未明确提出“加分”二字，但“放宽录取”这一建议实际上已经具有类似的作用了。为了明确“适当放宽”的程度和方式，此后关于

①郑丽.给“中学校长实名推荐制”一个尝试空间——从浙江省镇海中学看“实名推荐”[J].宁波教育学院学报，2010（2）：30.

②马世晔.网上阅卷的回顾与思考[J].中国考试，2004（7）：24.

③罗友花，刘铁明.网上阅卷研究述评[J].中国考试，2009（11）：36.

④河北省教育考试院.河北高考30年[M].北京：社会科学文献出版社，2007：225.

“三好学生”、优秀学生干部、优秀运动员、全国性比赛获奖者、少数民族学生、退役义务兵、烈士子女、华侨子女等不同类型学生的照顾都以加分的方式体现，相关政策陆续出台，而且几乎年年有变化，不同的省份也各有不同。直到1987年出台的《普通高等学校招生暂行条例》当中，加分对象被明确限定为10大类别，加分政策才逐渐稳定下来。进入新世纪之后，高考加分政策又出现了新一轮的调整。2001年，出现了加分投档和降分投档两种类型的加分政策；2005年，加分对象当中增加了自谋职业的城镇退役士兵和在服役期间荣立三等功以上的退役军人；2006年，加分对象进一步将全国青少年科技创新大赛、国际奥林匹克竞赛等重要的国内、国际性竞赛获奖者囊括在内；2007年，又规定省级优秀学生、思想道德品质方面有突出事迹者也可以享受不同程度的高考加分照顾。

到底该不该实行加分政策，给谁加，加多少，如何保证公平合理，这些问题一直没有得到很好解决。比如对少数民族学生的加分政策。政策的初衷是，少数民族学生大多数生活在偏远地区，当地基础教育相对薄弱，他们和经济社会条件较好地区的学生竞争，无疑有些吃亏。因此，对少数民族学生出台加分政策，具有一定的公平性。但是，这一政策在实施中却十分复杂。比方说：如果加分的依据是少数民族学生接受的基础教育质量较低，那么加分的分值就应该根据低的程度来决定而不是统一规定；有的少数民族学生生活在大城市，而一些汉族学生住在偏远山区，那到底是应该按民族身份来加分，还是按接受的基础教育质量高低来加分？再比如，如何保证得到加分的学生都是真正的少数民族学生而非私下改了民族身份信息的？2009年高考，重庆有31名考生民族身份信息造假，引起轩然大波。其他加分政策也存在各种争议，有不少问题至今仍未得到妥善解决，因此，高考加分政策仍有待进一步研究完善。根据2009年《中国青年报》的一项调查，有58.7%的人认为高考加分政策会破坏教育公平，可见，“裸考”已成民心所向。①

二、众口难调的无奈

一项政策应该持续实施多长时间才算合理？这并没有一个统一的标准。

①肖舒楠.公众感受2009 [N].中国青年报，2009-12-15（2）.

因为有一些改革的确需要先在部分地区进行尝试，以积累经验。如果尝试的效果较好，就可以在全国范围推广。例如不分文理高考先在浙江、上海进行尝试；分省命题也是从上海开始积累经验再逐渐向其他省份推广；考试、录取技术方面的革新更是得有一个严密的试验和监督过程，之后才能逐步铺开。如果在尝试过程中遇到一些较为棘手的问题，那么调整和推广的周期还会相应延长。这必然导致改革是分批次、有梯度地推广的，自然会带给人一种改革频繁的错觉：今年是这个省份改，明年就变成了那个省份改，那个省份的改革方案跟这个省份比起来可能还略有差别。即便如此，这样一种循序渐进的改革模式也是值得肯定的。

但也有一些改革，虽然酝酿多年，却一直面临着不同利益相关者之间的冲突和博弈，无论怎么改，总会引起一些群体的不满，这就导致这些方面的改革一波三折，调整频繁。

最为典型的就是关于异地高考的改革。外来学生究竟有没有资格在流入地参加高考以及录取？从上文的分析来看，似乎于情于理都应该允许他们在流入地参加高考。但是，流入地的居民可能就不会那么看。在不少流入地的居民看来，高考录取名额是有限的，一旦允许这些外来学生参加高考，必然会占据一部分录取名额，从而压缩本地学生的录取名额，使本地学生的利益受损。因此，一些本地居民对异地高考政策持反对态度，尤其是在北京、上海等流动人口众多的地区，“本地人”和“外地人”争执不休，大打口水仗，这给地方政府出了不小的难题。在前文中谈到，北京、上海等地最终出台的异地高考政策，对流动人口随迁子女的报考、录取资格设置了重重限制，其中一个目的就是既要为流动人口随迁子女在流入地参加高考打开一个口子，又不能放得太开，要考虑本地居民的意见。从实际情况来看，两地的异地高考政策均广受非议。有人评价说，北京的异地高考方案只能算“交白卷”，而上海的方案也“不及格”。[①]“交白卷”和“不及格”，主要是站在流动人口随迁子女的立场上来看待——他们要么被排除在普通高校的报考和录取范围之外，要么被设置了重重障碍。但是，如果两地政府真的给出了“高分”的方案，估计就该轮到本地学生和家长有意见了。即便是在外来人口不

①异地高考方案：北京交白卷上海不及格[N].长江日报，2013-01-25（20）.

是那么密集的山东省，2012出台的异地高考政策也是一方面被看作促进高考公平的“破冰之举”，另一方面也有人呼吁不能损害本地学生的利益，以免造成另一种不公平。[①]由于不同利益相关者之间冲突激烈，因而可以说，异地高考方案本身就注定会是一个需要不断调整、不断完善的方案。

将综合素质评价结果纳入高考也面临着类似的问题。为了更加全面地考核学生的能力，改变唯分数论的高考评价体系，促进高中教育对创新人才的培养和学生的全面发展，将综合素质评价结果纳入高考成为一种选择。因为综合素质评价不搞“凭分录取”，也不会“一张卷子定终身”，它可以包含学生各个方面的发展情况，从而促使普通高中教育更加重视培养学生的综合素质。然而，有时理想很丰满，现实却很骨感。综合素质评价陷入了理论上叫好实践中却不叫座的尴尬。除了众所周知的评价技术无法满足综合素质评价的要求方面的原因之外，造成这一尴尬的另一个很重要的原因在于城乡差异。2009年5月，《中国青年报》就“将综合评价纳入高校招生的考核范围”进行民意调查，在接受调查的2693人当中，有53.8%的人认为这对教育资源贫乏地区的学生更加不公平，还有不少人担心这一改革会让农村学生吃亏。[②]要提高综合素质，可以上琴棋书画培训班，可以多逛博物馆和图书馆，还可以游学天下、行万里路。无论什么方式，似乎都对城市学生更有利：城市里有更多的培训机构，有公园、博物馆、纪念馆、图书馆，总体上来说，城市居民也有更强的教育意识以及更多的可以支配的资源让孩子参加各种培训、旅游。而农村学生在这些方面很难与城市学生比肩，他们只能集中精力比拼分数，期待通过自己的努力获得成功，事实上我们也的确时常能看到贫困山区的学生考上名校的报道。但是，如果将综合素质评价纳入高考招生的考核范围之内，显然对农村学生会比较不利，这实际上加剧了城乡学生之间业已存在的不公平。刘海峰教授曾在《中国教育报》上撰文说：“当高考日益倾向于考测能力……应该承认，勤奋刻苦在高考中所起的作用将有所下降，而受教育的条件和环境所起的作用则有所上升。”[③]因此，怎样才能

①李凌，万玉凤.异地高考期待更多“一小步”[N].中国教育报，2012-03-06（2）.

②王聪聪，黄荷.欣喜过后是担心，民调显示新课改高考让人喜忧交集[N].中国青年报，2009-05-13（2）.

③刘海峰.高考改革应顾及城乡公平[N].中国教育报，2009-08-17（5）.

使综合素质评价既发挥出对“素质教育”的促进作用，又不会加剧城乡之间的不公平，仍然需要反复地研讨和探索。

一度颇受关注的中学校长实名推荐制也是如此。在实名推荐制实行的第一年，仅有个别重点高中拥有推荐资格。即便第二年北京大学将可以实名推荐的学校范围扩展到全国，但这种扩展也只是名义上的，很多学校哪怕是地区名校的校长也从未给北京大学推荐学生，也没有人告诉他们可以向北京大学推荐学生，有资格推荐的依然是几所顶尖的高中。能够在这几所名校就读，就意味着多了一个免试入北大的机会，但如果未能进入这几所名校，不管是因为水平不够还是因为这些名校不在家附近，都只能挤高考这座“独木桥”。这种区别对待自然遭来人们的不满。中学校长实名推荐制出台前夕，新浪网对13000多名网友进行调查，认为实名推荐制对多数人不公平的网友占69.9%，有人担忧农村和贫困地区的孩子会一直被排除在这一选拔渠道之外。[①]正是这样的反对声音，导致中学校长实名推荐制如同昙花一现，很快便被“博雅人才培养计划”所取代。

此外，对究竟实行统一命题还是分省命题，不同省份的态度也不一样，东部发达省份往往倾向于分省命题，而中西部省份则更喜欢全国统一命题；到底该采用原始分录取还是标准分来录取，各方意见也不统一，一些学者认为标准分更加科学、公平，而不少家长却怀疑标准分会把人搞糊涂；要不要给部分学生一定程度的高考加分，更是引起了不同地区、不同情况公众的激烈争论。总的来说，很多改革内容都面临着众口难调的问题，因此，任何一项改革措施的出台都必须小心翼翼、反复尝试，尽量满足不同群体的不同诉求，至少是不会招致某些群体的激烈反对。在这样的情况下，高考制度反复调整、反复改革，就成了一件必然的、同时也让人无可奈何的事情了。

①谢洋.校长实名推荐？七成网友反对[N].中国青年报，2009-11-12（2）.

第三节
维护公平还是提升能力——高考改革的价值观念

高考改革绝非为了改革而改革，总会有试图达成的目标，有改革者的理想，这就涉及高考改革的价值观念问题了。其实对这个问题，很多学者已经做出了回答，例如戴家干曾提出：公平是“高考改革的核心价值理念”①；郑若玲也曾呼吁“高考改革必须凸显公平”②；刘海峰明确表示，对于高考改革应以公平为首还是以效率优先，他属于“公平派”③。维护公平是高考改革的价值观念基础，这一观点得到普遍支持。那么，对高考来说，公平为什么如此重要？

一、为什么高考公平被人看重

为什么基础教育当中会存在应试主义教育问题？相信多数人会说，因为有高考存在。如果要问他们希望高考怎么改，答案往往不会是“希望高考加强综合素质考查”“希望高考能重视学生的潜力和特殊才能”之类，而会是“希望高考能够越来越公平”。这一说法并非毫无根据。其实前文所述诸如将综合素质评价纳入高考、中学校长实名推荐制、异地高考等改革措施，面临的质疑几乎都集中在“是否公平”上面。2009年11月《中国青年报》的一次舆情调查显示，43.8％的人希望高考改革谨慎前行，避免伤及教育公平。可见，大家对高考改革的关注点，主要还是集中在“公平”二字上。

高考归根结底是一种人才选拔方式，但人才选拔方式并不只有考试这一种形式，推荐制度也长期存在于我国，古有察举制、九品中正制，今有保送生制度、中学校长实名推荐制等。其实，从古至今，推荐制度都被一些人推

①戴家干.坚持公平公正深化高考改革[J].求是，2011（2）：57.

②郑若玲.高考改革必须凸显公平[J].教育研究，2005（3）：36-37.

③刘海峰.高考改革：公平为首还是效率优先[J].高等教育研究，2011（5）：4.

崇。这种推崇或是源于对考试制度有所不满，或是认为推荐制度能够更加全面地对一个人的能力进行考查。除了前文提到的杨琯、沈既济、范仲淹、苏颂、司马光、蔡京、舒赫德、冯桂芬、王韬、郑观应等人之外，明太祖朱元璋也曾经是推荐制度的“粉丝”。朱元璋曾说：“所取多后生少年，能以所学措诸行事者寡，乃但令有司察举贤才，而罢科举不用。”[①]朱元璋对科举考试感到不满，曾一度废除科举而改用察举制。何怀宏也对推荐制度的好处大加赞赏：“人对人的好处是常能看到人的全部：不仅文章、学问，还有德行、才干；也不仅一时表现，还有平日作为，乃至于家世根底。”[②]有研究者认为，推荐制度“能够有效地避免考试制的唯分数论弊端，保护学生的好奇心和创新思维，培养多样化人才。因此，当我们从不加限制地采用推荐制，到一刀切地否定推荐制，实际上是从一个极端走到了另一个极端”[③]。

考试制度和推荐制度究竟孰优孰劣，很有必要进行讨论。二者之间的争议往往围绕着“公平”二字来展开。中国人自古就重视人情。在人情社会，人们手中的金钱、权力、社会地位等“经济资本”“社会资本”具有强大的运作空间，甚至往往比“文化资本”的作用更大。契约社会追求按契约与规矩办事，人情社会则讲求和为贵，人情与关系常常超越规制成为办事的“幕后主宰”，有些时候，人情甚至重于国法，“世事洞明皆学问，人情练达即文章”成为一种褒义的人生哲学。[④]在人才选拔过程中，经济资本和社会资本也是无孔不入。由于推荐制度缺乏客观标准，往往是看推荐者的主观喜好和判断，因此经济资本和社会资本更容易介入：贪恋钱财者可能会收受金钱而推选行贿人的子女，畏惧强权者可能会因溜须拍马而举荐强权者之亲朋，诸如此类弄虚作假的现象层出不穷。比如在隋唐时期，考虑到科举制度创立不久，还不完善，因此统治者在兴科举的同时仍保留荐举制度，结果弄虚作假

①张廷玉，等.明史[M].北京：中华书局：1997：463.

②何怀宏.选举社会及其终结：秦汉至晚清历史的一种社会学阐释[M].北京：生活·读书·新知三联书店，1998：93.

③张凌云.从“历史健忘症”到“历史后遗症”——对“推荐制”是非曲直的探讨[J].上海教育科研，2015（12）：18.

④郑若玲，等.苦旅何以得纾解——高考改革困境与突破[M].南京：江苏教育出版社，2011：205.

和请托之风盛行。[①]北宋中叶时，有人主张废除科举取士制度，采取直接从学校取士的办法，结果出现了免试入学者多为官员子弟的情况。[②]时至今日，保送生制度仍被不少公众担心会“送官不送民”。[③]以上种种，都体现出了推荐制度在钱、权、关系、人情面前的无奈。

社会资本和经济资本在发挥其作用时，文化资本的作用往往会被排除，当一个人所拥有的文化资本不被列入考查范围之内，或者不作为主要的考查对象时，所推之人的文化水平还怎么得到保证呢！即便有时候推荐制度也的确选拔出了一些优秀人才，那也只能说是推荐人的个人行为，比如他不畏强权、不贪财物，做到了大公无私，但这种情况的出现只能寄望于推荐人的个人品性，而没有制度保障。因此从总体上看，推荐制度选拔出来的人才，能力水平往往是比较差的。东汉的王符在《潜夫论》中对“荐举”有一段精彩的描述：“群僚举士者，或以顽鲁应茂材，以桀逆应至孝，以贪饕应廉吏，以狡猾应方正，以谀谄应直言，以轻薄应敦厚，以空虚应有道，以嚚暗应明经，以残酷应宽博，以怯弱应武猛，以顽愚应治剧。名实不相符，求贡不相称。富者乘其财力，贵者阻其势要，以钱多为贤，以刚强为上。凡在位所以多非其人，而官听所以数乱荒也。”[④]这种情况并未随着荐举制度的发展而有所好转，汉朝末年时流行的一段民谣更是将荐举制度的弊端揭露得淋漓尽致：“举秀才不知书，察孝廉父别居，寒素清白浊如泥，高第良将怯如鸡。”[⑤]东晋左思在《咏史》诗中感慨道，“世胄蹑高位，英俊沉下僚”，说的也是推荐制度偏向权贵阶层人士，平民子弟遭到埋没的情况。即便是推荐制度的支持者朱元璋，也在罢科举10年之后意识到了推荐制度的问题比起科举考试来更加严重。他说：“谕有司各举才能……往往以庸才充贡……所举者多名实不称，徒应故事而已。”[⑥]今天也有很多人质疑保送生制度，担心被保送上大学的，并不是高中阶段成绩最优秀、综合素质最高的学生，而是学

①欧颖.教育选拔考试的功能性缺陷及其启思——基于对科举发展的历史审视[J].教育科学，2011（4）：8.

②刘海峰.高考改革：公平为首还是效率优先[J].高等教育研究，2011（5）：5.

③郑若玲.高考公平的忧思与求索[J].北京大学教育评论，2010（2）：20.

④王符.潜夫论[M].汪继培，笺.上海：上海古籍出版社，1978：75.

⑤抱朴子外篇[M].张松辉，张景，译注.北京：中华书局，2013：295.

⑥明实录：第六册[M].上海：上海古籍书店，1983：2122-2123.

习一般的“官二代”“富二代”“关系户”。有的学校为了增加高分考生，故意不保送最优秀的学生，而是保送次优生，让最优秀的学生自己考，所谓“推良不推优”即是指此。

国家显然不愿意看到选拔出来的均是二三流人物，一流人才却被埋没的局面。解决的方案之一就是用考试制度代替推荐制度。考试制度所依据的不是一个人的经济资本和社会资本，而是文化资本。虽然说考试制度并不能完全将经济资本和社会资本的影响排除在外，比如富裕家庭的孩子往往比困难家庭的孩子有更好的条件接受课外辅导，比留守儿童有更多的机会“行万里路”；但考试制度最大的优势就在于它将文化资本推到了第一位，实行的是“一切以程文为去留”①，考生的经济资本和社会资本最后都必须转化为文化资本，即考试成绩来作为是否录取的依据。这样，最终得以录取者，都是文化水平相对较高的考生。在这个过程中，“公平”二字得到了较好的体现。虽然考试制度并不能完全避免弄虚作假、以次充优的现象，如冒名顶替上大学、考试作弊之类，但考试制度毕竟拥有一系列维护公平的措施，使人情因素对人才选拔的干扰降到了较低的水平。唐朝时，“阅试之日，皆严设兵卫，荐棘围之，搜索衣服，讥诃出入，以防假滥焉”②。明朝时，科举考试的专用考场贡院得到了规范化和制度化。贡院面积广，结构严谨，制度严密，其格局和规制集中体现了防止作弊和追求“至公”的用心。③当时甚至有人评论说，“我朝二百余年公道，赖有科场一事”④。到了清朝，统治者对科考作弊也是丝毫不留情面，在几场较大的科场案当中，多名主考官员被处斩、流放或革职⑤，体现了统治者维护考试公平的决心。时至今天，“考试作弊入刑”的规定被纳入刑法修正案当中，同样也体现出考试制度在维护公平上的优越性。

西方很多学者对中国历史上的科举制度非常推崇。例如，有研究者认

①指以考生交上来的文章的水平来决定录取与否。语出自：陆游.老学庵笔记[M].李剑雄，刘德权，点校.北京：中华书局，1979：69.

②杜佑.通典[M].北京：中华书局，1984：84.

③刘海峰.科举学导论[M].武汉：华中师范大学出版社，2005：290.

④王世贞.弇山堂别集[M].北京：中华书局，1985：1604.

⑤邓嗣禹.中国考试制度史[M].南京：考选委员会，1936：359-371.

为：虽然科举考试存在着种种缺陷，但是它在维持中国的统一以及将中国文明保持在一个令人尊敬的水平上所起的作用超过了其他任何的事物。[①]阿灵顿说："明清时，考试几乎是入仕途的唯一方式，无论我们今天如何认为仅凭一篇文章来测试一个人的才能的机制是否合适，但它终究给有才华的人、而不是有钱有势的人打开了大门。"[②]高考得到的评价也差不多，不同于国人对高考制度的"怨念颇深"，不少国外研究者却很推崇我国的高考制度，比如有学者用"十分赞赏"四个字来形容一个俄罗斯高层次考察团对我国高考制度的评价。[③]考试制度在存在种种弊端的情况下仍受到如此推崇，其核心就在于它所具有的公平性正是保障人才选拔质量的基础。在封建王朝，它对统治者笼络人心、网罗人才发挥了积极作用；在现代社会，它也最大限度地规避了关系、人情的影响，为我国各大高校选拔了难以计数的优秀人才。雷颐在比较了考试制度和推荐制度的优劣之后说："在恢复高考制度二十余年后的今天，一些人似乎更多地看到了考试制的各种弊病，因而患了'历史健忘症'，忘记当年废除考试制带来的更大的弊病，甚至荒诞不经、费尽心机地要为当年的'推荐制'寻找某种'合理性'，并想以此来补考试之弊，这的确是'吃错了药'。"[④]在笔者看来，这段评论虽用词激烈，但所表达的观点是正确的。

既然人们是因为公平才选择了考试制度而非推荐制度，那么当考试制度确立之后，必然会尽力维护其公平性。人们看重高考的公平性，原因大抵在此。这就解释了为什么当高考制度实施中面临腐败的冲击时，社会公众会如此敏感。例如2009年，某地高考出现航模加分者多为领导干部子女的情况，超过七成的民众甚至将其与"考生少数民族身份造假"相并列，视为"2009年最损害教育公平事件"[⑤]；2010年的一项调查发现，多数民众呼吁

① W.A.P.Martin. A Cycle of Cathay, or China， Southand Northwith Personal Reminiscences[M]. Edinburghand London，1896：42-43.

②刘易斯·查尔斯·阿灵顿. 古都旧景——65年前外国人眼中的老北京[M]. 赵晓阳，译. 北京：经济科学出版社，1999：94.

③孙东东. 走出高考认识误区，推进高考实质性改革[J]. 湖北招生考试，2004（10下）：5.

④雷颐. 我看中国教育改革之社会症结[J]. 中国青年研究，2000（2）：5.

⑤肖舒楠. 公众感受2009 [N]. 中国青年报，2009-12-15（2）.

高考应取消各种加分政策回归“裸考”，“裸考”有利于防止考试腐败[1]；偶见曝光的冒用他人之名上大学的事件，更是遭来民众一致的口诛笔伐。参加过高考的人也说：高考“以它的公正，丰富了一代又一代人的梦想，赋予我们公正平等的竞争精神”[2]。2012年，时任中央政治局委员、国务委员刘延东在国家教育考试指导委员会成立暨第一次全体会议上指出：“高考是我国重大的社会公平制度。”[3]为了切实保障高考公平，教育部还专门发布了《关于深入实施高校招生阳光工程的意见》，对高考招生、录取等工作做了详细的规定。

二、究竟什么是高考公平

既然高考公平如此重要，那么，到底什么是高考公平呢？有人以罗尔斯的“补偿原则”为理论依据，主张高考公平应讲究“补偿优先”，美国的“肯定性行动计划”、英国的“教育优先区”、我国的少数民族考生高考加分政策等均是其体现；而有人则根据诺齐克和布坎南等人的理论，认为最公平的高考就是根据能力差异，让能力强的学生来接受高等教育。有人认为统一高考是公平的保证，刘海峰[4]、孙东东[5]、樊本富[6]等均提出：一旦废除统一高考，就可能会因权力的下放带来托关系、走后门的不良风气；但顾海兵则认为单独招考才能保证高考公平，统一和公平之间并无必然联系[7]。总之，关于这个问题，学术界一直众说纷纭，始终没有定论。

但从实践的角度看，显然我们不可能耐着性子等待学者们先去百家争鸣、百花齐放，逐渐达成统一之后再去落实高考公平。人们对高考公平的呼声是如此之高，因此我们必须先有一个相对容易让人接受的高考公平观，即便它可能存在这样那样的问题，但也必须先有了，再慢慢讨论、完善。这个

①黄冲，马明洁.77.9%的人认为高考招生方式已需两会表决[N].中国青年报，2010-03-02（2）.

②武皓.公正——我与高考[J].中国考试，1997（5）：63.

③新华社.注重公平公正，科学选拔人才，有利有序推进教育考试制度改革[N].中国教育报，2012-07-20（1-2）.

④刘海峰.传统文化与高校招生考试改革[J].上海高教研究，1995（3）：42-43.

⑤孙东东.走出高考认识误区，推进高考实质性改革[J].湖北招生考试，2004（10下）：8.

⑥樊本富.统一与自主：高考改革之争[J].西南交通大学学报（社会科学版），2005（2）：105.

⑦顾海兵.高考与统一高考之辩——兼与孙东东教授商榷[J].湖北招生考试，2005（2下）：10.

高考公平观就是“分数面前人人平等”。

高考公平选择用分数来作为自己的“代言人”并非偶然。前文已经说过，考试制度之所以战胜了推荐制度，是因为它以文化资本作为选拔的依据，即便它不能完全排除经济资本和社会资本的作用，但经济资本和社会资本也必须转化成文化资本的形式来进行比较。既然要通过比较来进行优劣判断，那么考生的文化资本就必须是一种刚性的、单一的、人人有可能达成的东西。将文化资本刚性化，才能保证不容易被人的主观判断干扰。推荐制度之所以弊病丛生，就是因为它基本上是靠主观判断来选拔人才，从而导致举亲不举疏、保官不保民等情况，高考显然不能重蹈这方面的覆辙。文化资本虽然丰富多彩，但只有将其单一化，才方便比较。你擅长逻辑推理我擅长写小说，无法区分出水平高低；你一直钻研物理我却在练习画画，也很难一较长短。因此，只有将文化资本限定在一定的范畴当中，才能保证比较得以顺利进行。这种文化资本还必须是人人通过努力都有希望达成的，让各个阶层、各个群体的人都觉得“我有可能在高考竞争当中脱颖而出”，这样才能让人感受到公平。如果说有某种文化资本可以同时符合上述三个特征，高中阶段的学科知识掌握情况当属其一。为了比较的可行性，还必须对学科知识的掌握情况进行数字化的处理，即转化为考试分数的形式。这样一来，分数自然而然地就成了公平的象征。

“分数面前人人平等”，其关键在于“平等”二字，而“平等”和“公平”是有差异的。乔·萨托利认为，“平等”表达的是一个相同性的概念，“两个或更多的人或客体，只要在某些或所有方面处于同样的、相同的或相似的状态，那就可以说他们是平等的”[①]。但“公平”却不然。在杨东平看来，“公平”这一概念含有价值判断在里头，比“平等”更抽象，更具道德意味、伦理性和历史性。[②]比如说，让老少边穷地区的考生和大城市的考生同台竞争，用同样的分数线平等地进行衡量，就有违道德和伦理——老少边穷地区的考生接受的基础教育质量与大城市的考生存在较大差距，在考生的天赋和努力程度相当的情况下，教育质量差必然会导致整体高考分数低。在

①乔·萨托利.民主新论[M]，冯克利，阎克文,译.北京：东方出版社，1998：381.
②杨东平.中国教育公平的理想与现实[M].北京：北京大学出版社，2006：4-5.

这样的情况下，平等地录取其实并不公平，打破平等，对老少边穷地区的考生进行一定程度的照顾，才是公平的。

然而，这样一种打破平等的公平观虽然目的在于保护弱势群体的利益，但在实践中来自弱势群体的反对意见却最为激烈。比如为了公平会对部分人实行降分录取等照顾政策，可有不少人并不相信这样一种打破平等的公平真的会照顾弱势群体的利益。所以，大部分人认为以分数高低决胜负更能确保公平，因为这样能最大限度地规避社会资本和经济资本对录取结果的干扰。因而，“分数面前人人平等”成为社会公众心目中最现实的对公平的理解，哪怕它仅仅是一个最基本、最底线的要求。分数这一指标虽然简单甚至机械，却简便、好操作；它即便无法做到绝对公平，但起码比起其他指标来说要相对公平一些；它不是那么的完美，但还算可以接受。尤其是在社会诚信体系还未完全建立的情况下，维护“分数面前人人平等”就成为人们对社会公平的一种诉求。

从此前对高考改革的梳理当中我们可以看出，旨在维护公平的改革措施不在少数。比如，1977年恢复高考，改变了此前上大学需要看“出身”的局面，这被认为是“社会公平与公正的重建”[①]；春季高考改革试图突破“一考定终身”的局限，及时给予落榜考生第二次参加高考的机会和权利，有人认为这“说明了高考正在向着更为公平、有效的方向前进”[②]；异地高考政策虽然争议颇大，但至少在保障《中华人民共和国教育法》所规定的“受教育者在入学、升学等方面依法享有平等权利”这方面向前迈出了一步。而在诸多以维护公平为理念的改革当中，不少措施纷纷选择了以分数作为维护公平的突破点。例如，有学者认为1985年开始在广东省试行，1989年在全国推行的标准分数改革，是一项公平与效率兼备的改革措施[③]；同时进行的改革还有把光学符号阅读器、计算机等先进技术引入高考评分，这些措施可以“使客观题的阅卷快速准确，主观题的评分误差也得到了有效控

①戴家干.高考改革与教育公平公正[J].中国高等教育，2006（12）：7.

②刘静.科举制度的平等精神及其对高考改革的启示[J].山西师大学报（社会科学版），2002（1）：21.

③章建石.一项公平与效率兼备的高考改革为什么难以为继？——标准分制度的变迁及其折射的治理困境[J].北京师范大学学报（社会科学版），2016（1）：31-41.

制，较好地体现了考试的公平性”[①]；各项对弱势群体的照顾性加分政策，则是为了给处于弱势地位的考生群体一定程度的分数补偿，从而在“起点并不公平”的前提下向“结果公平”靠拢。

上述这些改革措施清晰地向我们传递出一个理念，即维护公平一直都是高考改革的理念基础。

三、从公平至上走向能力优先

然而，并非所有的高考改革措施都是围绕着“公平”下功夫。比如说高考科目改革，经历了从“3+1”到“3+2”再到“3+X”的一个转变过程，不但考查科目范围在逐渐扩展，内容的综合性也在逐渐提升。当考试内容的综合性提升时，必然促使基础教育阶段的课堂教学也要打破过去那种学科割裂的情况，增强各科知识之间的衔接。因此，吴晓霞认为“3+X”改革是普高推进素质教育的契机。[②]黄甫全将“3+X”改革对素质教育的推进作用表述得很清晰：“3+X”改革能促使基础教育学校课程体系“超越现有的‘学科课程’，建立新的课程体系……构建一种有生命力的独特类型的高中课程计划……重视发展活动类课程……重视发展综合课程”[③]。又比如，保送生制度的初衷是为了避免优秀学生因在高考当中发挥欠佳而上不了大学。保送生制度于1988年重新启动，它给人们传递了一个信息，即只要学生有真才实学，有真本事，就有机会绕过高考这道“独木桥”直接进入大学深造。因此，我们也可以将保送生制度看作是以能力为核心的一项高考改革措施。高考加分政策中各种关于竞赛、才艺的加分政策，旨在为在某方面有突出才能的学生提供一定程度的保障，使他可以因为某方面的能力出众而得到额外的照顾。这样的一系列加分政策可以或多或少地让基础教育阶段的各级学校不是单纯的唯分数马首是瞻，而是也要培养学生其他方面的才能。各式各样的兴趣小组、特长班一度在中小学当中广泛流行，不能说和这类加分政策毫无关系。

---

①臧铁军.1977—2007，高考改革焦点回眸[N].中国教育报，2007-06-06（05）.

②吴晓霞.论普高素质教育与“3+X”高考改革的功能互动[J].集美大学学报，2004（2）：92-95.

③黄甫全.关于“3+X”高考科目设置条件下高中课程计划调整的研究[J].教育理论与实践，1999（1）：37-38.

近两年来，试图通过高考“指挥棒”来对基础教育发挥正向的调节作用，促进基础教育培养学生的能力、素质的改革措施日渐增多，甚至可以说，直接指向能力的改革措施在数量上已经超过了旨在维护公平的措施。

比如，自主招生考试改革以选拔具有创新思维的高素质人才为目标，尤其是一些名校的自主招生考试政策在这方面具有带动性。对清华大学、北京大学两所具有示范效应的高校进行的自主招生考试改革，张亚群评价其“适应了建设一流大学和培养创新人才的要求，为全面发展或具有某方面特长的考生提供了更多的入学选择机会”[①]。当然，北京大学的改革措施还包括了中学校长实名推荐制，虽然这一尝试仅仅是昙花一现，未能持续，而且饱受争议，但其出发点是非常明确的，即不仅要让优秀人才有一个免试上大学的机会，无须承担高考发挥失常的风险，而且试图选拔出“偏才”和“怪才”，要达到的是“不拘一格降人才”的目的。

除了各大高校的改革措施之外，一些地方性的高考改革也体现出“能力至上”的理念。《北京市2014—2016年高考高招改革框架方案(征求意见稿)》中说，为了“适应高中新课程改革的需要，积极引导基础教育坚持育人为本，减轻学生过重课业负担，推进素质教育”，要调整语文、英语两个学科的分值比重。我国的基础教育长期面临着两个问题，一是学生对母语的重视程度不够，不少学生的语文与文学素养不高，难以感受到中华文明的魅力；二是花在英语上面的精力过多，而且受英语仅采用纸笔考试的影响，真正把英语学到位的不多，“哑巴英语”现象突出。教育部原发言人王旭明就曾表示：“更多国学内容落实在教材里、课堂上、考试中时，就是中华民族优秀文化传统传承日。”[②]北京市教委一位负责人也说：“目前基础教育中，英语笔试过重、过难、过频，能够传授优质英语的教学人才过少，导致英语教学严重走偏，表现在几乎所有学生都背着过重的英语学习负担，其中喜欢英语、能用英语交流和工作的人才严重不成比例。降低英语分值同时提高口语的比重应当对此有纠偏功能。”[③]总的来看，这一改革和公平关系不大，它

①张亚群.北大清华自主招生考试改革透视[J].考试研究，2007（1）：15.

②杜丁.高考语文分值或将增至180分[N].新京报，2013-10-22（A11）.

③鹿永建.新华时评：降低英语分值绝非放慢向外部学习，2013-10-22.

希望的是发挥出高考的“指挥棒”作用，以倒逼中学的语文、英语教学进行调整，一方面使国学教育、中文素养在中学当中得到进一步的重视，另一方面也希望促使学生进一步重视对英语基础知识的掌握，发展英语听、说、读、写综合能力，同时适当减轻学生过重的英语学习负担与压力，从而使培养出来的学生更加符合当前社会所需的人才规格。

至于全国范围内的改革，也时常可以看到重视能力的影子。比如改统一命题为分省命题，其初衷在于让各个省、区、市制定符合各自情况的教学与考试大纲，通过考试内容的调整，来发挥高考对基础教育的正向调节作用，从而带动中小学的课程改革。张敏、亢德喜等人明确提出：“高考分省命题有利于基础教育改革与素质教育推进。”①再比如党的十八届三中全会提出的“高考不分文理科”，文理分科教学一般被认为是“战后重建和苏联教育体制等特定社会结构影响下的产物”②，社会发展到今天，国家对综合性、复合型人才的需求越来越大，分科制度面临着不同于该制度初设时期的社会环境，它制约了学生综合能力的发展。因此，通过不分文理高考来对中学教育中的分科制度进行调整，其用意在于减少学科之间的隔阂，拓宽学生的知识面，培养学生的综合能力。浙江在引入学业水平考试的同时实施了“3+3”方案，高考“成绩单”也随之变成“诊断报告单”。“诊断报告单分为成绩信息和诊断信息两部分，内容从原先的‘卷面成绩’拓展到现在的‘试题得分、学科知识、学科能力、考核目标达成’四个方面。这样的个性化诊断报告，引导学生、教师、教育部门在关心分数之外，更关注学生对于知识、能力的掌握状况和发展变化，促使教育更科学。”③上海市基础教育国际课程比较研究所的唐盛昌认为：“从上海新高考改革方案来看，一些具体的改革措施，折射出非常明显的人才培养和选拔理念的变革：在衡量、选拔学生的时候，我们不再只看重智育因素，也开始注重学生的品德、个性、素质、能力等维度……改革后高考‘指挥棒’将变身为‘两依据、一参考’，即依据统一高考成绩与三门选考的学业考成绩，参考

①张敏，亢德喜，高管.高考到底要不要走向分省自主命题[J].基础教育，2005（7、8）：41.

②黄亚婷.高考取消文理分科：必要性与可行性[J].重庆高教研究，2016（1）：78.

③姜泓冰，赵婀娜，顾春，方敏，巩育华.高考改革，“定义”教育的未来[N].人民日报，2016-02-03（12）.

高中阶段的综合素质评价。如果说‘两依据’还最终表现为学生的分数，那么综合素质评价体现的则是学生的为人……在新高考‘指挥棒’的作用下，学生的个性发展将被突出强调，中学教育将把识别、彰显学生的个性、潜能放在重要位置。”①

综上可知，“维护公平”和“提升能力”是高考改革的两大价值观念基础。如果说前期的高考改革更多地体现了维护公平，那么后期的一系列改革，则更侧重于发挥高考的“指挥棒”作用，将基础教育引向重视学生综合素质和能力的轨道上去。但这并不是说后期的高考改革就不再重视公平，任何一项值得推广的改革措施都不能以牺牲公平为代价。因此笔者更愿意把前期的改革理念称为“重点关注公平”，而后期的改革理念则是“在确保公平的前提下尽可能地体现能力”。

①唐盛昌.对人才开展科学评价，上海进了一大步[N].文汇报，2014-09-20（10）.

第四节
高考与基础教育的“从属”关系

高考的全称是“普通高等学校招生全国统一考试”，从名称上看，它应该是高等教育的一个元素，一个组成环节，是隶属于高等教育的。它肩负着为高等学校选拔人才的任务。大学需要什么样的新生，高考就应该选拔出什么样的人。但因为高考的考查内容不可能涉及高等教育，它只能对学生在基础教育阶段的知识掌握情况做出衡量，因此，高考不是完全隶属于高等教育，而是带有过渡性的，介于基础教育和高等教育之间，但总体上应偏向高等教育。然而在实践当中，高考和基础教育的关系却更为密切。不能说高等院校不关注高考，但它们的关注程度显然和中小学不可同日而语。一个大学教师在上课的时候一般不会在意学生在高考中考得怎样，但中学教师对此却是异常敏感，他们会关注学生考了多少分，考了第几名，会关心学生成绩和排名的升降，各个学科、各个题型的得分情况。即便是在学术圈内部，高考主要属于基础教育还是属于高等教育也曾引发争论。人大复印资料《高等教育》的编辑告诉笔者，他们曾经和《中小学教育》的编辑就“高考相关的研究成果归谁负责”进行过激烈的讨论，最终，高考相关研究成果被划归《中小学教育》的编辑负责。这样看来，高考是隶属于基础教育的，这样的观点接受面显得更广。

于是，高考和基础教育之间的“从属”关系就成为一个有趣的话题。基础教育的教学质量已有会考来作为评判依据，为什么还需要把高考也划归基础教育？如果说高考隶属于基础教育的话，偏偏基础教育对高考的影响并不大，反倒是高考对基础教育的指挥、调节作用体现得更加明显：高考被誉为基础教育的“指挥棒”，基础教育“唯高考马首是瞻”的现象司空见惯，似乎基础教育是隶属于高考的，需要服从高考的安排。二者关系上的这样一种混乱，必然会引发一系列的问题。

一、高考与会考的“厚此薄彼”

1977年恢复高考以来，高考不但承担着为高等学校选拔人才的任务，同时还扮演着高中教育质量评价者的角色。学校教育效果好不好，教学质量高不高，基本上都依据学生的高考成绩来进行评判。有人将其形容为一种“唯分数论”的考试文化现象，即“以分数作为评定一个学生发展、一位教师教学水平、一所学校办学质量和一个地区教育发展的唯一指标，尤其在处理升学考试这种高利害关系的考试结果时更加如此”[①]。高考被如此看重，随之而来的一个结果就是高考不考的科目在日常教学中会被边缘化，教学质量得不到保证。

为了解决这一问题，上海市于1985年首先尝试了普通高中毕业会考制度。1990年6月6日，国家教委发布了《关于在普通高中实行毕业会考制度的意见》，会考作为衡量学生各个学科的学业表现是否合格的一项测试制度，正式登上历史舞台。会考是一种标准参照性考试，参照的标准即及格线。虽然高中教师偶尔也会提醒学生说，会考通不过，就没有资格参加高考，但学生一般并不把这一提醒当回事，因为会考的难度一般都比较低，即便是物理、化学、生物之于文科生，政治、历史、地理之于理科生来说，60分的及格线也往往轻而易举。哪怕个别学生未能通过会考，也还可以补考，而补考不过的学生几乎没有。因此，整个20世纪90年代，会考制度可以说是形同虚设，就连高中教师也基本上不重视会考。在他们看来，高考的难度比会考大多了，按照高考的标准和要求进行教学的话，应对会考可以说是轻而易举的。自然，意在升学而非毕业的广大高中学生也不会将会考太当回事。

由于会考制度基本沦为摆设，有的地方甚至干脆取消了会考制度，因此，非高考学科的教学质量得不到保障的问题一直没有得到解决，基于此，2000年3月，《教育部关于普通高中毕业会考制度改革的意见》出台，开始在一部分地区尝试普通高中学校毕业考试制度。普通高中学校毕业考试有时也称为学

①教育部基础教育司.走进新课程——与课程实施者对话[M].北京：北京师范大学出版社，2002：189.

业水平测试或“基础会考”。从字面上看，这一考试针对的是“毕业”二字，即它意在对高中生是否有资格毕业做出评判，因此也属于目标参照考试。但是，为了避免陷入会考制度的尴尬局面，它采取了和高等学校入学选拔相挂钩的形式，比如前面曾经提到的海南的“3＋3＋基础会考”方案、江苏的“3＋学业水平测试＋综合素质评价”方案、广东的“3＋文科基础/理科基础＋X”方案，以及上海市、浙江省2017年开始实行的“3+3”方案之类。

在会考制度变更为普通高中学校毕业考试制度之后，从表面上看，会考成绩开始和高考挂钩，只重高考而忽视会考的局面可以在一定程度上得到缓解。但在笔者看来，重高考而轻会考的局面实际上并未改观，只是以某种形式被隐藏了起来。高考和会考之间的矛盾被转化成了毕业考试内部的“高考成分”和“非高考成分”之间的矛盾。以上海的“3+3”方案为例，该方案虽然要求考生每门学科均需参加学业等级考试，且在将学业等级考试成绩纳入高考的时候并未强行区分文理科，但由于实行“6”选“3”，这必然使得学生将绝大部分精力放到自己掌握得比较好的那3门学科上面，而另外3门学科则“战略性放弃”。因此，被选上的这3门学科名义上是学业等级考试，但实际上具有“高考成分”；未被学生选上的3门学科表面上虽然同样是学业等级考试，但骨子里却只有“会考成分”。这显然无法从根本上改变不重视会考的问题。即使是在大学里面，每个专业也都存在着文科、理科、工科等属性，也有各自不同的基础知识要求。所以一个报考文学专业的学生，他更可能选择的是政治、历史、地理这三科，选择“政治、历史加物理”这种组合的不多。同样道理，一个报考医学专业的学生，他更可能选择的是物理、化学和生物，“物理、历史加政治”这种选择不太会得到学生的青睐。因此，“3+3”方案名义上不区分文理科，但笔者相信，文理分割的局面依然会以一种隐蔽的方式存在；它虽然强调学业等级考试，但这无法改变重高考轻会考的局面，只是把学业等级考试的一部分科目转变为高考科目加以重视，另一部分继续作为会考科目予以忽视而已。至于体育、音乐、美术等科目，则一如既往地被边缘化。

二、高考统摄下的基础教育

从“会考”到“普通高中学校毕业考试”，虽然变革力度不可谓不大，措施不可谓不新，但始终未能从根本上扭转重高考轻会考的局面，真正决定考生命运和前途的，依然只有高考。而且高考的这一决定作用是如此大，它是农村学生得以“跳出农门”、弱势阶层得以“翻身”、广大青少年得以实现人生理想的重要机会。高考是人们证明自己或者说改变自身命运的一个重要机会，因而高考承载的显然就不只有评价和选拔这两项教育的功能，也承担着促进社会阶层流动、维护社会公平的社会功能。一项教育活动，却承载着远超教育范畴的功能，这样的情况在其他教育活动当中并不多见。在某种程度上，高考可以说是基础教育的“终极目的”和“发展方向”，是中小学教育的“指挥棒”。有人形象地称：“高考改革‘牛鼻子’牵动教改‘牛身子’。”[①]

高考这一“指挥棒”有时候也可以产生正面的指挥作用，郑若玲将这种正面的指挥作用解释为“通过对考试内容的规定达到执行国家意志的目的”[②]。很多人用一种批判的眼光来看待高考的“指挥棒”作用，觉得是高考将基础教育“指挥”到片面应试、死记硬背、囫囵吞枣、分数至上的泥潭当中去的。高考明明是教育的一个环节、一个部分，应该为整个教育服务和作贡献才对，怎么还能去“指挥”教育的运行呢？即便要“指挥”，也应该是基础教育“指挥”高考才对啊！但现实就是这么令人无奈。2004年，江苏某市坚持搞素质教育，不让中小学校抓应试，但高考依然以知识考查为核心，以分数定胜负，结果那年该市的高考录取率远低于周边市县，引起很大争议。无独有偶，山东省也出现过某沿海城市坚持进行素质教育，结果高考二本以上录取人数还不如另一个地级市中一个县的录取人数，导致高考结束以后该市教育部门领导班子“大换血”的例子。[③]这些案例告诉我们，基础教育是无法“指挥”高考的，反倒是高考可以“指挥”基础教育。一名考生在接受媒体采访时说：“高中三年学习中，……学校用不少上课时间给我们组织社会调研、第二课堂等素质教育的内容，但这些对高考没有用……我真后悔当初浪

①刘博智.高考改革“牛鼻子”牵动教改“牛身子”[N].中国教育报，2016-01-30（01）.

②郑若玲.试析高考的指挥棒作用[J].厦门大学学报（哲学社会科学版），2002（2）：9.

③钱林晓，王一涛.应试教育条件下的学生学习行为模型[J].教育与经济，2006（1）：58.

费了太多时间。”[①]

在高考的统摄下，基础教育必须小心翼翼、谨慎行事。无论是教师的教学方法、学生的学习方法还是知识内容等各个方面，都要按照高考的要求来进行，于是，高考自然而然地获得了“指挥棒”的身份。

高考对教师课堂教学的“指挥”突出地表现为满堂灌输成为一种流行的教学方法。有教师声称：满堂灌输是“在内容过多、时间有限的前提下，在大班级教学的条件下，把尽可能多的高考信息传播给尽可能多的学生，以达到效用最大化的一种教学模式”[②]。这里所说的“效用最大化”，并非通常我们说的“效率高”的意思。按照《辞海》的解释，效率是指所消耗的劳动量与所获得的劳动效果的比率。这样看来，“效率”这个词同时包含了两层含义，一是时间层面，二是效果层面。一般我们说一个教师教学很有效率，除了指他教得很快之外，也潜在地指他教得效果好、质量高。但在高考的“指挥棒”作用下，课堂教学的效率是片面的：“教得快”体现得很明显，但“质量高”却未必。因为学生应该掌握到什么程度，不是由学生对知识的兴趣、意愿决定的，而是由高考的要求决定的。当高考只考查到这个层次的时候，你非要掌握到更高的层次，会被视为一种浪费。笔者曾经在一堂高中地理课上听到了这样一段师生对话，非常明显地体现了满堂灌输的这种片面的“效率”[③]：

教师：四川盆地的地带性土壤是什么？

学生1：黄土。

学生2：黄壤。

教师：到底哪个？

学生：黄壤。

教师：对，是黄壤。我们讲过，四川盆地的地带性土壤为黄壤，黄土高原的才叫黄土，不要弄混了。

学生3：老师，黄土和黄壤有什么区别啊？

---

①吴非．“不是爱风尘，又被风尘误”——反思南京教育界的一场讨论[N].南方周末，2004-09-16（B14）.

②周颖．“县中”模式的特点及成因研究[D].北京：北京师范大学硕士学位论文，2009：68.

③周序.应试主义[M].厦门：厦门大学出版社，2017：78.

教师：你管它有什么区别呢，反正你记住黄土跟黄壤不一样，考试不要答错就行了。看下一题……

在这段对话中，教师的教学围绕着效率来展开，只要学生达到了高考考点的要求（知道哪里是黄土，哪里是黄壤），就立刻要求“看下一题”，而不是顺着学生的兴趣和疑问去解释黄土和黄壤的区别。这种对学生求知欲的扼杀看似残酷，却在这个知识点上让学生“达到了”高考的要求，而且留出了更多的时间来讲更多的知识点，可能反而有助于学生在高考当中取得好的成绩。因此，这样一种灌输式的教学虽然遭到各界批判，却是不少中小学教师的共同选择。

高考不仅“指挥”着教师的教，也“指挥”着学生的学。例如有的学校要求学生“不评不议”——不允许学生花时间讨论题目，因为学生的讨论即便能够“奇招迭出”，另辟蹊径地找到新的解题路径，但这种方法未必具有普遍性，也不容易理解和掌握，不利于学生形成思维定式。学校更希望学生能够在学习时“固化方法”，即用最普通、最熟练的方法来解题，而不要别出心裁、另辟蹊径。学生一旦形成思维定式，就可以在答题的时候减少思考的时间，并提高正确率。就如钟道然所说，就是要学生“一听到‘五四运动的历史意义’就下意识地说出‘是一次彻底地反对帝国主义和彻底地反对封建主义的爱国运动……’，一看到抽屉就想到排列组合，一看到椭圆立刻设立 xy”[①]。

在应试主义教育中，最常见的学习方法莫过于“题海战术”了。“所谓题海战术，就是在教学过程中，布置超量的练习题，使学生对知识点进行轮番遍踩，以练习来代替教学活动的教学思想。它的主要特点是，以题为纲，以题为本，以题为中心，把学生淹没在题目的海洋中，学生终日在题海中‘扑腾翻滚’。”[②]这样的学习方法虽然常被人诟病，斥其导致学生纸上谈兵、缺乏实践能力，但对提高考分而言却是比较有效的。《成都商报》曾报道了某中学何以长期保持高升学率。文章用醒目的字体强调其“秘诀”

①钟道然.我不原谅——一个90后对中国教育的批评和反思[M].北京：生活·读书·新知三联书店，2012：95.

②廖桂林.题海战术——教学之大忌[J].北京教育，1999（6）：27.

在于不停做题考试。报道中一位学生家长说：这种做法的结果是“跟去年高考成绩比起来，孩子的分数提高了将近100分，从366分到现在的450分。去年孩子‘三本’都上不了，现在有希望冲击‘一本’了。”

除了教师和学生，就连没有生命的、安安静静躺在书本当中的知识，也受到了高考“指挥棒”的影响。陈彬莉曾经访谈过一位高三历史老师，这位历史老师说：

> 历史一共考五本课本，按照大纲规定，高一学习中国近现代史两册，高二学习世界近现代史两册，高三学习中国古代史一册。其实，我觉得古代史应该安排在高一学，但因为高考古代史考得少，所以把它安排在高三。每年一二月份时，考试说明就印出来了，考试考哪些部分，学生就学哪些部分就行了。古代史考点少，学生也不重视。实际上我们教高三历史的，先秦部分从来不上，因为高考不考。我们每年都是等到高考考试说明发下来之后，根据考试内容备课，不考的就不讲了……[①]

可见，在高考的“指挥棒”下，历史教学并不是按照时间的先后顺序来展开，也不是按照知识难易程度来排列的，而是根据高考的考点多少来安排顺序。更为重要的是，老师们并不试图让学生获得一个完整的历史脉络和知识体系，而是热衷于按照高考说明的要求，将完整的知识进行切割、筛选，因此学生所获得的大都是一些知识碎片，而非完整的知识体系。

不仅历史，可以说但凡高考科目，知识内容基本都被切割成一个又一个的知识碎片，并将其题目化，再让学生进行练习。甚至有时候学生连这种碎片化的知识都不需要掌握，只要掌握回答这些题目的技巧，能够正确答题就够了。由于目前高考的命题技术还达不到客观、真实地衡量学生的能力水平的程度，这就给“答题技术”留下了生存的空间。有的一线教师专门撰文呼吁“注重应试技巧训练，提升学生解题能力”。还有教师主张理科教学应该“强调某些解题方法和技巧”，“加强解题能力和技巧的训练”，“注重常规解题思路和通用方法的训练，加强估算类问题求解方法训练”。即便是文科的

①陈彬莉.统一高考影响下应试体制的形成原因以及运行机制[D].北京：北京大学博士学位论文，2007：183.

论述题，甚至主观性最强、留给学生发挥空间最大的高考作文题，也被总结出了各式各样的套路和模板。一位高中语文老师告诉笔者："我曾辅导过一名高三学生，他的作文水平非常低，而离高考不到两个月了，于是我就专门教他一种作文模式。几次考试下来，他的语文老师都能一眼看出哪篇作文是他所写。他问我能不能换一种模式，我说不用，因为改卷老师只会看到你这一次的作文，他并不知道你只会这'一板斧'。你将这一模式掌握好，只要审题不偏，得分就不会低。结果果真如此。"

学术界也有人对老师们重视答题技术的现象进行研究，比如陈彬莉研究发现，这些技术对高中学生，尤其是对高三补习班学生来说是非常管用的，"……应试能力，也就是答题的方法和技巧。这个题怎么答，这个角度怎么切入，遇到这类题怎么办，这都是技术"①。这实际上是一线师生作为"理性人"做出的"效用最大化"选择。这里的"效用"，显然不是指快乐学习、自由发展，而是指在高考当中斩获高分，最终得以"金榜题名"。

当教师的教、学生的学，乃至教学的内容都被规训、被异化的时候，我们忽然发现，高考"指挥棒"对基础教育的控制细致入微、无孔不入，基础教育紧密地围绕着高考来运行。这个时候，高考就已经不再是基础教育的一个环节、一个组成部分，而是从基础教育当中外化出来，成为控制基础教育的工具。不是高考从属于基础教育，而是基础教育从属于高考。有的学校将"三年抓备考，备考抓三年"作为理念②，甚至有学校一个班级的学生集体一边打着吊瓶输氨基酸一边上自习……当基础教育从属于高考，为了在高考当中取得成功，人们往往便会唯分数是从。

①陈彬莉.统一高考影响下应试体制的形成原因以及运行机制[D].北京：北京大学博士学位论文，2007：189.

②邓玉阶.考试异化忧思录[J].语文教学与研究，2006（4）：58.

第二章

基础教育变革的理念辨析

不仅高考在频繁改革，高考所“指挥”的基础教育也是变革不断。自中华人民共和国成立以来，基础教育课程改革已经经历了多次，其中最近的一次始于2001年，被称为“新一轮基础教育课程改革”，简称“新课改”。新课改迄今已经实施了十多年，其间有欢欣鼓舞、充满期待，也有茫然失措、难掩失望。新课改到底是怎么改的，将把基础教育指向何方，引向何处，很有必要进行讨论。

第一节
新课改与高考

新课改究竟取得了哪些成效，这是诸多专家学者和一线教师都非常关心的一个问题。十多年过去，很有必要对这次的新课改进行总结、评判。

一、新课改的推进与理念推广

衡量新课改，一般来说可以从两个角度来看，新课改的实施和理念的推广。就新课改的实施推进而言，可以说是成功的。因为这场改革并未“半途而废”，而是一直沿着既定的方向和路线前进。新课改推出的新课标、新教材，即便还存在争议，但毕竟正经出台；从国家到地方各级各类的课改培训，即便有人认为是在“走形式”，但毕竟已经开展起来；新课改推广了多种新理念，即便有的理念还有待商榷，但多数一线教师已经树立起了“以学生为中心”“建构主义”之类的意识。从这个意义上来说，新课改无疑是成功的。这里所谓的“成功”，指的是改革没有被叫停，没有被否定，想做的事基本都做了。

当然，一件事情“做了”并不代表“做好了”，也不一定意味着实现了其目的。那么，新课改想做什么？自然是想要普及和宣传新的教育教学理念，推广新的课堂教学方法，等等。如果说新教材、新课标的推广是事实层面的成功的话，那么推广新理念并促进一线教师对其的认同，就应该是目的层面的问题了。新课改在目的层面究竟成效如何呢？

马云鹏对课改实验区的教师进行了多次大规模问卷调查，综合几次调查的数据来看，约80%的教师认为新课改的理念与目标是可以实现的，说明教师对新课程改革有比较高的认同度。[①]有一项调查引述了多名教师的话来对新课改的成效进行评价：“作为一名教师，我认为改革势在必行，而且收益

①马云鹏.基础教育课程改革：实施进程、特征分析与推进策略[J].课程·教材·教法，2009（4）：3-9.

颇多”；“通过近一年的教学实践，我在使用新课程标准和新教材的过程中确实受益匪浅”；“新课程改革已经四年了，‘改’的理念深入人心，而‘改’的行为正在形成之中”；“教了二十多年的书，我到现在才知道怎么教书”……[①]从各方面来看，新课改的理念应该说是已经顺利普及，一线教师对新课改的认同度也是比较高的。

然而，随着新课改的推进，课堂教学中“穿新鞋走老路”的现象也逐渐多了起来，表现为嘴里说要遵循新理念，但实际上用的还是老方法。比如，一些教师将学校配发的新教材束之高阁，要求学生们借以前的旧教材来上课；有的教师表面上是“学生中心”的支持者，但实际上的做法却是“教师中心”的；很多教师嘴上说“情感目标”最重要，但实际上把大部分时间和精力都用在“知识目标”上。北京师范大学的郭华教授对这个问题进行了专门的研究，她认为，新课改当中之所以会出现“穿新鞋走老路”的现象，是因为新课改的理念本身就存在一些问题，因此这一现象的出现，可以说是广大教师对新课改理念的一种自觉纠偏。郭华教授提到的一个案例非常耐人寻味[②]：

> 2009年8月28日上午，我在北京市郊某所学校做讲座，其间与教师们互动。我问道：“教学中有哪些具体的活动？”教室的不同区域传来些问答，有的说“提问”(这个是最多的)，有的说“讨论”，有的说“练习”，有的说“探究”，还有的说“游戏”，唯独没有人说“讲课”或“讲授”。我问：“为什么没有人说‘讲课’？难道你们在课堂上从来不‘讲课’吗？”没有人回答。又问，坐在中间的一位女教师看起来是鼓足了勇气说：“讲啊。可是现在都在批讲授，认为讲授是落后的。”

在这个案例中，教师们明明经常采用讲授法，却又认为讲授法“不符合”新课改的理念，因而不敢在大庭广众之下承认自己采用了讲授法。在培训专家询问时教师们不敢说真话，那么我们不禁要问：问卷调查、访谈中，教师们的回答会不会也存在不实之处？如果不能确保教师们在问卷选择、访

①马云鹏.课程改革实验区追踪评估的最新报告[J].教育发展研究，2005（9）：18-23.

②郭华.新课改与“穿新鞋走老路”[J].课程·教材·教法，2010（1）：8.

谈观点方面的可信度，那么其调查结论就有待斟酌了。实际上，也确实有给新课改"泼冷水"的：《新课程，想说爱你不容易》[①]《重视"新"课堂的所谓"追求"》[②]，诸如此类。新课改"普及、推广新理念并促进广大教师的认同"这一目的究竟有没有得到很好的实现，还需要深入研究。

二、新课改成功了吗

新课改的理想显然并不仅仅在于推广新理念这么简单。钟启泉教授说，新课改要"冲破应试教育的一切羁绊，开创新世纪我国课程创新的愿景"，让基础教育"从应试教育的轨道转向素质教育的轨道"上来。[③]"素质教育"这一概念自提出之日起就一直非常流行，可以说是新课改的理想所在。要实现这一理想，需要"让课堂焕发出生命活力"[④]，从"授人以鱼"变为"授人以渔"，落实"以学生为中心"，实现"教是为了不教"……这些提法都是针对应试主义教育，向应试主义教育开刀的。但实事求是地说，新课改并没有撼动应试主义教育的地位，虽然有人称"素质教育更能提高升学率"，但这些观点并未产生广泛的影响力。反倒是高考现象不断升温，高分考生被持续热炒。"警车护送迟到考生""母亲隐瞒父亲去世消息，以免影响女儿高考"之类的新闻频频出现，将应试主义教育的氛围烘托得分外热烈。所以从这个层面来看，我们很难说新课改是成功了的。

有的地方应试主义教育之风甚至有愈演愈烈之势。集体打着吊瓶一边输氨基酸一边上自习的"最牛高考班"横空出世，"高考语文万能公式"被总结出来，以考上名校人数为最重要指标的"重点高中排行榜"常常成为热搜……虽然这些现象并不是由新课改导致的，但轰轰烈烈的新课改没能够阻止这些现象的出现，更没能杜绝片面应试的泛滥。时至今日，新课改这帖"解毒剂"仍未能彻底解掉应试主义教育之毒，就连钟启泉教授也不得不感叹"应试教育依然占强势地位"[⑤]。广大教师、学生、家长始终挣扎在应试

①夏祖瑞.新课程，想说爱你不容易[J].基础教育研究，2002（11）：19-21.

②陈立全.重视"新"课堂的所谓"追求"[J].福建教育，2004（6A）：11-12.

③钟启泉.课程人的社会责任何在[J].全球教育展望，2006（9）：22.

④叶澜.让课堂焕发出生命活力——论中小学教学改革的深化[J].教育研究，1997（9）：3-8.

⑤钟启泉."微课"的诱惑与反诱惑[J].内蒙古教育（综合版），2015（9）：14.

主义教育的泥潭当中，甚至有些学生还对应试主义教育感恩戴德——如果没有应试主义教育，我们怎么能考上理想中的大学？其实这也不难理解。高中三年的应试主义教育虽然对学生们有着太多的规训甚至是摧残，但和高考落榜相比，却可以说是“利大于弊”。从这个意义上说，新课改在实施层面是取得了较大成效的，但在其最终目的的实现层面，依然是“任重而道远”。

三、新课改需要和高考改革相协调

早在1999年发布的《面向21世纪教育振兴行动计划》中，课改便作为“跨世纪素质教育工程”列入其中，可以看出国家对新一轮的基础教育课程改革是非常重视的。一些师范大学也设立了“基础教育课程研究中心”，各个中心的诸多专家学者也都以极大的热情关注新课改并予以理念和方法层面的指导。教育部还专门确立了“先培训，后上岗，不培训，不上岗”的原则，以帮助一线教师更好地适应新课改。这样看来，新课改既不缺国家支持，也不缺专家指导，更有经过培训的师资力量作为保障，力度不可谓不大。

新课改“颠覆应试主义教育”的目的未能实现，在笔者看来最重要的一个原因就在于它并未和高考改革完全匹配。在教育部基础教育司组织编写的《走进新课程——与课程实施者对话》一书中，有这么一段关于“新课改应该走在高考改革前面”的论述[①]：

> 如何看待这样一种说法：考试不改，课程改革寸步难行？
>
> 这是本次课程改革中教师的另一个误解，是对考试的“神化”。……很多教师……错误地认为，考试可以决定一切……一些实验区便想借助考试的“指挥棒”效应，简单地认为抓好考试改革，就可以有效地推动本次基础教育课程改革；而另一些消极悲观的教师则认为，如果考试不改，课程改革寸步难行。
>
> ……
>
> 近些年来，我们不约而同地看到了高考的改革方向和改革力

①教育部基础教育司.走进新课程——与课程实施者对话[M].北京：北京师范大学出版社，2002：184-187.

> 度……从1999年开始，高考内容上突出了能力和素质的考查，增加了与现实生活经验和社会发展有关的应用题和能力题，并缩短了试卷长度以给学生留出更多的思维时间；同时设置了综合能力科目考试，培养学生综合分析和解决问题的能力，并有效地杜绝学生偏科的发展，促进学生全面提高等等。
>
> ……尽管还有一段路要走，尤其升学考试制度和高考改革还需要一段时间来加以完善，但我们不能因此简单地以“考试不改，课程改革寸步难行”的腔调来为课程改革泼冷水。我们应该看到，作为人才培养的基础，基础教育更应走在改革前列，为迎接将来升学考试制度和高考制度的根本性变革做好准备。这就要求我们要更快、更深入地推进本次基础教育课程改革，加快自身完善的步伐，以推动并适应各级升学考试制度的改革新取向。
>
> ……应打破“考试万能”的神话，应尊重教育追求的价值，建立一种健康的考试文化：考试同样是为了促进发展而不应决定一切，教育的理念和追求才是决定我们教育行为的前提。所以即使无法考评的内容，如果是教育追求的方向，也应成为教育活动中不折不扣的内容。
>
> 可见，考试改革并不能解决课程改革中的所有问题，也不是决定课程改革成败的决定性因素。真正影响和解决本次课程改革所有问题的关键，是观念，是建立符合时代发展要求的新课程观、教育观、学生发展观和教师观等，而不是某种方法或技术。

新课改和高考改革之间有时会呈现出“你改你的，我改我的”这样一种互不关联的局面，或多或少是受到“基础教育变革应走在高考改革前面”这一观点的影响。

比如说，新课改以后现代知识观为指导思想，后现代知识观强调的是知识的不确定性、多样性，主张不同学生根据自身的经验得出不同的看法和结论，而高考认可的偏偏是“标准答案”。

一方面，这的确有僵化的嫌疑。例如这样一道语文题目：

> 朱自清在《荷塘月色》中写道：“月光如流水一般，静静地泻

在这一片叶子和花上。”这个“泻”字用得好，请分析好在哪里。

当笔者还在上高中的时候，这道题目就已经是“经典题目”了。这道题的标准答案是：因为“泻”字和“流水”正好搭配。如果不从“流水”的角度，而是从“静静”的角度、“月光”的角度来作答，则最多只能得一半的分数。这样一种对答案进行标准化处理的方式的确有待探讨。

但另一方面，标准化的答案自有其长处。比如选择题、填空题之类的题目都有唯一正确的答案，方便进行电脑阅卷，从而极大地提高阅卷的效率和准确度。像文科综合考试中的主观题、语文的现代文阅读题等也都有固定的得分点。也许有人会觉得，固定的得分点会传递给学生一种共同的思维模式，让他们失去思维创新的能力。但是，所谓“新”，是和“旧”的、“传统”的、“通常”的东西相对而言的，我们承认创新的意义，却不能把这种意义建立在否定传统的意义的基础之上。而且，一些传统的思维方式比创新的思维更加常见，更加普遍，价值也更高。所以，我们对标准的东西也不宜一味苛责，观点本身或许没有贵贱之分，但观点的质量却存在高低之别。因而，高考对答案有着一定的标准和要求，是一件再正常不过的事情了。

即便是一些可以鼓励学生自由表达、推陈出新的方面，也受到高考现实的制约，而无法真正落实后现代知识观所秉承的多样性和不确定性。例如有研究者主张，高考内容应该突出对“能力和素质的考查”，需要增加“与现实生活经验和社会发展有关的应用题和能力题”。然而，高考仅仅是“试图”突出能力和素质的考查，“尝试”增加应用题和能力题，但事实上很难做到，因而所谓的应用题和能力题考查出来的未必就是学生的真实能力，可能只是答题技巧而已。因此，即便教学理念变了，高考的考试观念也改了，但命题技术却拖了考试的后腿。应试方式的改变无法跟上改革的脚步，这也导致教学的行为依然停留在原点上——题海战术、作文模板等着眼于应试技巧的教学方式依然大有用武之地。所以，让基础教育改革走在高考改革前面，以推动高考改革的进行，在现实中不易实现。

再比如说，新课改崇尚建构主义教学观，建构主义教学观看重学习的过程，认为过程比结果更重要。早在新课改正式实施之前，学术界就对此有所讨论。在1999年广东省教育学会举办的“改革创新——迈向新世纪的素质教育学术研讨会”上，学生学习的体验、过程的重要性就被反复强调，“既重结果，更重过程”成为该讨论会的一个核心思想。①随着新课改的推行，“过程更重要”的观点更是得到了广泛的宣传。

从教的角度来讲，过程重于结果或许在某种意义上是成立的；但从考的角度来说，过程重于结果的思想在高考中很难落实。高考制度无论怎么改，到目前为止，以知识考查为核心这一点并没有改变。虽然任何知识的掌握都需要一个努力的过程，但高考并不关心过程，而只看“你是不是掌握了知识”这一结果。例如四川盆地的地带性土壤是黄壤而非黄土，不管是死记硬背，还是真正了解黄壤和黄土的区别，只要答案是黄壤即可。或许有人会辩解说，高考也看重过程，很多考试题目，尤其是数理化题目，都要求写解题过程，每个解题步骤还有步骤分。不过，此过程非彼过程，解题过程是一个知识性的过程，应该隶属于知识目标而非过程目标。什么是过程目标？“三维目标”论的倡导者钟启泉教授说得很清楚：“过程意指应答性学习环境与交往体验”②，可见，过程目标中的过程，是指学生发展的过程，是通过体验逐步探究得出知识结论的过程，而不是解题过程。

学生掌握知识结论的过程，或许是一个顿悟的过程，或许是一个聆听并理解的过程，或许是一个探究的过程，或许是一个建构的过程，但不管是哪种过程，现有的高考考试方式都难以衡量出来，事实上高考对过程也漠不关心，它只关心最后的结果——学生能不能在高考答题卷上给出正确的答案。因此，《走进新课程——与课程实施者对话》中所说的“即使无法考评的内容，如果是教育追求的方向，也应成为教育活动中不折不扣的内容”，从高考的角度而言，就显得有些理想化。由于高考无法对过程进行科学的衡量，过程在教学中便可能遭到无情的扼杀。前文讲到的地理课上学生对黄土和黄壤的区别感兴趣，但这一兴趣却被教师打压下去就是一个典型的例子。在高考面前，很多教师从一个“传道授业解惑者”化身为一个“经济理性人”，他们很清楚什么东西对高考有用、什么东西对高考“无用”。对高考“无用”的内容，他们绝不舍得花费“过多”的时间和精力。

---

①伍柳亭，李禾田．改革创新——迈向新世纪的素质教育学术研讨会综述[J]．学术研究，2000（5）：79.

②钟启泉．“三维目标”论[J]．教育研究，2011（9）：62.

至于新课改所倚重的多元智能理论，尽管它带来了一种新的学生观，但在高考的“指挥棒”下，也同样面临着尴尬。多元智能理论认为，不是只有考试成绩好的学生才是好学生，考试成绩不好的学生完全可能在其他方面发展得很好。诸如“你的教鞭下就是爱因斯坦”“每个孩子都可以成才”“没有教不好的学生，只有不会教的老师”等说法便是这一思想的体现。然而，“其他方面”往往并不在高考考查的范围之内，即便“其他方面”教师教得再好，学生自主发展得再好，但只要不被高考所反映，都难以被大学接受。当在高考中取得好成绩依然是广大学子奋斗的主要目标的时候，影响课改的关键就仍在于高考本身。认为只要观念革新了，新课改就能顺利推进的观点，即便不说它陷入了“主观决定论”，但至少也是对高考的“指挥棒”效应过于轻视了。

总的来看，新课改的诸多改革理念和措施，较少考虑高考改革是否能够跟得上其脚步，这也导致了高考改革长期滞后于基础教育变革的局面。由于是高考在“指挥”基础教育而非基础教育在“指挥”高考，因此,作为“先行者”的新课改显然无法自然地将高考导入自己希望的道路上来，诸如综合题、能力题、过程评价等，也都因为考试技术无法满足理念的需求而难以实施。

第二节
应试教育与素质教育

虽然新课改的理想短期内难以完全实现，但其试图改变基础教育当中片面应试的现象、促进素质教育的落实这一初衷值得肯定。号召基础教育要从应试教育向素质教育转轨的提法一直都很流行，应该说大家对基础教育转轨是抱有很高的热情和期望的。

愿景虽好，但正如前文所述，应试主义教育的阴影始终挥之不去。是因为素质教育的理念不够深入人心吗？不是。新课改以来，众多专家学者对基础教育向素质教育转轨进行了反复的肯定和号召，实践当中无论教师还是学生都对片面应试，简单追求升学率的现象深恶痛绝，可以说，“转轨”是社会各界的共同期盼。多年来，广大一线教师接受了各个层级的素质教育培训，很多中小学还设置了素质教育实验班、特长班，应该说是付出了艰辛的努力。但是“转轨”的形势依然不容乐观，尤其是高中阶段更是“以高考为中心”，应试主义教育大行其道。我们不得不将思考的焦点从“如何转轨”转移到“是否应该转轨”上来，或许“转轨”本身还不是一个确定无疑的结论，至少从现阶段的实际情况来看并不容易落实，不然我们就无法解释为什么这么多年过去了，“转轨”在实践中仍未取得令人瞩目的成效。

一、应试教育原本无可厚非

“应试教育”是一个约定俗成的概念，却很难说是一个严谨的学术概念。从字面上看，应试教育即以应试为目的的教育。有的高中提出“一切为了高考，为了高考的一切”这样的口号，赤裸裸地表明自己的教育教学工作是以高考为直接目的和指向的。而更多的高中虽然没有明确提出类似口号，但实际上的做法都差不多，一切教育教学工作都是以高考为中心。因为学生的高考分数不仅关系到学生本人能否进入心仪的大学深造，也关系到学校的兴衰和利益。在这种情况下，全面发展很容易被人遗忘，学校最关心的，学生和家长最关注的，也主要是高考要考的那几科有没有抓好，至于高考不考或者考不了的，诸如批判意识、创新思维、操作能力、道德品质、特长爱好……通通要靠后。这样的教育即大家所称的应试教育。

这样的情况在临近高考的那几个月更是被发挥到了极致：课外书不许看了，能够看的只有教科书和各种应考材料；足球不许踢了，万一踢兴奋了收不住心怎么办，憋得慌的话就冲着墙壁或树木大喊几声发泄一下吧，发泄完了赶紧回去学习；各种各样的习题集、测试卷没完没了，学生们整天在题海之中"翻滚扑腾"；什么爱好、兴趣先放在一边……家长们也都希望老师们在这一关键时期能够盯紧孩子，毕竟高考关系到他们的命运和前途。如果有哪个老师在这个时期还不带着学生有计划地复习备考，而是经常搞些素质拓展、实践技能训练，恐怕家长和学生都不会答应。越是临近高考，文科生死记硬背得越多，理科生则题海战术用得越密集，考生在高考前基本上是"两耳不闻窗外事，一心只做复习题"。如果有谁以"提升自我素养"为理由不做针对性的复习，那反而成了怪事。

于是就产生了一个很有趣的现象：谁都讨厌应试教育，但偏偏在应试最厉害、最让学生感到痛苦的关键时期，却还得依赖于应试教育。教师不搞应试教育还不行，不然就会被批为"不务正业"；学生不努力应试也不行，不做针对性复习的一定是"问题学生"……这个时候虽然也是应试教育，但因为处于考前复习、冲刺的时间节点上，因而能得到认可和接受，甚至具有了褒义的成分。显而易见，教师在考前帮助学生进行专项复习是无可厚非、理所应当的。由此，我们应该想到，并不是但凡应试教育都是应该受到批判的，即便是如高考前夕的这种最机械、最片面、最刻板的应试教育，也都有存在的理由和空间。顺着这样的逻辑，我们自然也能想到，高一、高二时那些不那么僵化、机械的应试教育，或许也并不一定就是罪大恶极、有百弊而无一利的。如果我们扩展"应试"二字的外延，甚至还可以发现，包括像演讲比赛前的训练、歌舞晚会前的练习、课堂报告之前的准备……形形色色的竞争性、考核性的活动前的准备工作，都多少带有点应试的性质，却又让人难以指责。

这样看来，所谓“打倒应试教育”本身就是一个一刀切的提法，将应试教育中合理的、无须苛责的部分也否定掉了。事实上，应该向素质教育转轨的，并不是所有的应试教育，而是应试主义教育，即将针对考试的教育在时间上无限延长，在方式上极端僵化的那一部分应试教育。

之所以提出“转轨”，是因为我们对应试主义教育感到不满，认为那样一种教育对学生来说是禁锢甚至摧残，对学生的成长发展弊大于利。有人将问题归结于教师的教育理念，认为教师长期持有一些落后的教育理念，才导致了应试主义教育的现象。比如，教师们认同“传授知识”，因此满堂灌输和死记硬背非常普遍；认同“教师中心”，因此对规训和限制学生司空见惯；认同“课堂至上”，因此学生的活动和实践被局限甚至被取缔……但是，应试主义教育的出现真的仅仅是理念落后的问题吗？前文已经说过，高考公平是维护社会公平的底线，而高考是否公平体现在我们有没有遵循“分数面前人人平等”，分数成为衡量学生学习、教师教学、学校办学水平的标准。学生、家长、教师、学校、地区……各个相关者的切身利益，都和高考分数密切相关。因此，尽一切可能追求更高的分数，成为一件理所应当的事情。而偏偏应试主义教育的种种看起来不符合教育规律、不人性甚至反教育的措施，在提高分数方面卓有成效。于是，分数控制了教育，应试主义教育成为普遍现象。应试主义教育虽然残酷而机械，但它在追求分数当中展现出来的有效性符合学生的内心要求和愿望——顺利考上心仪的大学。这就是应试主义教育对学生的意义所在，哪怕这是一个外在的、非常功利的意义，但我们却无法否认这一意义的正当性。基础教育当中如果没有应试，而是只有尊重、理解、自由、兴趣之类，看似是注重学生的全面发展，却很可能会导致这些学生在高考中失利，又何谈更好地发展？

实际上，应试主义教育是在重人情、关系的社会中尽可能地维护社会公平的产物，是人们为了修补社会诚信缺失对教育选拔的冲击而采取的措施，是高度甚至过度重视教育在促进社会纵向流动中的作用的传统影响下的结果。应试主义教育本就是一个无奈的现实，即使我们再讨厌它，实践当中也无法完全避免。虽然应试主义教育并不值得赞美和歌颂，虽然它有着种种弊端，但在新的、更好的教育模式出现之前，应试主义教育至少能够和崇尚“分数面前人人平等”的高考制度相匹配，最大限度地维护社会的公平和稳定。想要大家都不搞应试主义教育，前提就是不以考试分数为高考录取的依据，而这样反而可能导致更大的问题。所以应试主义教育并不是一个有弊无益、十恶不赦的教育模式，它不过是在没有更有效的人才选拔方式时的一个无可奈何的选择而已。

二、素质教育如同雾里看花

有人也许会质疑说，谁说没有新的、更好的教育模式？素质教育就是一种比应试教育或者说应试主义教育要更先进、更理想的教育模式，只要用素质教育来代替应试主义教育，一切问题不就都迎刃而解了吗？

要证明素质教育的确是一种先进而实用的教育模式，我们首先要知道素质教育是什么样的。有研究者说：“要研究素质教育的特点，就要先研究它的对立面——应试教育。”[①]由此看来，素质教育应该是和应试教育相对立的一种教育形式。强调二者对立性的人不在少数，康宁[②]，刘朝晖、扈中平[③]，钟启泉、崔允漷、张华[④]等学者都纷纷表达了类似的观点。但仅仅是和应试教育相对立，这样的表述显然并没有说清楚素质教育究竟是什么样的。无论是应试教育还是应试主义教育，特征其实都很清楚，那就是明确指向应试，那么与之相反，素质教育就应是反对应试或者至少应该是淡化应试的。但哪有教育不考试呢？考试是一种最为常见的评价手段。布卢姆曾说过，评价“作为一种反馈—矫正系统，用在教学过程中的每一步骤上，判断该过程是否有效”[⑤]。可见，考试不是要不要的问题，而是必须要的，而且每一步骤都要评价，都要考试。既然有考试，那就必然会有应试，完全不应试的素质

①丰捷，杨光，孙献涛，戴自更.破解素质教育的难题[N/OL].光明日报.（2002-03-13）[2015-12-27].http：//www.gmw.cn/01gmrb/2002-03/13/32-7C2C45A8F543694C48256B7A0080EFFC.htm.

②康宁.试论素质教育的政策导向[J].教育研究，1999（4）：31-32.

③刘朝晖，扈中平.论“素质教育”与“应试教育”的对立性[J].课程·教材·教法，2005（10）：3-8.

④钟启泉，崔允漷，张华.为了中华民族的复兴　为了每位学生的发展——《基础教育课程改革纲要（试行）》解读[M].上海：华东师范大学出版社，2001：207.

⑤B. S.布卢姆，等.教育评价[M].邱渊，等，译.上海：华东师范大学出版社，1987：5.

教育，根本就不可能存在。

叶澜教授从另一个角度为我们描绘了素质教育的蓝图。她首先澄清了关于素质教育的一些认识误区，指出素质教育既不是简单的加强选修课和活动课，也不是发展学生的特长和多让学生活动，而是要“探索、创造充满生命活力的课堂教学”，让师生双方“全身心投入”，“感受课堂中生命的涌动和成长”，使学生“获得多方面的满足和发展”，使教师的劳动“闪现出创造的光辉和人性的魅力”，从而让教学“体现出育人的本质”。[①]作为对素质教育的早期诠释，叶澜教授的这番解读应该说是非常让人心动的，也为素质教育的发展勾勒了一张蓝图。后续关于素质教育的研究，应该在叶澜教授提供的这一蓝图基础上进行具体的、微观层面的研究。但遗憾的是，我们至今仍然说不清楚“素质教育”到底是什么。它不是多搞些社会调研活动那么简单，也不是单纯地强调体育、音乐、美术等课程的重要性，更不是不考试、不测评了。直至今天，我们对素质教育的认识可以说仍然停留在比较浅的层面，我们能说出很多它“不是什么”，却弄不清楚它具体“是什么”。也有学者试图对“素质教育到底是什么”进行回答，但他们的回答也很难让人对这一概念更加清晰，有时甚至让人更迷茫。比如，刘道玉和曾水兵虽然都强调素质教育的核心在于培养学生某方面的素质，但刘道玉看重的是培养创造力[②]，而曾水兵更青睐于国民性格和心理的塑造[③]；廖哲勋从目标的角度来理解素质的教育，认为素质教育看重的不应该是“某方面”的素质，而应该“以推进人的全面发展为目标”[④]；史宁中和柳海民则从内容与方法的角度来理解素质教育，认为素质教育不仅指培养学生的学识特征、能力特征和品质特征，同时也代表了一种“合适”的教育方法[⑤]。可以说，理论界对究竟什么是素质教育，依然还在百家争鸣，并没有一个统一的认识。素质教育给我们的感觉就如同雾里看花，朦朦胧胧。它虽有一个确切的称谓，但具体内涵却

①叶澜.让课堂焕发出生命活力——论中小学教学改革的深化[J].教育研究，1997（9）：3-8.

②刘道玉.论素质教育的本质特征与实施路径[J].华中师范大学学报（人文社会科学版），2015（3）：148.

③曾水兵.再论国民性改造是当代素质教育的重要内涵[J].教育科学研究，2014（8）：31-34，47.

④廖哲勋.把握素质教育的精神实质　自觉推进新课程改革[J].教育研究与实验，2015（4）：6.

⑤史宁中，柳海民.素质教育的根本目的与实施路径[J].教育研究，2007（8）：10-14，57.

让人难以把握。

素质教育面临着这样一种尴尬境遇，不是没有原因的。在笔者看来，其根源就在于“素质”二字。一个人的素质可以是多方面的，知识水平是一种素质，思维能力也是一种素质；身体状况是一种素质，道德品行也是一种素质。像勤奋、认真、踏实、守时、细腻、灵巧等各个方面，都可以说是素质。不同的人，他们所擅长和欠缺的东西都不一样，因此不同的人需要提高不同方面的素质。这样我们就能理解，为什么上述各个学者对素质教育的理解均不相同，因为他们都在强调自己最为看重的那个方面的素质。也可以说，他们所说的素质教育，都只是素质教育的某一方面、某个组成部分，而非素质教育的全部内容。那么，基础教育应该培养的，到底是其中的哪一种或哪几种素质？是搞重点发展，还是全部素质都要培养，实现全面发展？素质教育到底是着重发展某些素质的教育，还是全面发展教育？遗憾的是，这一问题目前尚未看到一个令人满意的回答。

更极而言之，应试是不是也是一种素质？人的一生中要面对各种大大小小的考试，有狭义上的考试，即学校组织的各种纸笔考试；也有广义上的考试，例如就业应聘、参加比赛、商业谈判等等。可以说，人的一生都是在不断的应试和考试当中度过的，不擅长应试的人，很可能在面临很多机会的时候把握不住，即我们通常所说的“关键时刻掉链子”。应试这一素质让学生学会了如何在压力之下保持心态平衡，如何合理安排自己的时间，如何针对考试内容做有针对性的准备，如何在困境中学会不抛弃、不放弃……这样看来，应试也是一种重要的、不可或缺的素质。如果我们承认素质的内涵包括很多种，而应试又是素质之一，那么所谓应试教育，也不应该是一种独立在素质教育之外，站在素质教育对立面的教育模式，而是素质教育的组成部分之一。所以，所谓的“转轨”，也应该是从重点强调“应试”这一素质，转向强调多方面的素质，但不论如何“转轨”，始终都还在素质教育的框架范畴之内。

三、高考的“新轨”并非教学之“新路”

素质教育这一概念虽然内涵不清、外延不明，甚至它和应试教育之间的关系也令人无比纠结，但在经过多年的改革和宣传之后，我们也有了基本的认识，即它是要通过符合教育规律的、人性化的方式来提高学生的综合能力。即便究竟该提高哪些能力还不太清楚，但至少它直接指向的是“能力”而非“考分”，或者说，它是希望通过提高学生的能力、素质来让学生们自然而然地获取分数，而非直接追求分数。

于是，人们很容易就会产生疑问：这么说来，素质教育不是正好和最新的高考改革相吻合的吗？因为新一轮的高考改革理念就是着眼于提高学生的能力。的确，本书第一章里也说了，“维护公平”和“提升能力”是高考改革的两大价值观念基础。而且之前的高考改革更多体现的是维护公平，而新一轮高考改革则更侧重于发挥高考的“指挥棒”作用，将基础教育引向重视学生综合素质和能力的轨道上去。这样看来，新一轮高考改革和素质教育的理念似乎不谋而合。但二者其实是有分歧的。高考的时间节点非常固定，所有学生都在高中阶段统一学习三年后参加高考，考试的时间是固定的。新一轮高考改革强调对学生能力的考查，也暗含着这样一个意思，即学生需要把高考所考查的能力，在高考的那两天提升到最高，以争取获得最高分数。但教学并不遵循这样一个逻辑，教学强调循序渐进、打牢基础、厚积薄发，只有这样，才能真正有助于学生能力的长远发展。在新课改中，学生的兴趣、意愿和动机得到了比以往更多的重视，郭思乐将其称为“静待花开的教育智慧”，即不要计较一时一地的得失，而是要提升学生学习的兴趣和意愿，着眼于学生长远的发展。[①]两种对“能力”的强调方式存在差别：一种是让学生在规定的时间以规定的方式把能力展示出来；另一种则认为不该规定时间，不该规定能力的展示方式，让学生的能力自然生长、自由发展。因此就可能出现这样一种状况：同一个班的学生当中，有的花了大把大把的时间去打基础、培养兴趣；有的则一开始就一心一意拼分数、提成绩。前者的考试分数在一开始会落后其他学生一大截，但后劲更足；后者一直保持领先，即便今后可能被指责为高分低能、纸上谈兵。可前者的后劲再足，却未必就能在高考的时候赶上后者，即便他们潜能巨大，未来的发展空间也可能更加广

①郭思乐.静待花开的智慧：教育是效果之道还是结果之道——关于有效教学的讨论[J].教育研究，2011（2）：15-21.

阔，但很有可能在高考当中遭遇失败，使他们的潜能失去转化为实际能力的一个重要机遇。前文提到的江苏、山东一些地方参与素质教育实验的学生在高考当中失利就是典型的例子。2016年，河北某地教改失败事件曾一度引发热议，虽然有人在评论这一事件的时候说：我们不应该“因为没有‘立竿见影’就粗暴否定改革，要有足够的耐心，让时间做出客观公正的评判”①，但对参与实验的学生来说，其考试成绩很可能被“牺牲”了，这自然会遭到这批学生及其家长的反对。至于长期下去是否就能走向成功，往往也无从论证。改革的发起者在一届学生的成绩滑坡之后，往往便引咎辞职或被调离岗位，而改革的实践者通常也会呼吁抵制改革，在这种情况下，改革被“中途叫停”几乎是必然的了。

虽然有学者认为媒体关于教改实验失败的报道有夸大成分，使人们对新课改产生了偏见，但即便是那些从未听过这些报道的人，对素质教育也同样感到不放心。这不是没有道理的。高考的压力是如此之大，因此大家在意的不仅仅是高考成绩，他们同样会看重高考之前的历次模拟考试成绩、期末考试成绩、期中考试成绩、月考成绩、单元检测成绩……教师需要随时了解自己的教学质量，家长需要随时掌握孩子的学习情况，学生需要清楚自己的成绩排名。所谓“知己知彼，百战不殆”。教师只有了解自己学生的成绩大概处于一个什么位置，才能够对教学的重点、策略、进度进行恰当的调整。家长和学生也要及时了解成绩，才能有针对性地做出应对。“我在全市统考中的排名大约就是我的高考成绩在全市的排名”“我的期末考试成绩差不多相当于我在市统考中的成绩”……这样一些观念被学生普遍接受。因此，无论是学校、教师、家长还是学生，都在反复攀比分数，计较名次。这样一种心态和行为经济学的相关研究结论是吻合的。在行为经济学看来，“人们常常对一个行动后果与某一参照点的相对差异很敏感”②。其他学校、其他班级、其他学生的成绩就是这样一个让人异常敏感的相对差异，以至于它随时随地左右着师生和家长的行为选择。谁要是成绩排名落后——不管是因为努力不够还是因为正在接受素质教育“静待花开”，都让人无法接受。大家的逻辑其实很简单：你说你要“静待花开”，

①张烁．树人需百年，改革要耐心[N]．人民日报，2016-08-04（18）．

②卢现祥，朱巧玲．新制度经济学[M]．北京：北京大学出版社，2007：107．

可我怎么知道高考的那一天，就是你正好可以“开花”的那一天？万一到了高考的时候“花”还“开”不了怎么办？正是这样一种担心，使得“静待花开”的思想在实践中陷入一种可望而不可即的地步。即便存在成功案例，也会被其他教师视作“偶然”而不敢轻易尝试。

相反的是，基本上所有高中都热衷于考试排名，高一、高二年级有期中考试、期末考试排名，高三年级有一模、二模、月考排名，再加上高考，因此监控学生每学期、每个月、每周甚至每天的学习情况，就成了每个教师最迫切的任务。在这样一种压力之下，谁敢允许自己的学生的成绩落后别人一大截后再慢慢追呢？谁又能保证学生一定可以后来居上呢？所以说，从学生进入高中大门的那一天起，就注定了他们必须从一开始就开足马力全力追逐分数。新课改主张让学生不受约束、不定时限、自由自在地发展，而高考要求的依然是学生们能够按时把能力展示出来。厚积而薄发、“静待花开”等教学理念在高考的统摄下，似乎显得很无力。

第三节
“教师中心”与“学生中心”

新课改实施以来，“发现儿童”“尊重儿童”的观念得到了大力宣扬。“以生为本”“学生中心”“不是传授知识，而是培养学生”之类的观念日渐流行，“言必称‘学生中心’”成为普遍趋势。可以说，“学生中心”已经成为基础教育改革的一个核心价值理念。这当然无可厚非，但究竟怎么落实“学生中心”，如何处理“学生中心”与“教师中心”的关系，还存在着许多误区与困惑，很有必要进行讨论。

一、“教师中心”被视作落后

“学生中心”受人追捧，是因为“教师中心”被看成是应试主义教育的帮凶。应试主义教育中的种种问题，如教师对学生进行满堂灌输、强迫学生学习他们不感兴趣的内容、不考虑学生的学只考虑自己的教之类，被归结为“教师中心”的后果，成为被批判和攻击的对象。而赫尔巴特、凯洛夫等人的教育思想，则被看作是“教师中心”的理论基础。“学生中心”在新课改中的地位，是随着新课改的倡导者们用杜威、卢梭、罗杰斯等人的教育思想对赫尔巴特、凯洛夫等人的教育理论进行批判乃至压制而日渐显现的。站在“学生中心”的立场上对“教师中心”进行批判的研究成果浩如烟海，总结起来可以概括为：“学生中心”之所以对，是因为“教师中心”不对；“学生中心”之所以好，是因为“教师中心”不够好；“学生中心”之所以值得推广，是因为“教师中心”会给基础教育造成损害。可以说，“学生中心”的正确性是建立在对“教师中心”的批判基础之上的。

“教师中心”为什么不好？为什么会被视作基础教育的一种“灾难”？“教师中心”究竟意味着什么，在教学实践中会有什么样的表现？笔者的一个研究生对“教师中心”和“学生中心”的关系非常感兴趣，她在阅读了赫尔巴特的传统教育学派、凯洛夫教育学等新传统教育学派，以及“要素主义”学派、“永恒主义”学派等的大量经典著作之后，发现：“与‘学生中心’频繁地、明确地出现在学生中心论者的论说中不同，虽然采取‘教师中心’这一说法的学者很多，但是‘教师中心’的专门论述却不多，几乎没有学者明确声称自己是教师中心论者，甚至包括赫尔巴特在内的很多提倡教师主导作用的学者也并没有将教师提升到‘中心’的地位。恰恰相反，这一说法多出现在主张‘学生中心’、批判传统教育的那些论者口中，换句话说，‘教师中心’的说法是在‘学生中心’出现后人们在将‘学生中心’教育理念与传统教育理念相对比而总结提出的。”[①] 根据她的这一研究结论，所谓“教师中心”和“学生中心”的很多矛盾和对立，其实是人为制造出来的，实践中这样的矛盾和对立即便有，也并不像我们想象的那么严重。所谓不关注学生、不尊重学生、将学生和教师对立起来的这样一种“教师中心”理念，也是人为制造出来的。

但我们经常会听到类似这样的观点：“学生中心”主张尊重学生，而“教师中心”则强调教师的权威性；“学生中心”关注学生的学习兴趣，强调从兴趣出发进行教学，而“教师中心”则无视学生的兴趣，在很大程度上是逼迫学生学习；“学生中心”强调学生各个方面尤其是道德情感方面的发展，而“教师中心”则只关心知识的传授和记忆……看上去，似乎的确存在一种无视学生尊严、忽视学生兴趣的“教师中心”传统教育理念，这样一种“教师中心”在与“学生中心”对比的时候，自然就显得颇为不堪。但事实上，赫尔巴特并没有忽视学生的兴趣，相反，他非常强调兴趣对于学习的意义。他说，“智慧的可接受性基于各心智间接近的可能性，而后者又基于相似的心智活动”，因此，人人都必须热爱一种工作，人人也都必须精通一种工作，于是，教育目的的第一部分就是“兴趣的多方面性”。[②]同样，赫尔巴特也很重视学生的个性，他明确提出“把学生的个性作为出发点”，主张“青年人的个性是在教育者努力教育中愈益显露出来的……他应当乐意不让

① 饶佩. 教师中心与学生中心：理论冲突与现实抉择[D]. 厦门：厦门大学硕士学位论文，2016：1.
② 赫尔巴特. 普通教育学[M]. 李其龙，译. 北京：人民教育出版社，2015：31.

学生个性能够获得的唯一荣誉枯萎凋零”[①]。凯洛夫也不是只重视知识学习，毫不关注情感，他曾明确提出：“在儿童和青年的全面教育当中，发展他们共产主义道德的情感、概念和信念，培养他们共产主义的行为习惯，有特别重要的意义。”[②]可见，即便是被当成“教师中心”代言人的教育学家，也并不像我们通常想象的那样不重视学生；恰恰相反，他们的很多观点和今天“学生中心”的观点是大同小异，甚至一脉相承的。笔者认为，这些重视学生的心理、道德、兴趣的教育学家，不可能自称也不应该被称为教师中心论者。在笔者看来，“教师中心”是一个被人为造出来的概念，而且是一个被妖魔化的概念，但凡尊重学生、重视兴趣、培养道德、关注情感等好的、被认可的思想，即便在赫尔巴特、凯洛夫等人那里也曾出现过，仍然通通被划归到“学生中心”的阵营；而像传授现成的知识结论、用满堂讲授代替师生交流互动、不留时间给学生进行思考和讨论等被认为过时的、落伍的思想，则一律划入“教师中心”的范畴当中，这显然是有失偏颇的。

当然，实践中确实存在种种问题，比如说教师往往喜欢灌输大量的知识结论，不愿意留出太多的时间给学生思考和探究，限制学生的思考方向和方式……只是这些问题是否真的应该归到“教师中心”头上去，是一个值得探讨的问题。

在应试主义教育当中，有很多教师的确剥夺了学生的思考空间，他们喜欢用自己的思维来代替学生的思维，并希望学生据此形成思维定式，以便在考试的时候节省思考的时间；也有很多教师普遍采用满堂灌输的方式来进行教学，不让学生探究，不让学生去自主发现，以便在有限的时间里尽可能多地将高考的考点轮番踩遍；还有不少教师是标准答案的忠实拥护者，学生的奇思妙想、不同意见被他们当作洪水猛兽，一律予以否定……但如果要说这些教师是因为秉持着“教师中心”的理念，才对这样一些做法乐此不疲的话，多半会招致他们的反对：其实我们这样做也很累、很苦，我们压根儿就不想这样好不好！事实上，教师们之所以这么做，不是因为他们不愿意让学生去深入思考、自主探索，而是高考的压力逼得他们不敢让学生进行太多的

① 赫尔巴特．普通教育学[M]．李其龙，译．北京：人民教育出版社，2015：33-34.

② 伊·阿·凯洛夫．教育学[M]．陈侠，等，译．北京：人民教育出版社，1957：25.

思考和探索。教师们对高考的考点分布、考核层次心知肚明，他们知道哪些地方该让学生识记，哪些地方要让学生理解；他们也清楚某些题目的正确答案或分析思路是怎样的。如果将这些内容交给学生去讨论完成、自由发挥，必然会影响教和学的效率，从而给高考带来负面影响。所以说，应试主义教育当中表现出来的种种教师居于中心地位、学生居于从属地位的现象，并不是因为授课教师在自觉地捍卫“教师中心”的理念，而是因为高考的压力让他们认识到只有自己站在“中心”的位置上，才能更有效地提高学生的成绩，而教师其实也常常被这一“中心”地位折腾得心力交瘁。既然“教师中心”原本就是一个被动选择、无奈之举，那么将其视作基础教育当中的一种理念，就多少有些不合情理，是教师们的“不可承受之重”。

二、“学生中心”颇受好评

不管应试主义教育中的“教师中心”是由什么导致的，至少我们可以确定，它已经不再符合赫尔巴特、凯洛夫等教育家的原意，它走向了极端和僵化，学生在学习当中得不到足够的尊重和关爱，是在被迫学习而非主动学习。在这种情况下，作为“教师中心”对立面的“学生中心”自然令人向往。具体来说，“学生中心”受到追捧，主要是基于如下两个原因。

首先是哲学发展过中“儿童的发现”。“儿童的发现”的历史可以追溯到文艺复兴时期。文艺复兴导致了“人的发现”，而“人的发现”的结果之一就是“儿童的发现”，因此“儿童中心”逐渐成为教育当中一种很有影响力的思想，慢慢演变为“学生中心”。提到“儿童中心”，人们往往会想到夸美纽斯、卢梭和杜威。夸美纽斯是“儿童中心”的一个典型代表。他说：“我们已经知道，知识、德行与虔信的种子是天生在我们身上的。”[①]先天就具有这些“种子”的儿童，自然不需要教师的悉心培养和教导，而是可以自主地成长和发展。“好些人通过自己教育自己，或（如伯纳德所说的）用橡树和山毛榉做老师，获得了很大的进步，较之受过导师的令人厌倦的教导的人的进步还要大。”[②]卢梭被认为是第一个“发现”了儿童的人，他说：“儿童是

① 夸美纽斯. 大教学论[M]. 傅任敢，译. 北京：教育科学出版社，1999：24.

② 夸美纽斯. 大教学论[M]. 傅任敢，译. 北京：教育科学出版社，1999：16.

有他特有的看法、想法和感情的；如果想用我们的看法、想法和感情去代替他们的看法、想法和感情，那简直是最愚蠢的事情。”[①] 杜威被看作是儿童中心论的集大成者。滕大春在为杜威的《民主主义与教育》中译本所作序中明确提出：杜威“宣扬以‘儿童中心’取代‘教师中心’和‘教材中心’”[②]。

“儿童中心”的主张也曾引起质疑和批判，但为之辩护的声音仍占据了主流地位。成尚荣主张“教育应站在儿童的立场上”，而儿童立场的核心就在于“发现儿童和引领儿童”[③]；罗德红和尹筱莉提出“社会或课程发展的中心终究是儿童心理能力的发展”[④]；赵建梅则认为“将儿童中心论或儿童本位论置于重要地位，是改进我国教育的重要前提”[⑤]……这类观点随着新课改的推行逐渐演变成了“学生中心”的理念。扈中平等人对“学生中心”的教学理念进行了阐释，认为“只要对其加以辩证地把握，对我国当前教育理论和教育实践的改造还是颇为有益的”[⑥]；韦钰认为，“教育要以学生为中心，学生的主动学习是关键”[⑦]；赖丹凤和伍新春研究了以“学生中心”为核心的支持自主性课堂，认为这种课堂是“顺应当前中小学动机干预需要的科学教学模式”[⑧]。总的来说，从“儿童的发现”这一哲学思潮中诞生出来的“学生中心”，其核心思想无外乎两个方面，一是将学生当成儿童而非成人，儿童有儿童的特点，应顺应儿童心理的自然发展，不能予以过多的外在干预；二是将学生视作一个独立的、有人格尊严的个体，让学生主动地、自觉地进行学习，而非在教师的逼迫下被动学习。至少从字面上看，诸如尊重、独立、顺应、主动等都是充满褒义的词汇，与应试主义教育中的规训、依赖、强制、被动等正好相反。

---

① 卢梭. 爱弥儿——论教育[M]. 李平沤，译. 北京：人民教育出版社，2001：88.

② 约翰·杜威. 民主主义与教育[M]. 王承绪，译. 北京：人民教育出版社，2001：序.

③ 成尚荣. 儿童立场：教育从这儿出发[J]. 人民教育，2007（23）：6.

④ 罗德红，尹筱莉. 儿童中心论：一种教育学与心理学关系的视角[J]. 南京师范大学学报（社会科学版），2009（2）：94.

⑤ 赵建梅. “儿童中心”与中国教育文化变革之路[J]. 教育学报，2014（6）：17.

⑥ 扈中平，陈楚玉，黄国胜，钱剑华. “学生中心教育”的基本理念[J]. 现代教育论丛，2001（3）：9.

⑦ 韦钰. 神经教育学对探究式科学教育的促进[J]. 北京大学教育评论，2011（4）：104.

⑧ 赖丹凤，伍新春. 支持自主型课堂：学生中心的教学模式[J]. 教育研究与实验，2011（1）：64.

其次是经济学中“顾客就是上帝”的理念。“顾客就是上帝”这一理念一般认为诞生于19世纪中后期，马歇尔·菲尔德百货公司的创始人马歇尔·菲尔德和他的手下一同提出了“顾客总是对的”这一营销理念，后来这个理念被称为“顾客就是上帝”，至今仍是服务业所奉行的一条准则。

“顾客就是上帝”这一经济学领域的营销理念能够被迁移到教育当中，是因为人们将教育看成是用学费换取学生所需要的教育服务的过程。用这一观点来分析，所谓教育关系就是用金钱来换取知识的关系，交换的双方在地位上是平等的，除了用学费来换取知识之外，学生并没有义务帮教师做任何事情，教师自然也不能要求学生去做学习之外的其他工作。学生来校学习，就是用学费来换取他所需要的教育服务，教师让学生做一些与学习毫不相关的事情，尤其是帮教师去做事，那就是以教师为中心，是对学生的专制。现在倡导“学生中心”，教师的任务就在于尽力提供满足学生教育需求的服务，而不能给学生提出教育之外的其他要求，不属于学生“分内”的事情，教师不能勉强他们去做。

把教育关系看成是用金钱来换取知识的交换关系，似乎显得有些冷冰冰，但无论在理论界还是在实践中这一观点都有一大群拥护者。因为在学校教育当中，教师往往以学生的“压迫者”的形象出现，尤其是在基础教育阶段，有人曾形容学生见到老师“就像耗子见到猫”一样，教师强迫学生学习的现象司空见惯。在学习过程中，学生感受不到学习的乐趣，体会不到成功的快乐，甚至感到不被尊重、不被认可……在这种情况下，将“顾客就是上帝”的观念引入教育，变成“学生就是上帝”或者说“学生中心”，自然很容易让人接受，甚至让人感到充满了对学生的人文关怀之情：教师褪去了严师的形象，而是变成了知识的供应商、教育服务的提供者，他的服务对象就是学生；学生作为金钱提供方，就跟在商场内用金钱购买商品的顾客一样，处于被服务、被尊重的中心地位。于是，教育中的压迫和否定不见了，取而代之的是尊重和承认；教师不能再摆出高高在上的架子，而是必须放低自己的姿态；学习不再是学生被迫进行的行为，而是积极、主动和充满自觉性的行为。这样一来，“学生中心”就很容易被看成是先进、有效、正确的教育理念，被当作是治疗应试主义教育顽疾的一剂良药。

三、“学生中心”显得言过其实

在基础教育当中，“学生中心”这一理念承载着人们改造传统应试主义教育、实现充满人文关怀和自由精神的新教育的愿望。这一理念无疑具有积极的意义，但值得注意的是，它也有其不足之处。实际上，“学生中心”在学界并非总是得到歌颂，近年来，批判“学生中心”的声音越来越多。李子建和尹弘飚的研究表明，“学生中心”和“教师中心”相比并未体现出优势，“学生中心”并不像通常认为的那样可以促进学生的学业进步；“即使是在强调教师参与和支持教学的‘教师中心’课堂环境中，香港中小学生的自主学习仍然能够获得发展，其中正是教师的参与和支持在发挥着主要的促进作用”[①]。国外的研究当中也有类似结论。哈迪曼等人对贯彻“学生中心”理念的发现法进行了实证研究，发现：纯粹采用发现法进行教学或者仅仅给学生提供少量的指导，会让学生感到迷茫、困惑甚至心灰意懒[②]；图奥维宁等人对探究法这一同样遵循“学生中心”理念的教学方式的研究表明，这种方式给学生造成了较重的认知负荷，学生的学习效果也难以令人称道[③]；梅耶对20世纪50年代以来关于指导性学习和发现学习究竟谁更有效的研究结论进行的梳理就更让人“大跌眼镜”了，因为他发现每一次实证研究结论的天平总是倾向于指导性学习[④]，而偏偏指导性学习更加符合“教师中心”这一保守、传统的理念。

在推广多年之后，很多学者在对“学生中心”进行反思和探讨。然而，我们对“学生中心”的反思还不够深刻，尤其缺乏对落实“学生中心”的具体措施、策略方面的深入思考，“学生中心”作为一种理念的意义显然大于作为一种操作方案的意义。这导致的一个结果就是在多年的探索和尝试之

① 李子建，尹弘飚. 课堂环境对香港学生自主学习的影响——兼论“教师中心”与“学生中心”之辨[J]. 北京大学教育评论，2010（1）：73.

② P. T. Hardiman, A. Pollatsek, A. D. Well. Learning to Understand the Balance Beam[J]. Cognition and Instruction, 1986, 3(1): 63-86.

③ J. E. Tuovinen, J. Sweller. A Comparison of Cognitive Load Associated with Discovery Learning and Worked Examples[J]. Journal of Educational Psychology, 1999, 91(2): 334-341.

④ R. E. Mayer. Should there Be a Three-strikes Rule Against Pure Discover Learning? The Case for Guided Methods of Instruction[J]. American Psychologist, 2004, 59(1): 14-19.

后，基础教育并不总是会感受到“学生中心”的甜蜜，而是也经常品尝到苦涩的味道。程少堂综合全国各地有关专家的研究，认为新课改当中存在着“满堂问”“满堂动”“满堂放”“满堂夸”等看似符合“学生中心”，实际上却问题多多的现象，因为这些现象导致了虚假的自主、虚假的合作、虚假的探究、虚假的渗透等问题[①]；余文森针对多个新课改的课堂教学案例进行的研究发现，新课改中很多遵循“学生中心”理念的做法，看似强调学生的自主性，实际上学生有活动却没体验，合作和探究有形式却无实质，课堂有温度却无深度[②]。2016年笔者在四川省泸州市某高中调研的时候，该校的多名教师都表达了对“学生中心”理念的困惑。有的教师还认为，这一理念导致“学生比以前更难管了”，使“课堂更乱了”。可以说，“学生中心”在实践中的表现并不像我们期待的那么好，它未必就是解决应试主义教育难题的一剂良药。

四、为什么“学生中心”的效果不佳

为什么“学生中心”看上去很美，在实践中却时常效果不佳呢？

一方面固然是因为我们对“学生中心”的研究还不够客观深入。现有研究多是站在“学生中心好”的立场上来进行讨论的，缺乏一个客观中立的态度，以至于出现了张人杰所说的我们对“学生中心”的“好处已说得太满”[③]的局面。新高考改革当中出现的“物理学科危机”，与我们过于强调从“学生中心”的角度出发，让学生“自主选择”不无关系。

而另一方面，则是由于“学生中心”和应试的需求之间存在的冲突与矛盾。如前所说，应试是个中性词，是广大考生的正当需求，无须苛责。但要从“学生中心”的角度出发，让学生们凭借兴趣、意愿来自觉应试，则无疑有些理想化。

在很多研究当中，学生的主动学习、自主思考、对话探究等都被看作是良好学习的保障条件，而坚持“学生中心”则是这一系列元素的集中体现。

① 程少堂. 第三只眼睛看课改——中小学课改四年回顾与反思[N]. 深圳特区报，2004-11-02（08）.

② 余文森. 新课程教学改革的成绩与问题反思[J]. 课程 · 教材 · 教法，2005（5）：8-9.

③ 张人杰. 应以“学生中心”取代“教师中心”吗？[J]. 苏州大学学报（教育科学版），2014（4）：38.

从理论上讲，这一崇尚探究、主动和尊重的理念无疑带给人积极的印象。但理论上的分析往往还需要实践经验的检验。如果所有学生都不需要教师和家长的督促就能自觉地进行学习和思考，不需要成年人的提醒就能主动探究和交流，在缺乏教师的传道、授业、解惑的情况下还能保持较高的学习速度和质量，那么所有人都会高举双手赞成“学生中心”。但事实是，任何一个班级中，总有优秀学生和普通学生，也总有自觉学习的人和贪玩、爱偷懒的孩子，有时偷懒、开小差的人数甚至还会多于认真学习的人数。对于那些需要“重锤”才能变成“响鼓”的学生来说，没有教师的监督，自习课往往就变成了聊天的场所；没有家长的检查，家庭作业时常是应付了事。其实福柯早就提醒过我们，“听话的身体”更多的是由“规训”而不是靠“尊重”来打造的。[①]诸如关心、尊重、自由、平等，这些词汇虽然听上去很美，却未必能让一个懒散的学生变得勤奋，也不一定可以把一个贪玩的学生变得好学，甚至可能会让一些原本勤奋的学生在同伴们拖拉懒散的带动下也变得随波逐流，从而使“应试”变为“应付”，升学的希望落空。因此，一定程度的应试教育就显得合情合理：教师需要在时间安排、认真程度上对学生予以督促，甚至需要在学习方法、解题思路上进行指导和纠偏。可以说，“应试教育”是一线教师的分内之事，只要不上升到“应试主义教育”的程度，就是可以接受的。“学生中心”这一理念将所有学生都视作理想的群体，看成是可以无条件积极主动学习的成员，我们对“学生中心”的一切赞美都是建立在这一前提能够成立的基础之上的，但如果我们考虑客观现实的话，就会发现这显得有些理想化了。

强调“学生中心”也容易造成人们对教师价值和作用的忽视。过去我们强调“教师主导”，实际上就是在强调教师在学生学习过程中的指导和引领作用。教师需要扮演主导的角色，是因为学生并不清楚学习的重点和难点，需要教师予以提示；一些重要的思考方式和结论未必能够让学生探究出来，例如待定系数法、圆周率约为3.14等，也必须靠教师进行示范和告知。从这个意义上说，教师承担的是传道、授业、解惑的责任，是学生学习过程中的领路人和帮扶者，而不仅仅是一个玩伴和陪客。但“教师主导”这一说法却

---

① 米歇尔・福柯．规训与惩罚[M]．刘北成，杨远婴，译．北京：生活・读书・新知三联书店，1999.

遭到了批判，例如有人认为“教师主导”意味着把学生当作“物”来支配，导致了“一言堂”“满堂灌”等不良现象，忽视了学生学习的积极性、主动性。正是这样一些观点，将“学生中心”的理念烘托得分外突出，诸如“把课堂还给学生”“让学生成为学习的主人”“不是要教师教，而是要学生学”之类的提法纷纷出现。这些提法虽然包含对学生的关怀之情，却无疑忘记了赫斯特和彼特斯的追问：“谁来承担审慎地为学生的‘学习’做一些事情的责任？”[①]正所谓“教不严，师之惰”，古人早已提醒我们教师是这一责任的主要承担者，他们需要关心和帮助学生学习，这种帮助意味着需要在学生提出疑问的时候予以启发或解答，需要在学生的思考走上歧途的时候进行纠正，需要在学生厌学、偷懒的时候进行批评和督促……总之，需要教师发挥自己的主导作用。但主导绝不意味着满堂灌输和粗暴干涉。真正高质量的主导，包括在恰当的时候提示学生思考而不一定就是直接告知，也包括在适合的时机鼓励学生表达自己的看法而非用“标准答案”禁锢学生的思维。学生思考越积极、学习的效率越高，恰恰说明教师的主导作用发挥得越好。没有理由说学生在课堂上学习兴趣浓厚、积极性高、效果良好，是因为教师不讲解、不提示、不引导，是完全依靠学生的自主学习实现的。而“学生中心”的提法看似强调学生学习的主动性、自觉性，却在无形中削弱了教师的价值，将本该由教师承担的责任转移到了学生身上。事实上，高的升学率、让学生满意的高考分数，虽然也有可能在“学生中心”的情况下获得，但这样的案例偏少，反倒是衡水中学、毛坦厂中学这类特别重视教师作用和学生管理的学校因为高考成绩突出而声名鹊起。因而，以牺牲学生的考试成绩和学校的升学率为代价的“学生中心”，必然得不到认同。

---

① 赫斯特，彼特斯. 教学[A]. 熊川武，译. 施良方，校. //瞿葆奎. 教育学文集 · 教学（上）[C]. 北京：人民教育出版社，1988：67.

第三章

变革中的课程与教学

近几年来，基础教育领域实施的一系列的变革措施，主要集中在课程与教学领域。例如，核心素养的提出，这是课程目的方面的变革；成长记录袋的出现，这属于教学评价层面的改革；导学案的盛行，这是教学方法层面的变革；最近闹得沸沸扬扬的走班制，则是课堂组织管理形式方面的创新；等等。虽然我们不能确定地说，这些变革一定是由高考改革的新形势所导致的，但也不能说它们和高考改革之间毫无关系。在时间上，它们同时并存；在指向上，它们都强调以“学”促“教”，强调“学生中心”以及能力至上。因此，要研究当前基础教育当中尤其是高中课程与教学中的变革，必然要结合当前高考改革的新形势来讨论。

第一节
核心素养能否落地开花

新高考改革试点与核心素养的提出几乎是同时发生的。核心素养没有试点省市，而是在全国范围内迅速推进。促进学生核心素养的提升已经作为“十三五”期间的一个重点写入了各地的教育规划中。而在学术界，核心素养得到的赞美也是很多的。例如，谢维和认为，核心素养的研究与讨论，集中指向的是那些个人健康发展和社会持续发展所需的必备品格和关键能力，并以此作为课程建设和教育教学的基础与指导。它抓住了基础教育和课程改革的关键。[①] 左璜把核心素养比喻为课程发展的DNA[②]，余文森则指出，从“三维目标”走向核心素养，是学科教育高度、深度和内涵的提升，是学科教育对人的真正的回归[③]。

一、究竟什么是核心素养

核心素养被描绘得如此动人，以至于我们迫不及待地想知道，到底什么是核心素养，基础教育又应该培养学生的哪些核心素养。

2000年里斯本欧洲理事会上提出的“新基本能力”，包括IT技能、外语能力、技术文化、创业精神和社会技能，被一些学者视作欧盟核心素养的雏形。[④]后来，欧盟研究“核心素养”的专家经过多次讨论、修订，形成了关于“核心素养”的多个版本，最终版本于2006年公布，包括使用母语交流、使用外语交流、数学素养与基本的科学技术素养、数字素养、学会学

① 谢维和. 谈核心素养的“资格”[J]. 中国教育学刊，2016（5）：1.

② 左璜. 基础教育课程改革的国际趋势：走向核心素养为本[J]. 课程・教材・教法，2016（2）：39.

③ 余文森. 从三维目标走向核心素养[J]. 华东师范大学学报(教育科学版)，2016（1）：13.

④ 裴新宁，刘新阳. 为21世纪重建教育——欧盟“核心素养”框架的确立[J]. 全球教育展望，2013（12）：91.

习、社会与公民素养、主动意识与创业精神、文化意识与表达等内容。① 经济合作与发展组织提出的“核心素养”则包括了三个维度九项内容，具体指：能互动地使用语言、符号和文本，新技术，知识和信息这三项工具；能在异质群体中了解所处的外部环境，预测自己的行动后果，确定自己的具体行动；能自律自主地与他人建立良好的关系，进行团队合作，管理并解决冲突。② 联合国教科文组织于2013年提出了核心素养所包含的七个学习领域，即身体健康、社会情绪、文化艺术、文字沟通、学习方式与认识、数字数学、科学技术。③

国际上关于核心素养的界定可谓让人眼花缭乱，而国内学者关于核心素养的理解也未达成一致共识。张华和成尚荣等人的理解比较笼统，张华把核心素养看成是“21世纪素养”，“是人适应信息时代和知识社会的需要，解决复杂问题和适应不可预测情景的高级能力与人性能力”。④ 而成尚荣强调的是核心素养的基础性，他认为核心素养就是基础性素养。不过到底哪些内容是基础性的，他认为不应该有一个确定的结论或标准，因为基础的内涵绝不是一成不变的，而是随着社会的发展、科技的进步，和应着时代的要求，应答着世界的挑战。⑤钟启泉、李艺、钟柏昌等人则希望给核心素养划分出层次。在钟启泉看来，核心素养是一个四层的同心圆结构，由内而外分别是：核心层，即价值的形成；内层，即各方面的关键能力；中层，指各个学科的学习领域以及跨学科学习领域；外层，指体制内外的政策性、技术性支持系统。⑥ 而李艺和钟柏昌则认为，任何一个学科的核心素养都是由三层构成的，最底层是“‘双基’（基础知识、基本技能）层”，中间层是“问题解

① The European Parliament and the Council of the European Union. Recommendation of the European Parliament and of the Council of 18 December 2006 on Key Competences for Lifelong Learning[EB/OL]. (2006-12-30) [2016-06-07]. http://eur-lex.europa.eu/LexUriServ/LexUriServ.do?uri=OJ:L:2006:394:0010:0018:EN:PDF.

② OECD. Definition and Selection of Competences (DeSeCo): Theoretical and Conceptual Foundations: Strategy Paper[EB/OL]. (2002-10-07) [2016-06-07]. http://www.voced.edu.au/content/ngv%3A9408.

③ Toward Universal Learning: Recommendations from the Learning Meterics Task Force[R]. UNESCO Institute for Statistics & Center for Universal Education at Brookings, 2013: 11.

④ 张华. 论核心素养的内涵[J]. 全球教育展望，2016（4）：19.

⑤ 成尚荣. 基础性：学生核心素养之“核心”[J]. 人民教育，2015（7）：24-25.

⑥ 钟启泉. 基于核心素养的课程发展：挑战与课题[J]. 全球教育展望，2016（1）：7.

决层”，最上层是“学科思维层”。[①]还有很多学者深入不同学科内部，研究不同科目需要培养的“学科素养”。例如，曹培英认为数学学科的核心素养是抽象、推理和模型等三种基本思想[②]；汤国荣认为地理核心素养包含地图技能、空间视角、综合思维和人地观念四大方面[③]；等等。不同的中小学校也各自根据自己对核心素养的理念，提出了具有校本特色的核心素养。例如，清华大学附属小学提出的核心素养包括身心健康、善于学习、学会改变、天下情怀、审美雅趣五个方面。似乎各个机构、各个学者对核心素养的理解都存在着不小的差别。

总的来说，关于核心素养的理解，无论是国际组织还是国内专家，基本上是一人一个看法，一千个研究者心中有一千种核心素养。这就给课程与教学目标的确定出了一个难题：到底我们的课程和教学要培养的是共同的核心素养，还是各个学科单独的学科素养？谁研究出来的那一套素养才是应该去追求的核心所在？

二、“知识”与“素养”的关系

不同组织、机构或研究者关于核心素养的理解虽然表述各异，但也是有共性可循的，那就是：知识的重要性并不突出。上述各种关于核心素养的表述当中，很多内容和知识相关，要么是知识的学习方式，如欧盟倡导的“学会学习”、联合国教科文组织所说的“学习方式与认知”；要么是知识的应用，如经济合作与发展组织强调的“互动地使用知识”、张华强调的“解决复杂问题”、李艺和钟柏昌所说的“问题解决”等。而真正关于知识本身的内容，例如掌握了多少知识、在何种程度上掌握等，在各个版本的核心素养当中均被边缘化，表现出一种用“能力（素养）”取代“知识”的倾向。不少学者对这种倾向表示了肯定，认为是正向的、具有积极意义的。一些人甚至认为，学生的发展就像是一间屋子，空间是固定的，知识占据的空间越多，留给素养的地盘就越少。只有严格控制知识在教学当中的比例，才能给

① 李艺，钟柏昌. 谈“核心素养”[J]. 教育研究，2015（9）：21.

② 曹培英. 从学科核心素养与学科育人价值看数学基本思想[J]. 课程・教材・教法，2015（9）：40–43，48.

③ 汤国荣. 论地理核心素养的内涵与构成[J]. 课程・教材・教法，2015（11）：120.

素养的发展留出足够的空间。

主张从知识教育转向素养教育，甚至号召用素养向知识开战，意味着知识不是素养的必要元素，更不是基础性的元素，素养的提升可以不依赖于知识。将知识与素养相对立起来，这种观念其实并不鲜见。由于基础教育当中片面应试现象的泛滥，人们对“考查知识结论”的评价方式不满，因而对知识的好感也降低了。这种对知识的负面评价随着新课改的推行有上升趋势，知识似乎成了学生思想的枷锁、进步的羁绊。有学者总结说，相比于情感、态度、价值观等，知识在很多人眼中只不过是第二位的目标。基础教育到底应该“传授知识还是培养人”的追问曾引起学界的热议，“是……还是……”的提法，将传授知识与培养人视作非此即彼的关系，如果要培养人，就不应该专注于传授知识，甚至也消解了通过传授知识来培养人的可能性。当知识不再神圣，不再是正当的、可以理所应当地追求的东西的时候，其他内容就可以轻而易举地取代知识的地位，成为课堂教学新的追求，就像有人所说，教学当中存在着“许多比知识更重要、更精彩的‘风景’：爱、生命、自由、思想、宽容、虔诚……”[①]核心素养的广受追捧亦同此理。这样我们就能够理解，为什么大家都等不及对核心素养这一概念做出清晰的界定、对其内涵与外延达成共识，就已经在理论界广为宣传、在实践中大力推广了。

在核心素养迅速推广的同时，PISA（国际学生评估项目）测评近年来也成了我国学术界的一个关注焦点。PISA测评以就读于初三或高一年级的15岁学生为主要调查对象，对学生的阅读、数学和科学素养进行考查，测试的内容并不局限于书本知识，而是包括了成年人生活当中所必需的各方面能力和素质。很多学者认为，PISA测评所考查的内容和我们所说的核心素养其实是颇为接近的。2009年上海学生在PISA测评中取得的成绩遥遥领先于欧美各国，这一现象一度引发关注。按理说，上海学生长期处于片面应试的大环境当中，接受的是以知识学习为主的教育，但在素养测评中反而成绩领先；相比之下，欧美各国的基础教育似乎更侧重素养，但在素养测评中的成绩却相对落后。不直接针对素养的教育，却能让学生获得更好的素养。如果我们正视这样一个事实的话，就应该对“用素养向知识宣战”的思想保持

① 余小茅. 还有比知识更重要的……[J]. 全球教育展望，2005（3）：19.

反思的态度——这样做的结果到底是能够为素养的培养留出更大的空间，还是延缓了素养发展的脚步?

知识和素养的关系是一个很有必要讨论的问题。我们知道：环保意识是一个人素养的重要组成部分，垃圾分类是近年来倡导的保护环境的重要措施。但要做到垃圾分类，首先就要知道哪些垃圾可回收，哪些垃圾不可回收，只有掌握了关于垃圾分类的知识，才能正确实施垃圾分类——很难想象一个连垃圾该往哪里扔都不知道的人是一个环保意识强烈的人。创新精神也是素养当中颇为核心的一个元素，但“创新从来就不是空洞的，而总是依托一定的知识和经验，几乎不存在无知识的所谓创新”①，也就是说，只有一个知识丰富的人，才可能成为一个具备创新精神和创新能力的人……可见，知识和素养之间根本就不是此消彼长、相互制约的关系，而是水涨船高、共同进退。知识掌握得越丰富，才可能获得越高的素养。

在传统的看法中，知识无疑是具有积极意义的一个好东西。自古就有求知一说，这意味着知识是神圣的、具有光环效应的，我们的态度应该是非常谦卑地去“求”。因而，知识对个人成长发展的意义也毋庸置疑，诸如“知识就是力量”“知识就是财富”等名言也广为流传。然而近年来，随着人文主义、建构主义、后现代主义的兴起，知识的价值遭到质疑，比如有人提出“知识并不是对现实的准确表征，它只是一种解释、一种假设，它并不是问题的最终答案，相反，它会随着人类的进步而不断地被‘革命’掉”②。一些人对知识产生了一种误解，将知识理解为死寂的、枯燥的结论，这些结论是远离学生生活经验的东西，因此不可能对学生的成长发展有多大意义。尤其是在应试主义教育中，以“填鸭”的方式向学生传授知识，无疑会扼杀学生的兴趣爱好，必然会对学生的自由发展造成阻碍。在这样的情况下，将知识看成是学生发展的枷锁，也就不足为奇了。

但人们往往忽略了，知识并不是自带情感的，它是前人在探索未知世界的过程中提取出来的共同经验、经过验证的结论，它就在那里，本身无所谓鲜活还是死寂，也不存在生动或枯燥的区别。所以，知识不可能先天就以一种鲜活或死寂的形象展示在学生面前。我们在实践中经常发现，即便是一些

---

① 郑金洲. 创新能力培养中的若干问题[J]. 中国教育学刊，2000（1）：14.

② 朱文辉. 预设与生成：有效教学范式之嬗变[J]. 教育探索，2010（10）：17.

比较高深、相对抽象的知识，例如数列、向量，也依然会有学生发自内心地感兴趣；一些很浅近的内容，如错别字、歧义句等，虽然与学生的日常生活密切相关，但仍然有一些学生觉得无聊、毫无兴致。可见，知识究竟带给学生一种怎样的感觉，并不在于知识本身是抽象的还是具体的，而是与学生的个性特点、兴趣偏向以及传授这些知识的方式等有关。因此，问题的关键并不在于我们在多大程度上削减知识内容以促进学生的发展，而在于教师能否用一种能够调动学生兴趣、符合学生心理特点的方式来进行知识教学，从而促进学生的发展。

当然，教师的教学有好有坏，对学生兴趣的调动有强有弱。但无论如何，知识的价值并不随着教学形式的改变而改变，能够改变的仅仅是学生对知识价值的认知而已。就好像一碗米饭，无论是蒸是炒或是熬成粥，它的功能都是填饱肚子，只不过因为各人的口味不同而有所偏好罢了。杜威对学生的经验无比重视，但他也非常强调知识的价值，杜威曾说过，“今天比以往任何时候都在更大程度上要依赖于自然科学和社会科学的事实和原理的知识”[①]，可见杜威对“经验”的强调并不是以牺牲知识为代价的。雅斯贝尔斯也曾说：“大、中、小学教师都有责任维持秩序和形式，以使世界的精神财富流传下去。”[②]所谓“世界的精神财富”，主要也是指人们千百年来积累下来的各个学科、各个门类的知识。雅斯贝尔斯甚至还认为：“谁要是不知古希腊、罗马，谁就仍停留在蒙昧、野蛮中。人们从小不假思索学到的东西将影响他整个的一生。”[③]这样看来，人的一生当中能够形成什么样的素养，关键就在于他“从小不假思索学到的东西”到底有多少，能否为素养的发展提供一个坚实的基础。如果我们将知识和素养对立起来，认为知识教学会占据素养教育的时间和空间，因此否认知识的价值，降低知识的地位，甚至主张“用素养向知识宣战”，那么素养就不可避免地成了无本之木、无源之水，失去了生长的土壤。只有改善知识教学的形式，使之进一步科学化、合理化，使学生打下扎实的知识基础，才能为素养的发展提供足够广阔的平台。

---

① 约翰·杜威. 学校与社会·明日之学校[M]. 赵祥麟，任钟印，吴志宏，译. 北京：人民教育出版社，2005：337-338.

② 雅斯贝尔斯. 什么是教育[M]. 邹进，译. 北京：生活·读书·新知三联书店，1991：54.

③ 雅斯贝尔斯. 什么是教育[M]. 邹进，译. 北京：生活·读书·新知三联书店，1991：56.

更进一步说，如果核心素养要淡化知识或者说降低知识传授在基础教育尤其是高中教育中的比重，那么将这样一种理念放置于高度重视高考的大环境当中，必然存在着风险。学生最想达到的目的，或许未必是在高中阶段发展多少核心素养，而是“成功地考上心仪的大学”。虽然这一目的显得功利，但我们却无法用“功利”二字便否定了这一目的的正当性。那么，着眼于核心素养的课程与教学，能否帮助学生更好地实现这一功利目的呢？显而易见，无论是欧盟提出的学会学习、社会与公民素养、主动意识、创业精神，还是经济合作与发展组织提出的使用新技术、了解所处的外部环境、预料自己的行动后果、确定自己的具体行动、自律自主地与他人建立良好的关系、团队合作、管理并解决冲突等，或者是联合国教科文组织确定的身体健康、社会情绪、文化艺术等，以及我国学者提出的人性能力、价值形成，抑或是随着时代发展而不断更新的基础素养，都难以在现有高考当中被考查出来。因此，虽然我们承认这样一些核心素养充满了人性的温暖和关照，但学生如果过于注重发展这些能力，与“考上心仪的大学”这一目标却并不相符。高考并不关心学生学习知识的过程是主动还是被动，是否进行了团队合作学习，有没有在合作的过程中成功处理矛盾与冲突，或者说会不会因为学习某个内容而对某一领域产生了极大兴趣……高考只关注最终的知识结论掌握得如何。如果教师在教学当中刻意地去追求提升学生的这些素养，可能会因与高考的考查方向不相吻合而招致学生的不满和抵制。

简单地说，核心素养试图全方位、立体化地提升学生的综合能力与素质，但学生本人的目的可能简单而直白：通过高考，考取大学，并进一步“跳出农门”“实现翻身”“光耀门楣”“实现自我”。教育的目的和功利的社会目的之间存在着差距，核心素养常常因为无法满足学生的功利需求而在实践中被师生双方“悬置”。学生会觉得对其中一些内容的学习和发展是浪费时间或不务正业；而对教师来说，由于他们的利益和学生的高考成绩牢牢地捆绑在一起，也会因应试的需要而放弃一些帮助学生学会管理情绪、培养创业意识、发展探究精神、参与团队合作等方面的内容。核心素养更多的是课程教学目的方面的改革，这也注定无法彻底解决因为社会、文化等多种因素导致的应试主义教育问题。

三、高考的“枷锁”与改革的方向

无论是过去、现在还是未来，知识的价值都不言而喻。知识传授有很多种方法，但“灌输”是其中最简单、最快速的一种，而且对应付高考来说，往往还很有效。在过去很长一段时间内，中小学课堂教学围绕“双基”展开，由于“双基”把基础知识列为第一位的目标，高考主要也是考知识，这就加重了教师的满堂灌输和学生的死记硬背，最后陷入应试主义教育的怪圈当中。因此，很多人认为“双基”是应试主义教育的“帮凶”。

因为“双基”重视知识传授，所以导致了应试主义教育，这一逻辑得到了很多人的认可。但在笔者看来，这一逻辑存在问题。如果说传授知识就容易导致应试主义教育，难道淡化知识传授，转向过程、情感、素养，就能脱离应试主义教育的苦海，万事大吉了吗？高考改革虽然试图强调能力优先，考查学生的综合素质，但其命题技术还远远达不到真实地衡量学生的综合能力与素质的程度。对能力的考查，最终反映出来的可能仅仅是学生的答题技能。例如，高考语文中的现代文鉴赏，目的是考查学生的阅读鉴赏能力，但其答案并未因学生的鉴赏角度不同、鉴赏水平不一就可以多样化，而是有具体的标准，也有答题的套路和技巧。一位高中语文老师总结说应该这样回答现代文阅读题[①]：

> 现代文阅读看起来是“能力题”，但完全是可以抓规律的。例如读小说，答题的时候一定要抓三要素，因为题目经常围绕人物形象、主题和情节来设置。问形象，先答人物性格，再结合情节来阐述，如某某人心地善良，然后讲一下哪个情节体现了他的善良；问情节，要结合文章的大致线索来回答，文章以什么为线索，首先讲了什么，然后讲了什么，最后讲了什么，一定要分条作答，因为每条都有分；问文章标题的作用，先分析标题运用了什么样的修辞手法，目的是引起读者兴趣，然后讲标题和线索之间的关系，如揭示了文章主题等。这样回答基本上就把要点都抓住了。

令笔者颇为无奈的是，每次笔者给一线教师开讲座、做培训的时候，如

① 周序，郑新蓉. 高考承载的“异化”压力与可能消解[J]. 中国教育学刊，2012（2）：17.

果是给老师们讲解各种改革思路、新鲜理念，老师们大多只是“挂着个耳朵听听”，对所讲的内容并不是很上心；但只要笔者在幻灯片里展示这个案例，在场的老师总是不约而同地拿出手机、相机，争相拍下来。问他们原因，他们说：“这个内容很实用，教学当中用得着。”可见，哪怕是检测能力的考试题目，也无法摆脱应试主义教育。

即便是数学、外语、物理、化学等学科当中的能力题、应用题，在高考的压力面前也常常不得不“轰轰烈烈呼吁能力，扎扎实实狠抓应试”。数学老师常常教学生如何在不知道“导数为何物的情况下解答出关于导数的题目”；英语老师也经常指导学生如何在“看不懂文章的情况下选出正确的答案”。而且一线教师们总结出来的各种应试技巧、答题套路等还堂而皇之地登上了各种刊物，得到广泛宣传。在强调能力、看重素质的今天，虽然核心素养方兴未艾，但应试技巧得到的重视有增无减，甚至从高中阶段向下蔓延到了初中、小学。2016年4月28日的《厦门晚报》就用醒目的标题刊登了一篇文章《初二下学期如何冲刺　厦门一中段长来支招》，详细介绍了语文、英语、数学等科目的复习套路和应试技巧。应试技巧之所以有效，是因为老师们发现，高考命题有一定的规律可循。比如，有位生物老师在研究了近几年的高考生物试题之后发现，在“近几年的高考中，考查自由组合定律的试题屡见不鲜，命题人往往围绕这几个问题来命题：有关配子的计算问题、有关基因型的计算问题、有关表现型的计算问题、子代对亲代的推断问题”[①]。因为掌握了这样的“规律”，老师们自然不愿将太多的时间、精力用在全面提升学生的综合能力上面——这样做费力而低效，而是更愿意有针对性地选择某些解题技巧让学生进行强化训练。

这样看来，任何教学目标都不可避免地要承受高考带来的压力，并存在被高考异化的风险。被认为已经过时、落后的“双基”，因其与高考的现实最相符合而成为广大教师在教学当中或自觉或无奈的选择。反倒是强调能力、素质，得到了很多专家肯定与赞同的核心素养在落实时却面临困境。核心素养关注学生的发展需求和社会的进步方向，但如果不充分考虑高考这一现实问题，在现实中可能会步履维艰。

① 王玎. 基因自由组合定律在高考中考查形式例谈[J]. 考试与招生，2010（9）：34.

第二节
教学评价改革的理想与现实

新课改虽然还存在着种种问题，但毕竟我们沿着课改的大方向已经前进了十多年。教学评价改革是新课改一个重要的组成部分，也可以说是新课改的重头戏之一。十多年来，教学评价改革取得了一些成绩，但也暴露出不少问题。对于成绩，当然应该肯定，但更重要的是要对暴露出来的问题加以重视并进行反思。

一、促进发展：评价功能的转化与虚化

就高考来说，它是对学生十二年基础教育的“最终成绩鉴定”，所以其重点在于甄别与选拔，试图通过对学生的知识储备、能力现状进行判断，选拔出适合进入高校深造的学生。随着社会的发展，当我们步入“互联网＋时代”，网络成为学生在课堂之外获取知识的一个重要渠道，这使得基础教育的知识传授功能面临不小的挑战。很多时候，学生们的感受是“百度一下，我就知道”“手机上网，网罗天下”，通过网络来获得知识常常比课堂学习要方便得多。当知识传授无法为学校教育所独占的时候，基础教育的价值必然会面临挑战。

在新课改当中，原有的教学目标“双基”被发展为“三维目标”，在重视学习结果的同时，更加重视学习的过程与方法目标，以及生成的情感、态度、价值观。随着新一轮高考改革的推进，有助于学生终身学习、终身发展的核心素养进一步得到了强调。上述改革均体现出对学生的个体生命及其整体发展的关注，反映了改革“为了每一位学生的发展”的良苦用心。应该承认，这在一定程度上是符合当前社会的发展现实的。相应地，教学评价的功能也要发生转化，不应局限在根据学生的认知发展状况对其进行甄别和选拔

这一功能上面，而是要通过评价来促进学生的全面、可持续发展。在《走进新课程——与课程实施者对话》一书中，评价功能的这一“转向”被描绘得非常清晰：“评价不再是为了选拔和甄别，不是‘选拔适合教育的儿童’，而是如何发挥评价的激励作用，关注学生成长与进步的状况，并通过分析指导，提出改进计划来促进学生的发展。”[①]受这一思想的影响，肯定性评价、激励性评价等迅速成为当前我国基础教育界非常流行的一类评价方法。无论是肯定性评价，还是激励性评价，共同之处是在评价语言中大量采用对学生进行肯定、认可和鼓励的话语，这些话语被认为可以保护学生的动机和热情，激发学生的成功欲望，从而促进学生的可持续发展。需要承认的是，当基础教育深陷应试主义教育泥潭，当“重点线下一分意味着失败”成为普遍现象的时候，这种强调鼓励、饱含温情的评价方式的确为基础教育吹入了一丝温暖的春风。

但令人遗憾的是，通过评价功能的转化来促进学生的发展，在现实中面临着转化已经落实，但发展却流于空洞乃至“虚化”的尴尬局面。

“虚化”的表现之一，是过于拔高肯定性评价、激励性评价的效果，比如有人认为，学生的作业无论正确与否，教师都应加以鼓励。有研究者发现，有的课堂中甚至出现了学生的回答和表现带有明显的问题，甚至是错误时，教师照奖不误的情况。[②]正所谓过犹不及，如果连学生的错误都要不加区别地鼓励，怎么可能有效促进发展？这些情况反映出肯定性评价、激励性评价在实践中有用得过多、过滥的倾向，很多时候并不能达到促进学生发展的目的。过多的肯定和鼓励，带来的往往是对学生要求的降低。在实践中，“满堂夸”“满堂奖”的情况屡见不鲜。在某年的“新课程小学数学语文学科能力研究学术年会”上，一位承担小学语文示范课教学任务的老师专门让学生练习一些表扬同学的动作和台词。上课过程中，有时学生只是答对了一个毫无难度、完全没有挑战性的问题，该老师也让全班同学小手齐拍，小嘴齐喊：“你真棒，你真棒，你一真一棒！”一堂课下来，这样的表扬多达十余

① 教育部基础教育司. 走进新课程——与课程实施者对话[M]. 北京：北京师范大学出版社，2001：141.

② 褚忠美，翟海峰. “一味表扬”不妥[J]. 小学青年教师，2005（3）：51.

次，最后学生拍手都拍得有些烦了。这种低标准的评价不仅没有多少激励价值，还会让学生误以为自己真的回答得很好、很棒，从而感到得意洋洋、沾沾自喜，甚至因此自以为是，不再努力。

“虚化”的表现之二，是一些人为了凸显肯定性评价、激励性评价的优越性，将批评、惩罚等评价方式庸俗化乃至污名化，将批评、惩罚的消极效果放大，而积极作用则被选择性忽视。由于给予激励性的改进意见或建议、促进学生发展、减轻学生压力是评价理念改革的突出亮点，因此，和激励无关的或者相反的评价方式，容易被认为是旧的、过时的、落后的评价方式，甚至与“教师对学生的专制”“不尊重学生人格”等说法联系起来，被污名化。这种污名化也不是没有引起人们的警觉。2009年8月25日的《中国青年报》刊登了一篇文章《对不起，我还是不敢批评学生》，文章用犀利的笔调对“批评”这一传统评价方式遭到污名化的现象进行了抨击：“教师对严重违纪学生罚站被称为‘体罚’，批评教育几句更是被扣上对未成年人进行‘心罚’的大帽子！打不得、骂不得、开除不得，不夸张地说：教育，尤其是义务教育已经苍白得只剩下一张只会进行‘正面教育’的‘嘴皮子’！”[①]令人遗憾的是，这样的观点在强调激励、主张肯定的大潮中很快被淹没。2017年1月5日《人民日报》刊文发问：“老师不敢批评学生”谁之过？文章指出：“孩子不能在蜜糖和赞美声中长大，适宜的批评有百利而无一害。很多人长大后对老师充满感激，就是因为老师及时给出批评，‘悬崖勒马’，避免了更严重的后果。更有意思的是，很多老师感慨，毕业后真正感恩老师者，往往是那些受批评多的学生。”[②]应该承认，在传统的评价方式当中，很多教师对批评、惩罚等评价方式有些过于依赖，甚至存在一些僵化、反教育的情况；但我们似乎又在改革中走向了另一个极端，对批评、惩罚的否定显得有些冲动和盲目，缺乏理性的分析。任何真理走向极端就成为谬误，对批评和惩罚进行一刀切地否定乃至污名化也是不可取的。

“虚化”的表现之三，是沉迷于激励当中，在很大程度上忽视了在评价中对学生进行指导，而指导的缺乏将直接延缓学生发展的脚步。比如说，老

---

① 瞿玉杰. 对不起，我还是不敢批评学生[N]. 中国青年报，2009-08-25（04）.

② 张烁. “老师不敢批评学生”谁之过[N]. 人民日报，2017-01-05（18）.

师给学生的作业撰写评语，是日常教学当中常见的一种评价方式，有的试验区总结了如何在学生作业中更好地书写评语的经验，提出了诸如要在评语中肯定学生的独特见解，要引导学生自我改错，要培养学生良好的学习习惯等等，但对是否需要在评语中指出学生的错误、指导学生学习只字未提。笔者在一项研究中也发现：指导性的评语对学生成绩的帮助比激励性评语更大，因而建议教师在给学生的作业写评语时以指导性评语为主，而非以激励性评语为主，[①]但指导性评语因为不符合当前课程教学改革的潮流，因而在实践中始终处于弱势地位。

二、指标多元遭遇标准泛化的困境

在应试主义教育中，考试分数几乎是衡量学生的唯一指标，这也造成了前文曾经提到的“唯分数论”的考试文化现象。但是，学生的发展显然不应该仅仅局限在考试科目方面，更不应该局限在那些只能用分数来衡量的知识点上面。按照多元智能理论的说法，人的智能由多个方面组成，知识学习仅仅是其中的一个方面而已。“每个人都是具有多种能力组合的个体，而不是只拥有单一的、用纸和笔可以测试出来的解答问题能力的生命个体。”[②]这意味着，知识学习不佳的人，在其他方面可能是天才。因此，多元智能理论反对用单一、固定的标准来衡量学生。然而，在应试主义教育中，学生的品德、情感、兴趣、特长、才艺、体能等均遭到忽视。因此，新一轮教学评价改革倡导多元智能理论，主张不能用单一的考试成绩来对学生进行评判，而是一方面要对学生的各个方面进行综合考查和评定，另一方面要对不同的学生提出不同的发展目标和要求，还要鼓励学生走出校门，接触社会，掌握书本知识之外的其他本领。总的来说，评价指标的多元化对我们打破传统教学评价中的“唯分数论”现象，促进学生全面发展，是具有积极意义的。

但评价指标的多元化并不是随意的，也不是任何方面都可以当成多元指标中的一元。究竟哪些方面可以成为恰当的评价指标，哪些方面对学生的成

① 周序. 英语作业评语对小学生课堂体验和学业成绩影响的实验研究[D]. 北京：北京师范大学硕士学位论文，2009: 37-38.

② 霍华德·加德纳. 多元智能新视野[M]. 沈致隆，译. 北京：中国人民大学出版社，2008：24.

长发展必不可少，既需要理论研究，也离不开经验总结。由于在这两方面我们的积累都还比较薄弱，因而指标多元在实践中陷入了标准泛化的困境。

评价指标不管怎么多元，知识的掌握情况都应该属于核心指标。诸如“我扑在书籍上，就像饥饿的人扑在面包上”“知识是生活的明灯”“知识就是力量”等名言警句，都告诉我们知识对一个人的成长发展的重要性。然而，现实中却有淡化知识目标的现象。一份来自一线教师的调查显示：“在教师心目中，一堂好课的标准排在前三位的分别是：学生在情感、态度、价值观等方面有所发展；学生参与广泛，师生充分交流；学生自主思考，探究学习”[①]，偏偏没有提到知识的掌握情况如何。笔者还在调查中看到这样一些现象：表扬学生的作业书写工整，即便学生的作业错误百出；肯定学生的思考方式独特，即便有时候学生的思考已经误入歧途；鼓励学生表达与众不同的看法，即便他们的看法无甚营养，甚至离题万里……事实上，很多时候，如果缺乏足够的知识底蕴，各种思考、看法、表达、观点往往会失去价值。如果多元指标当中，知识不被当作十分重要的一元，甚至被忽视、被否定，必然会影响学生学习方法、情感、态度、价值观等方面的提高。

有趣的是，虽然我们常常忽视了知识这一至为重要的指标，但在知识之外，我们对其他标准却显得异常宽容，可以说是“什么都行，什么都好”。传统的教学评价习惯于用分数高低来评价学生，这虽然是单一而片面的，但这样的评价指标清晰、简单且容易操作，具备很强的实践性。如果评价标准泛化为“什么都行”“什么都对”“什么都是好的”，那就可以说什么都是标准，当然也就什么都不是标准了。基础教育改革中一些空泛的提法，其实就带有这种标准泛化的特点，如“多一把尺子就多一个好学生”“学生的任何看法都值得尊重”等等。这些提法中带有的人文关怀之情往往让我们忘记：如果没有一个明确而统一的标准，我们怎么去判断教学是否成功，以及在多大程度上成功。比如说，上《司马光》一课时，有学生提出司马光砸缸救人是在损坏公物[②]；上《虎门销烟》一课时，有学生提出林则徐虎门销烟是没

---

① 马云鹏，唐丽芳. 基础教育课程改革问卷调查与分析[N]. 光明日报，2003-06-19（B1）.

② 陈立全. 重视“新”课堂的所谓“追求”[J]. 福建教育，2004（6A）：11.

有环保意识的体现[1]，两堂课的任课教师都对这些观点标新立异的学生进行了表扬，因为学生“敢于发表自己的观点”“勇气可嘉”。在这里，学生的胆量、勇气成了多元标准中的一元，即便和课文所倡导的思想、情感无关，甚至可以说已经游离在教学内容之外了。如果我们认可这样的评价的价值，即便学生没有读懂课文，得出了和课文主旨完全无关的看法，也成了教学成功的表现，像这样的标准多元，对学生的发展来说究竟有多大意义呢?

判断教学成功与否，需要有明确的标准。这个标准未必一定要限定在某些给定的领域之内，但至少大方向应该是相对固定的。在基础教育阶段，这个标准主要就是学生真正掌握了教学的内容，并因此获得了相应的发展。由于不同学生对教学内容的掌握程度不同，其发展也必然存在着优劣之分、快慢之别。这也导致了我们通常说的优等生和“后进生”的存在。从因材施教的角度出发，对优等生就应该继续鼓励其进步，而对“后进生”则应给予更多的关心和帮助。诸如“每个学生都是爱因斯坦”“多一把尺子就多一个好学生”之类的说法虽然充满了对学生的关怀之情，却是对优等生努力的忽略，也是对“后进生”不足之处的无视，还容易让教师迷失方向，甚至消解教学的意义。

三、评价方法：多样化还是形式化

在传统的教学评价当中，我们追求的是量化的评价结果，最为典型的就是将考试作为衡量学生水平的主要方式甚至最重要的方式。人们对此的批评是切中要害的：在生动活泼、个性丰富的学生面前，考试尤其是纸笔考试显得僵化、死板，把生动复杂的教育问题用冷冰冰的分数来衡量，丢失了学生发展过程中一些很有意义、很有价值的内容。早在2002年，教育部《关于积极推进中小学评价与考试制度改革的通知》就明确规定：“教师要在教育教学的全过程中采用多样的、开放式的评价方法（如行为观察、情景测验、学生成长记录等）了解每个学生的优点、潜能、不足以及发展的需要。”随着新一轮高考改革的进行，尤其是综合素质评价、自主招生考试、不分文理高考的试行，各种质性评价打破了量化评价一统天下的局面。成长记录袋评

① 别文录．莫让“生成”迷住眼[J]. 河南教育，2006（2）：38-39.

价、学习日记评价、教师日常观察评价、推荐信等质性评价方法得到了广大教师的关注和肯定。质性评价比量化评价能够更加全面、深入地展现学生的特点和发展趋势。更重要的是，质性评价并不排斥量化评价，因此，很多人主张把质性评价和量化评价进行有机结合，从而更清晰、更准确地反映学生的发展状况。质性评价对改变分数至上的局面具有积极意义。

然而，评价方法多样化并不是最终的目的，我们的目的在于让考试选拔变得更加科学化和人性化。遗憾的是，这一目的至今似乎仍然遥不可及，考试分数依然是学生的关注焦点，依然是高考升学的几乎唯一标准。虽然在教学评价改革中，我们开始倡导改变将分数简单相加作为唯一录取标准的做法，建议参考其他评价结果进行综合评定，但这种思想总体上还停留在“倡导”和“建议”层面，还没有行之有效，且能够推而广之的评价方案出现。中学校长实名推荐制的昙花一现，综合素质评价面临的社会各界的广泛质疑，反倒是将“凭分录取”这一评价方式衬托得分外突出。迄今为止，高考的压力、对分数的追逐仍然丝毫不见缓解，这也导致了在基础教育阶段，教学评价表现出“两张皮”的现象：表面上，多样化的评价方法搞得轰轰烈烈，每个专家都在呼吁，每所学校都在倡导；实际上，多样化的评价在升学考试中难觅容身之地，对分数的追求依然扎扎实实，这也造成评价方法多样化成了一些学校的面子工程，沦为应付检查、展示新课改成绩的一种装饰。

比如我们耳熟能详的成长记录袋评价，一位初中班主任积极响应评价方法多样化的号召，为班上的每个学生都建立了一个成长记录袋，但在几个月的探索和实践之后，寄托了她美好希望的成长记录袋却让她分外头痛：学生完全不知道应该往成长记录袋里放些什么东西，反映了自己发展和进步的东西往里放，不能反映自己成长的东西也往里放，甚至一些乱写乱画的东西也往里放，成长记录袋杂乱无章，甚至沦为“垃圾袋”，既无法看出学生的成长轨迹，也起不到激励学生发展的作用。这位教师感慨：“这样的‘成长记录袋’，扔了感觉可惜，毕竟付出了不少心血；可继续用下去吧，管理这样一堆‘成长记录袋’就成了一个不轻的负担，也不知道最终有没有积极的效果。”

再比如学习日记，倡导学生撰写学习日记的初衷是让学生随时记录自己学习过程中的进步与收获，从而对自身发展状况了然于心，也能成为教师评价学生的第一手材料。但在实践中，学习日记在学生看来就是一篇作文，一份家庭作业，因而是一件负担。有的学生就“今天写不写学习日记”和老师讨价还价；也有学生就学习日记究竟应该写多少字和老师争论。最常见的局面是要么应付了事般地随便写几句，要么找各种借口偷懒不写。真正能够按照老师的要求认真撰写学习日记，并能长期坚持的学生屈指可数，使得学习日记无法客观而全面地评价学生的成长与发展。学习日记在欧美不少学校取得了成功而在中国却遭遇“搁浅”，其实并不难理解。欧美等国中小学生的学业负担相对较轻，学生的升学、考试压力也相对较小，撰写学习日记并不构成多大的负担；而我国基础教育阶段学生的负担重、考试压力大，在这种情况下要求学生坚持撰写学习日记，无疑是在作业之余给了他们额外的负担，很难坚持下去。

四、评价主体：是否应该多元

在传统的教学评价当中，教师是唯一的评价者，学生的知识掌握程度由教师打分，道德品质高低由教师评判，综合发展状况由教师评定……教师在评价当中居于主导地位，而学生则处于从属地位。但掌握着评价大权的教师和学生的接触往往局限于校内的时间段内，因而他们不可能客观而全面地对学生的成长发展状况进行衡量，他们的评价结果往往带有片面性，但这种片面的评价却因为教师是唯一的评价者而具有了权威性。新课改为了防止评价结果失真，强调建立教师评价、家长评价、学生自评和同伴互评相结合的综合评价体制。强调学生在评价过程中的参与，一方面可以提高学生在评价中的主体地位，另一方面也希望借此将评价过程从学生的被动接受过程变成一个学生积极参与、主动反思、自我发展的过程。而同伴互评，则意在促进学生之间的沟通与融合，学生不仅要反省自己，也要关注他人。教师不再是唯一的评价者，原来被动接受的学生也可以对教师的评价进行质疑和辩护，一度被排斥在评价之外的家长也能够参与到对学生的评价当中。在很多人看来，这意味着民主师生关系的建立，以及家长对孩子发展过程的监控和指导，因而评价主体的多元化对学生的不断成长、不断进步大有裨益。

但是，评价主体多元化既没有解决不同评价主体之间的价值取向、利益差异该如何协调的问题，也没有考虑不同评价主体的评价能力参差不齐问题，因此，实践中经常是评价主体多元，但评价结果却不是更加精确，而是更加模糊。

比如，学生本人究竟是否应该成为多元评价主体中的一元，还缺乏充分的研究和讨论。学生的自我评价在整个评价体系当中究竟应该扮演何种角色，需要进行谨慎的思考。学生作为被评价者，如果同时也成为评价者，就可能出现“既当球员又当裁判”的局面。在足球场上，如果一方的球员同时兼任裁判，必然会招致另一方球员的不满，现场观众多半也会觉得这是在“踢假球”。教学评价亦同此理。学生一旦成为多元评价主体中的一元，很容易出现“宽以律己，严以待人”的现象，给自己的评价很高，给同伴的评价则偏低，评价结果的准确性自然受到影响。推选“三好学生”、优秀学生干部的时候，自我评价甚至可能成为学生之间相互“拆台”、为自身谋取利益的手段。这样的情况在实践中并不是没有出现过。因此，如果我们对学生自评的是非得失都还没有进行认真的探索和思考的话，那实践中的匆忙上马就显得操之过急了。

对于同一个学生，来自教师、家长和同伴的评价结果之间也经常出现相互矛盾、相互排斥的情况。不同的评价主体有着不一样的观念和价值取向，如家长因偏爱自己的孩子而在评价中打了高分，某个学生因不喜欢和一个同学玩而故意打了低分，教师试图进行客观的衡量而打分居中……可以想象，评价主体越是多元，就越容易出现评价结果不一致的现象。原本就对自己缺乏清晰判断力的中小学生面对着一个个差异颇大的评价结果，可能非但不能对自身的发展状况做出一个全面、准确的评判，还会感到无所适从，增加了对自己现有水平的疑惑。

五、形成性评价能否为高考“减压”

提到评价，就不能不提高考。长期以来，考试都是我国基础教育当中最为普及、最为常见的一种评价方式，而高考则被认为是一切考试的重中之重。高考对学生的甄别和选拔功能已经被拔高到了近乎不可思议的程度，高考成绩成为衡量学校办学质量、教师教学水平、学生发展状况的最重要尺度，这必然导致学校狠抓升学率，教师为考试而教，学生为考试而学。因此，在很长时间内，我国的基础教育尤其是高中教育基本上围绕着高考进行，应试主义教育的现象非常突出。一位一线教育工作者形象地描述道："学生一跨进中学大门，头脑中就只有两个字：'中考'或'高考'。学校、教师、学生头脑中考试这根弦始终绷得紧紧的，不敢有丝毫放松。一些学校的办学理念就是'三年抓备考，备考抓三年'，一切教学活动唯考试马首是瞻。"①

从本质上来说，高考是一种终结性评价，是对学生三年高中学习乃至整个十二年基础教育的成效、发展状况的最终评定。高考的结果，直接决定了一个学生是否有资格进入大学学习深造。这就导致高中教育阶段的教学的重心发生了偏移：不是关注学生的成长发展过程，而是更重视学生在高考中的表现。有的学生平时的学习成绩很好，但若是在高考中发挥失常，便会"从天堂坠入地狱"，诸如"抗压能力差""心理素质不行"等负面评价就会纷至沓来。反过来，一个学生即便平时的成绩和表现一般，但只要在高考中发挥超常，便有可能一朝之间"飞上枝头变凤凰"，亲朋好友会纷纷投来艳羡的目光，还有可能被母校请去向下一届的学生分享高考经验。为了改变这样一种局面，新课改倡导在终结性评价之外，还要实行形成性评价。所谓形成性评价，即对学生学习的整个阶段、进程进行评价，它衡量的是学生日常学习过程中的表现，反映的是学生的发展过程。其目的在于通过对学生平时取得的一点一滴的成绩的肯定，来激发学生学习的动机，帮助学生调控学习的过程与方法，从而帮助学生增强信心，获得成就感。如果我们能够将形成性评价和终结性评价相结合，就能够将学生学习的过程和结果结合起来进行综合衡量。因此，新课改要求我们不但要重视学生的高考成绩，也要关注学生日常的发展状况，要肯定学生平时的付出和收获，从而缓解高考带来的压力。

但是，将形成性评价和终结性评价相结合，却是说起来容易做起来难。究竟应该如何结合，既缺乏理论指导，也没有总结出很好的经验。有时候二

① 邓玉阶. 考试异化忧思录[J]. 语文教学与研究，2006（2）：58.

者的结合显得非常的机械，不但没能缓解高考的压力，反而导致了高考压力下移，学生的考试压力进一步增大。比如“小升初”，按照规定，初中教育属于义务教育，所有学生都应该就近入学，不存在考试选拔一说。但是，由于优质初中数量有限，无法满足学生和家长的需求，因此很多优质初中纷纷举行“小升初”考试，按照成绩录取学生。北京某小学的一位教师告诉笔者：“现在提倡形成性评价和终结性评价相结合，所以初中录取学生也不是光看‘小升初’考试的成绩，而是要将小学生每个学年、每个学期的期末考试成绩都按照一定的权重计算，再按照总分高低进行录取。”这样一种将平时成绩和升学考试成绩相结合的录取方式，不但没有缓解“小升初”考试的压力，反而导致小学阶段的每次考试的重要性都上升了，每次考试带给学生的压力都增大了，从而使升学的压力从小学六年级逐渐向下延伸到了小学低年级，学生面临的压力看不到减小的希望，反而有继续增大的可能。以前我们说高考是“一考定终身”，但按照形成性评价和终结性评价相结合的思路，很有可能发展成“每考都影响终身”。不仅高考成绩会成为学生是否被录取的依据，高中阶段的每一次期中考试、期末考试，乃至更早以前的中考成绩、“小升初”考试成绩，都可能以形成性评价的身份被纳入高等学校入学选拔的范畴当中，这样一来，应试竞争将更为激烈，这是基础教育评价改革中必须认真对待的一个问题。

六、从理想到现实

近段时间以来的教学评价改革，应该是功过兼有，利弊共存。分析教学评价改革中的功劳和成绩，可以发现，这些成绩大多数体现在教学评价理念的更新这一层面。例如，评价功能应该从甄别与选拔转向促进学生的发展，应该从单一的终结性评价向形成性评价与终结性评价相结合转变，这都是评价理念变革的新动向。此外，诸如评价指标多元化、评价方式多样化、评价主体多元化等，也都给人耳目一新的感觉。应该承认，这些新理念的宣传和普及，对我们进一步思考教学评价改革的思路和方向，促进教学质量的提升，是有价值、有意义的。但教学评价并不是一个可以停留在理念层面的问题，而是必须要有实际效果，这就要求我们要对各种改革措施进行检验、评判，证明确实行之有效且可模仿借鉴之后，才能将其推广。换句话说，教学评价的改革，应该是新理念和新方案一起推广的过程，绝不是理念更新之后就能高枕无忧了。

在教学评价改革推进过程当中，之所以暴露出了种种问题，很重要的一个原因就是评价改革基本停留于单一的理念推广。一些新的评价理念在本次改革中虽然已经深入人心，很多一线教师也能自觉地在自己的教学活动中尝试采用新理念来评价学生，但是，可供模仿和借鉴的评价模式、评价方案却并不多见，一线教师对新理念的运用基本上处于自己探寻、摸索阶段，这就需要教育研究者提供更多科学的研究成果来指导实践工作。但现有关于国外评价实践的研究以事实描述为主，关注具体实践方法的不多，而且和中国具体国情的结合也显得不够紧密；而国内评价改革的研究成果尽管为数众多，但是很多研究结论显得较为空洞，得出的结论无外乎“要建立自评与他评相结合的评价机制”“要注意将终结性评价与形成性评价相结合”“要实现评价方法的多样化”之类，至于如何结合、如何实现等关键问题，或一笔带过，或只字不提，让人有隔靴搔痒之感。严格地说，这样的研究成果还算不上是“成果”，只能算是作者的观点、看法，无法起到指导实践工作、改革原有痼疾的作用。因此，今后有必要加强对新理念的应用研究。在教学评价这一领域，还有很多问题值得我们去探索。例如：如何确立一个指标明确、内涵丰富、方便操作的评价标准，既可以作为衡量教学成功与否的依据，又不束缚学生的个性和发展方向？如何让成长记录袋成为一种既让学生、家长都认可并重视，又能切实反映学生成长轨迹的评价方式？如何淡化分数在选拔性考试中的作用，加大质性评价所占比重，并且能够保证“质性评价”的真实性和可靠性，而不至于沦为容易被优势阶层利用的工具？如何让考试能够真正考查学生的实际能力，而不是一些可以通过应试训练强化提升的答题能力？……只有解决了这些实实在在的问题，评价改革前进的步伐才能走得踏实，并达到改革追求的理想状态。

另一个不得不重视的问题，就是我们对评价改革抱有一种急功近利的心态。我们都知道，再先进的理念，若想转化为能够在实践中应用的模式，必然要经历一个漫长的尝试和摸索过程，在这个过程中，实践者需要逐步积累经验，并对这些经验进行总结、反思和改进，才能“逡逡巡巡步向理想”[①]。然而当前的教学评价改革却少了一些“逡逡巡巡”的风范，多了一些急躁的心态。比如，我们将“评价主体和方式要多样化”“注重对学生学习过程的评价”“评价结果要增加定性描述”等新的评价理念和要求一股脑儿“打包”给教师，由于缺少总结经验、逐步调整适应的过程，导致实践中的匆忙上马和慌乱应对。一些教师对新评价理念的使用，似乎只是在完成一项教育部门要求的工作，而不是因为他们自身对新理念的真正接受和对传统评价暴露出来的弊病的自觉纠偏。这容易因经验总结不到位而出现一些不必要的、原本可以避免的损失。义务教育阶段数学课程标准组的负责人在接受记者访谈时曾经坦承：“推进速度太快的批评，我们认为是有一定道理的。如果能有更充分的时间来实验与总结，许多方面的工作可能会做得更扎实、做得更好，也许问题就不会这么突出了。”[②]

评价改革是一项功在当代、利在千秋的大事，好的改革需要理念上的更新，也需要论证新理念在实践中的可行性，需要重视经验的积累，并探索出行之有效的推行模式。只有在这些方面都做了充分的准备，方能在推进的时候减少阻碍，避免问题。

① 单文经. 教改性质的历史分析：逡逡巡巡步向理想[J]. 教育学报，2006（2）：25-35.

② 储召生，赵小雅. 对话义务教育数学新课标[N]. 中国教育报，2005-06-01（03）.

第三节
“导学案”的成绩与问题

近年来，“导学案”成为基础教育当中一个引人注目的新事物。“导学案”成名于杜郎口中学，杜郎口中学的教师编制“学案”，让学生在课前进行预习，培养学生的自主学习能力。[①]这种模式下，传统以教案为主线的课堂教学模式产生了颠覆性的改变。有媒体报道，杜郎口中学的改革非常成功，值得肯定和推广，但也有人认为媒体的报道有夸大成分。孰是孰非暂不评论，但杜郎口中学确实因此具有了极高的知名度，学习杜郎口中学一度成为潮流，“导学案”也广为流传，不仅是初中，一些小学和高中也纷纷开始这方面的尝试。浙江省根据“导学案”的早期实践经验提出了“学为中心”的教学改革，并落实到各个学科当中，成为浙江教学改革的特色[②]；温州洞头县第一中学还在“导学案”的基础上提出了“学导型三元课堂”，并在实践中“初见成效”[③]。

“导学案”的目的在于将“以教带学”转为“以学定教”。以前教师是根据自己“教”的思路来确定教案，想怎么教，就怎么写教案，这被认为是“教师中心”的教学模式，是“落后的”“过时的”。而“导学案”模式将学习的很大一部分从课内转移到了课前，学生根据“导学案”自行学习，带着学习的成果和疑问进课堂，教师无需再满堂灌输，而是转变为学生学习的辅导者和陪伴者，学生的中心地位由此得到了强化。由于“导学案”和新课改强调的“探究学习”“自学辅导”“学生中心”等理念具有高度的契合性，因此不少学校纷纷对“导学案”寄予厚望，也对其实践运用进行了积极的探索。应该说，“导学案”在基础教育当中发挥了一定的积极作用，但也存在

① 九大“教学范式”解读[N]. 中国教师报，2010-04-14（B03）.
② 张丰，方凌雁．“学为中心”的教学改革[J]. 人民教育，2015（5）：57-60.
③ 郭海坚．“学导型三元课堂”的理论与实践探究[J]. 教学与管理，2015（19）：11-14.

着不容忽视的问题。

一、学案的强化与教案的虚化

教案是传统课堂教学当中一个重要的组成部分，教案当中标明了教学的重点和难点，明确了教学的环节、步骤和阶段顺序。这些内容的准备让教师在走上讲台之前就对整个教学过程心中有数，教师在教学的过程中甚至不需要再进行太多的思考，一切跟着教案走就行了。这样的教学方式简便、易于操作，但主要是从“教”的角度来考虑的。尽管很多学者和有经验的教师都呼吁备课的时候要“备学生”，但在教案当中，“备学生”往往被简化为对学生相关知识掌握情况的简单描述以及对希望他们掌握的知识内容的罗列，学生学习的个性和特点并未得到有效照顾，因此，严格遵循教案来进行教学可能导致学生的兴趣、主动性丧失。“导学案”的特点就在于，它是一种“引导学生沿着问题的台阶，完成自主探索真知的学习程序，是指导学生学习本课时或本课题内容的学习方案”[①]，具有明显的从“学”的角度进行考量的特点。一份优秀的“导学案”，一般来说需要具备两个方面的特征：一是“导学案”应建立在充分把握学情的基础之上，应对不同层次的学生提出不同的学习要求，从而使不同的学生能够得到符合自身特点的不同的收获，避免“一刀切”。二是“导学案”的编制必须适合学生的认知发展特点。一位高中数学老师向笔者展示过他编制的“导学案”，包括四个组成部分：一是情景创设，目的在于将学生引入一个熟悉的问题情景当中，从而激发兴趣，唤醒学习动机。二是根据学生前期知识的掌握情况，提供适合他们水平层次的自主学习内容。虽然“导学案”以班级为单位统一印制，但它对不同层次的学生提出了不同的要求，以此来实现因材施教。三是布置一定量的练习题目，让学生在学习之后进行自我检测和评价。四是反思与总结部分，让学生自行梳理在使用“导学案”过程当中遇到的问题，总结学习经验。这位数学老师相信，学生对自主学习的经验总结越多，就越能为进一步的学习奠定牢固的基础。

传统教学中非常强调教案，要求教案必须科科有、课课写。教案的丰富性和完整性是衡量教师基本功的一项重要指标，不少地方还会举办教案大赛。而

① 王祥. 学案导学：一种有效的课堂教学模式[J]. 教学与管理，2005（35）：5.

似乎有了“导学案”，教案就意义不大、可有可无了。曾经是教师“宠儿”的教案，如今被很多教师所看轻、忽视。这当然有撰写“导学案”导致教师工作量增大、负担加重的原因，但也不能否认认识上“重学案轻教案”的影响。比如有人发现，有的教师把一张张的“导学案”夹在一起，认为这就是自己的教案①；有的学校将“导学案”编制得非常详细，甚至取代了教科书，成为学生学习的主要材料②。凡此种种，并非个别现象，而是在很多地方都存在。因为重视“导学案”而导致教案被虚化的局面，具有一定普遍性。

强调“导学案”而虚化教案是否可取，需要严肃讨论。在没有“导学案”的年代，像斯霞、霍懋征、宋毓真等老师，仅凭一纸教案，依然上出了高质量的课，培养了众多优秀的学生。这说明，看上去“落后”“过时”的教案，实际上可能并不像我们想象的那么糟糕。教案遭到的主要批评在于，它不怎么考虑学生是怎么学的，只考虑教师该怎么教。其实这是一种比较偏激的观点。绝大多数教师在制定教学方案的时候，其实都会考虑学生的学习状况、习惯和偏好，也就是所谓的学情分析。只是要做好学情分析并不是一件容易的事，很多教师对此心有余而力不足，因为影响一个班学情的因素太多、太杂，教师很难准确把握。因此，在教案当中，学情分析这部分内容往往显得比较简单甚至空洞。但这种情况并不会随着教案改名为“导学案”，随着从“教师中心”走向“学生中心”，就能拨云见日、迎刃而解。有没有对学生的学进行恰当考虑，依赖的是教师的教学水平、经验和态度，而不是看他所写的究竟叫作“教案”还是“导学案”。

“教学”二字，既包含教，也包含学。有的内容需要多教，需要强化教师的讲解和引导，有的内容则可以让学生多学，以提升学生的自学能力和解决问题能力。所以，不考虑具体的内容，简单地说一定要“以教带学”或者“以学定教”，都是片面的。在教案和“导学案”的关系上，胡少云和姜建伟的看法比较中肯。在他们看来，二者的着力点不一样，在设计环节、内容、侧重点、目的性、适用对象及文体表现形式等方面都有所不同。③教案可以

① 茅继平．“导学案”的误读、变味及其矫正[J]. 教学与管理，2013（22）：32.

② 容中逵，学案导学的三重判读[J]. 课程・教材・教法，2014（8）：96.

③ 胡少云，姜建伟. 学案代替不了教案[J]. 当代教育科学，2007（5-6）：105-106.

帮助教师深入钻研教材，准确把握教学内容的重点、难点和易错点，据此设计教学的目标、教学环节、教学进度、作业内容等，以保证教学的进度合理和富有成效；而“导学案”则着眼于引导学生进行自主学习，让他们在预习阶段就能够在一定程度上理解和把握学习内容。所以说，教案和“导学案”各有各的价值，各有各的适用范围，不可偏废。当教师面临不同的教学内容的时候，是选择教案还是选择“导学案”，还是“两者都要抓，两手都要硬”，需要具体问题具体分析，而不能仅仅依据一些类似于口号的“教育观念”，片面地强调“导学案”的重要性而忽视教案的价值。因强化“导学案”而导致教案的虚化，很难称得上是教学的福音。

二、课前预习的加强与学习时间的延长

提到课前预习，人们往往会觉得这是一个说起来重要、做起来却未必的事情。在笔者的印象当中，从小学到高中，似乎每个老师都会在下课之前提醒我们说：“回去预习下一节课的内容。”但即便是班上成绩最优秀、学习最刻苦的同学，恐怕也很少把课前预习当回事儿。学生们不愿意预习，不应仅仅用“懒惰”二字来解释。因为学生虽然手捧教材，但通常并不知晓明天老师要讲的这篇课文里，哪些知识是重点，哪些知识是难点；也往往无法明确，自己需要预习的这一章节，思路和线索是什么，有没有易错、易弄混淆的内容。加上有没有预习、预习效果怎么样，老师往往也不会检查，因此课前预习基本上就是一句空话。

随着“导学案”的出现，课前预习开始焕发生机。原本学生不知道需要预习哪些知识点，教师在“导学案”中进行了明确；原本没有预习的动机，教师通过“导学案”中的情境设置调动了学生自学的积极性。笔者曾在四川省泸州市的一所高中调查过他们对数学科目的“导学案”的使用情况。教师们会在“导学案”当中首先为学生创设问题情境，以调动学生自主学习的积极性；紧接着提供学习内容，也就是需要学生预习的地方，预习内容由5到6道层层递进的题目组成，需要学生在课前进行思考，努力完成。在该校对“导学案”的实践运用当中，数学课的课前预习环节得到了有效的强化，学生“不知道预习什么，也没有人检查预习效果”的问题得到了一定程度的解

决。学生可以利用“导学案”创设的问题进行思考和学习，尝试对题目进行解答；教师也可以通过检查“导学案”中学生自主学习部分的题目完成情况，对学生的课前预习态度和效果进行评价、监督和管理。这样，课前预习环节便从虚走向了实，从无关紧要变成了重要，从而为课堂教学的推进奠定了基础。

然而，随着使用“导学案”时间的延续，该校数学老师的欣慰和满意逐渐变成了困惑和无奈，甚至还有人感到沮丧。由于该校的其他学科尚未采用“导学案”，其他学科的教师纷纷向数学老师抱怨说：数学的“导学案”导致学生学习数学的时间延长，挤占了原本用于其他科目的学习时间，是对其他学科的一种变相打压。

学习时间的延长意味着学习负担的增加。自主学习内容是数学“导学案”的一个重要组成部分，这些内容需要学生花时间去思考、理解和消化，“导学案”中给出的思考题，也需要学生认真去分析、计算。无论“导学案”怎么编，编制得有多巧妙，都需要有一定的难度，需要处在学生的“最近发展区”之内，否则就失去了意义。因此，在学生并没有系统学习过相应知识内容和解题方法的情况下，通过自主探索、自行研究来完成“导学案”中的自学内容，无疑要花费不少的时间和精力，但课后的作业量并未因课前“导学案”的存在就有所减少，所以，实际上需要学生在课后完成的学习任务比起以前不降反升。调查发现，学生们花在数学“导学案”上的时间虽然长短不一，但短的也有十几分钟，长的可达半小时甚至40分钟以上。这对原本学习任务就很重的高中生来说，无疑是一个不轻的负担。倘若“导学案”在所有学科推广的话，无疑会让学生的学习任务进一步增加，学习压力进一步增大，从而与“减负”的愿望背道而驰。

如果学习负担加重的结果是教学质量提升，那也罢了；但如果在负担加重的情况下教学质量没有明显提升，就难免给人一种搬起石头砸自己的脚的印象。课前预习的意义在于为课堂教学提供铺垫，但并非要喧宾夺主地取代课堂教学的地位。“导学案”的内容过于简单，可能达不到预习的效果；但若是过于丰富，可能就弱化了课堂教学的作用，甚至可能导致教学质量的下降。由于一个班级内学生的学习水平参差不齐，“导学案”的内容设计很难做到对所有学生来说都不多不少、难易适中。“导学案”虽然对不同水平的学生提出了不同的学习要求，但无外乎是学习困难学生只学第一、二个知识点，做两道练习题；中等生多学一个知识点，做三道练习题；优等生则要学四到五个知识点，完成全部的练习题。这种区别处理的方式虽然在课前做到了区别对待，但是到了课堂当中，却经常导致优等生在课堂上分心、开小差的概率增加，很多时候他们听课的认真程度以及学习效果甚至反不如传统课堂来得好。对于这一现象，一位数学老师解释说：

> 学生们都是很容易开小差的，不是说只有学习困难学生开小差，优等生也会开小差。优等生跟学习困难学生的区别是，他不懂的东西会听，但是他懂了的地方可能就不听了。我们采用“导学案”之后，有些优等生的课前预习也比较认真，课堂上要讲的内容有80%他通过课前的自学搞懂了。到了课堂上，老师一讲课，他一听，哎，这个内容我懂了，可以不听，开会儿小差；一会儿发现第二个知识点也懂了，继续不听，还是开小差……一节课下来，他什么都没有听，懂的还是只有那80%的内容，剩下的那20%被他开小差给开掉了。

可见，课前预习是好事，但如果预习过度，就可能坏事。“导学案”在向学生提供完整的预习内容和思考题目的情况下，无法避免学生预习过度的问题，反而可能拖了课堂教学的后退。这一点似乎是很多倡导“导学案”的学者都未曾关注到的。

三、学生主体性的凸显与学习效果的下降

“导学案”的意义不在于内容上从“教案”变成“导学案”，形式上从“以教带学”转变成“以学定教”，而在于尽可能地发挥学生学习的积极性，调动学生自主探索、合作学习的意识。因此，采用“导学案”的教师，往往在课堂上会相应地减少讲授的时间，以便将部分时间留给学生，让他们根据课前自主学习的情况，进行分组讨论、小组合作。课堂教学方式的这一变革，符合新课改倡导的“改变学习内容的呈现方式，确立学生的主体地位，促进学生积极主动地学习。同时倡导学习过程转变成学生不断提出问题、解

决问题的探索过程”[1]的理念。笔者曾观察到，一位高中数学老师在“直线与平面平行的判定”一课当中，将教室的座位排列方式从传统的秧田式改为小组式，以给学生更多面对面的交流机会，鼓励他们更加积极地发表自己的看法。授课过程中，该教师共组织学生分小组讨论5次、小组展示5次、小组代表汇报1次，课堂氛围显得非常热烈，学生发言也明显比传统课堂教学模式下踊跃。很多知识点教师并未直接讲授，而是让学生根据课前预习的情况，结合“导学案”中设置的问题情境进行思考和讨论，将小组讨论的结果向全班汇报，而教师的任务则是对学生的汇报情况进行总结、提炼，得出这堂课需要学生掌握的知识点。

我们习惯性地认为，学习的效果和学生学习的积极性、主动性成正比。如果学生的学习越积极、越主动，学习的效果就应该越好。然而，学习的效果才是最终的目的，而学习的主动性则只是达到目的的手段，二者之间并不总是能画上等号。更何况，在传统课堂教学模式当中成立的结论，到了“导学案”模式中是否仍然成立，目前并没有得到多少研究数据的支持，反倒是在“导学案”的实践过程中出现的一些学习效果不升反降的现象，很值得我们警惕。

动机、兴趣、主动意识当然有用，但其作用大小与学生的年龄大小有关。一般来说，学生年龄越大，相关知识积累越丰富，那么主动学习的效果就越好；而年龄越小，其主动探究、摸索的过程就越可能仅仅是偶然的兴趣、“孩子气”的需要罢了。容中逵曾作过一番评述：“中小学阶段……教学活动的基本特质是授与受……该阶段的教学具有目的智识性、任务静态性、内容确定性、过程单一性、方法固定性、模式常态性、结果关注性、师生关系不平等性等特点，总体而言是结果重于过程、内容重于形式、意志大于兴趣。”[2]这并不是说不要重视学生学习的过程、形式和兴趣，而是说，在强调这些内容的同时，不能削弱学习的结果、内容和意志。换句话说，我们在强调学生学习的主体性的时候，不能削弱教师的主导作用，否则，便可能影响

① 教育部基础教育司. 走进新课程——与课程实施者对话[M]. 北京：北京师范大学出版社，2002：14.

② 容中逵. 论教学活动特质的阶段属性——一个引发新矛盾且需再澄清的老问题[J]. 课程·教材·教法，2013（6）：19.

学习的质量。其实这不难理解，在中小学，由教师主导的课堂远多于自习课，而到了大学之后，学生自习的比重显著增加。这都说明了在中小学阶段，教师主导的课堂才是学习效果的保证。

教师主导之所以有效，是因为这样的课堂有着明确的步骤和环节，有逐步推进的安排，每个环节之间衔接严密，有条不紊。这样，自学能力还不够成熟的中小学生可以在教师的帮助下，脚踏实地、一步一个脚印地学习和掌握新知识。由于有了教师的监督和催促，贪玩的天性导致的拖延懒散、应付了事的现象可以得到缓解；由于得到了教师的指点，一些无意义的尝试错误过程能够被避免；由于有了教师的引导，学生的价值观念可以向着正确的方向前进，不至于误入歧途……总的来说，在基础教育阶段，教师的主导可以保证教学进度合理、内容完整、方向正确，因而可以有效地保证学生学习的质量。

然而在采用“导学案”的课堂当中，学生通过自学、讨论来构建出知识结论的比重增大，课堂的主导权也大量地被转交到了学生手中，导致教师的主导作用被大大削弱。一名教师曾对笔者抱怨说，“导学案”＋课堂讨论的教学模式经常导致知识点被打乱、教学任务难以完成。他说：

> 比方说今天这节课要讲三个知识点。以前我带着学生一步一步地推导，按照知识的逻辑顺序讲解这三个知识点就行了。但是现在不是这样。学生会拿着“导学案”自学，根据“导学案”中的问题情境自行思考。要让他们的思考发挥作用，第二天的课堂上我就不能再像以前那样直接讲授，而是要先让学生在小组里交流、讨论自学的收获、问题，然后进行汇报。我根据他们的汇报内容总结、提炼出这三个知识点。可问题是，学生们的汇报经常无法完整地涵盖这三个知识点的内容，多数时候他们汇报出来的能有两个知识点就不错了，有时候甚至只有一个。他们没有关注到的知识点，我直接告诉他们吧，学生会觉得莫名其妙，不知道这一知识点是从哪里来的；我不教吧，教学任务就无法完成。所以经常搞得我左右为难。尤其是在学习困难学生较多的班级里，他们的讨论基本上无法深入，大多数时候是在纠缠一些细枝末节的问题，“导学案”的价值

得不到充分的发挥，有时候甚至可以说是在浪费时间。

这种情况导致的结果是，“导学案”对学生学习成绩的影响是因人而异的。笔者在调查中了解到，在“重点班”使用“导学案”，由于学生自主学习能力较强，自觉性也比较高，他们可以通过自学和讨论的方式建构出需要掌握的大部分知识结论，再加上教师的总结和点评，他们的学习成绩虽然并未因此就有显著进步，但至少在课堂中得到的体验和经验与传统课堂教学模式相比更丰富、更深刻。然而在“普通班”，拿着“导学案”进行认真思考的学生不多，能够结合“导学案”进行有效讨论的更是寥寥无几，学生通过主动探索得出结论的能力不足。“普通班”的学生使用“导学案”的时间越长，耽误的学习时间可能越多，学习成绩可能因此降低。虽然学习成绩不是也不应该是学习的唯一目的，但由于没有哪所学校能够逃脱高考带来的压力，因此，学习成绩始终是最受关注的学习效果。在高考的压力下，牺牲学习成绩换取学生的主体地位在现实中必然遭到师生双方的反对。这也解释了为什么笔者在调查中会发现，“导学案”一般只有高一和高二年级在使用，而到了高三，所有教师都无一例外地回归到了传统课堂教学模式当中。

“导学案”是近些年基础教育改革中出现的新事物，它有很多吸引我们的地方。但就如前文所说，基础教育尤其高中教育中的任何改革都要考虑和高考的关系。目前来看，“导学案”所注重的自主学习、合作讨论、建构知识等对考试分数究竟有何影响，尚未有明确结论，而这恰恰是师生、家长最为关心、最为看重的。“导学案”在高三年级的集体失语，就很能说明这个问题。如何让“导学案”在学生的考试成绩上发挥出积极的作用，或许是“导学案”今后需要研究的地方。

第四节
“走班制”：旧事物的新样态

“走班制”并不是一个新事物。早在1869年，哈佛大学就已经尝试过“走班制”教学。后来美国教育家古德莱德倡导的“无年级学校”也引发了“走班制”的尝试。在我国，“走班制”也有着多年的历史。20世纪80年代，华南师大附中就曾在高中物理教学当中打破常规行政班级制，采用按学生物理水平高低重新分班教学；上海建平中学也在数学、英语等学科实施过分层、走班教学。可以说这两所学校的实践开创了我国“走班制”的先河。90年代以后，长春外国语学校、南京师大附中、福州八中等学校对“走班制”进行了探索。在2003年印发的《普通高中课程方案（实验）》中，“各学科分类别、分层次设计多样的、可供不同发展潜能学生选择的课程内容”成为明文规定，让“走班制”得到了更加广阔的发展空间，广东、上海、山东、河南、海南等地均有不少学校推行“走班制”教学，比较典型的有河南省鹤壁市淇滨中学于2003年开始实施的“走班制”改革实验，深圳中学2004年开始尝试的“走班制”改革，北京师范大学青岛附属学校从2007年开始进行的“走班制”尝试，等等。

“走班制”真正从“星星之火”走向“燎原”，则是随着2014年新一轮高考改革的启动而开始的。随着文理分科考试结束，看似简单的“3+3”方案提供了几十种不同的科目排列组合方案供学生选择。如果每个学生都根据自己的兴趣、特长来选择高考科目的话，现有的明确而固定的行政班划分方式显然无法满足不同学生的自由选择需求。所以，突破传统行政班级划分的限制，采用“走班”的方式来进行教学，就显得顺理成章。正如教育部基教二司的负责人所说：“学生自选考试科目是这次改革的一个亮点。要解决教学上的问题，就需要高中改革教学组织方式，实行选课走班教学。”①

一、“走班制”是怎么“走”的

“走班制”究竟是怎么“走”的？其实很多学校实行的“走班制”，严格地说并不能叫作“走班”，而只能说是“选班”或者“选课”。这是和目前“3+3”的高考改革新动向有密切关系的。由于除了语文、数学、外语三科之外，另外三门高考科目并不固定，因此既可能出现传统的“语数外＋政史地”“语数外＋理化生”等带有鲜明文科、理科特色的科目组合，也可能出现全新的“语数外＋政史理”“语数外＋史化生”等文理综合科目组合。如果按照上海的“6选3”模式，可能出现20种科目组合；而如果是按照浙江省的“7选3”模式，则可能出现35种科目组合。在一些学校，并不是让学生去“走班”，而是让学生根据自己的成绩、兴趣或者意愿，对高考到底考哪3门学科进行选择，并将选择了相同学科组合的学生编入同一个班。选班之后，每个班级的学生人数不可能像原有的行政班级那样相对平均，而是有多有少，总的来说是班级个数增多，而平均每个班的学生数减少。例如2016年浙江省某中学“640个学生报上来的选择五花八门，多达34种，很多组合只有一两个人选”②。同济一附中某届高一年级“原来有11个班，现在被拆分成了200多个教学组合班”③。

这样一种“自选套餐”的模式显然给学校的师资配置、教室数量等都带来了不小的压力。因为学校的教室数量、师资配置是相对固定的，而学生所选的“套餐”组合却可能年年都发生变化，这就带来了种种问题。比如今年选择历史学科的学生特别多，导致历史老师不够用，但学校也不敢大量招聘新的历史老师——万一到了明年，选考历史的学生人数大量减少，就会多出一批历史老师来了。因此在实践中，几乎没有哪所学校能够有足够的资源将这些课程组合全部都开设起来，而只能是退而求其次，将选择人数较少的几种组合砍掉。例如，上面提到的浙江省某中学的34种组合，就被学校整合

---

① 雷嘉.高中可推“走班”让学生选课[N].北京青年报，2014-12-19（A16).

② 管璇悦.新高考，教和学随之变[N].人民日报，2016-05-04（12).

③ 彭德清，龚洁芸.走班制改革，就像办一所新学校[N].解放日报，2016-05-06（6).

掉了7种，最终剩下来的只有27种。不过这都还算比较理想的情况。有记者在调查中发现，一些学校由于师资等限制无法满足学生的个性化需求，只提供固定的几种组合供选择[①]，这也导致所谓“走班制”尊重了不同学生的意愿、挖掘了每一个学生的潜力，实则都无从谈起。

有一些学校的“走班制”真正让学生“走”了起来。例如，上海市闸北区风华中学根据学生的中考成绩、高一上半学期多次考试成绩综合评定，把高一学生的语文课分为A、B两层，其余学科分为A、B、C三层。学生根据自己各门学科的成绩，进入不同层次的班级学习，以便教师提供适合其水平层次的教育。[②]这和传统的“重点班”“普通班”还有区别。“重点班”当中的学生，也存在着偏科发展的情况，即便在大部分学科上是“尖子”，但遇到自己不擅长的那门学科，也可能跟不上老师的教学进度。而在“走班制”当中，一个学生可能因为物理成绩好而进入物理重点班；但化学成绩一般，因此进了化学中等班；他的生物成绩比较差，就进生物普通班。这样的“走班”形式，看上去最符合“分层教学”的原则，也是对“因材施教”这一传统理念的现代呼应，能够最大化地满足学生的个性化发展需求。随着高考“3+3”模式的实施，这种“走班制”与“选课制”很容易就结合起来。教师在固定的教室开课，学生们根据自己所选科目和成绩水平，到相应的教室上课。有些学校让学生在选考科目进行“走班”教学，而语文、数学、外语三门必考科目还坚持原有的行政班制度；有些学校则“走”得更加彻底，所有的科目都让学生“走班”。

很多学校还利用“走班”这一机制，在高考科目之外开设了诸多非高考科目的选修课程，学生根据自身兴趣“走班”学习。例如，浙师大附中开设了“趣味实验”“舌尖上的化学”“生活化学”等6门与高考关系不大的化学选修课；杭州绿城育华学校开设了“茶艺”“雕刻”“微电影制作”“黄酒酿造”等无关考试的选修课；华东师大二附中开设的“先秦哲学思想”“计算机美术设计”“App Inventor零基础Android移动应用开发”“张爱玲阅读”等课程也和高考没有多大关系；杭州二中提出“把更多的课程选择权交

① 管璇悦. 新高考，教和学随之变[N]. 人民日报，2016-05-04（12）.
② 张鹏. 上海高中课堂，走班真的来了……[N]. 文汇报，2015-03-20（06）.

给学生，把更多的课程开发权交给老师，把更多的课程设置权交给学校”的总要求和“减少必修、增加选修、全面实施选课制”的原则，开设了“企业经营战略”“地缘政治”“法庭科学”“微电影欣赏与制作”等与高考基本无关的选修课程[①]。总的来说，利用“走班制”契机大量开设选修课程，已经成为一个普遍的趋势。

不过，不管是“套餐”也好，“走班”也罢，前提都是学生对这些可选、可走的科目有一定程度的了解，同时对自身水平和兴趣有相对清晰的考量。这就好比去吃自助餐，总要知道哪几道菜自己爱吃，才能做出恰当的选择。这使得一些学校将部分高二才开设的课程提前到了高一。例如，浙江省很多学校将原本在高二才开课的生物，提前到高一学期就开课[②]，这样才能让学生在“走班”的时候做到心中有数，而不至于盲目选择。像这种为了配合“走班”而不惜打乱课程计划的现象，究竟是好事还是坏事，目前似乎还很难说。

二、“走班制”的利弊分析

当“走班制”成为一种趋势，那么对其进行利弊分析就非常必要。由于“走班制”旨在让不同水平、不同兴趣爱好的学生接受更个性化的教学，因此很多研究者纷纷对“走班制”“点赞”，称其“是按规律办教育的有益尝试”[③]，应该“乐观看待”[④]；还有些文章关注到了“走班制”对教育细节方面的改变，例如扩大了学生的交际范围，学生可以在不同科目的学习中接触到不同的同学，认识不同的老师，有利于培养学生的人际交往能力[⑤]；有人说为了让学生们合理选课，生涯规划教育的开展赢得了契机[⑥]；也有学者总结道，“走班制”能够“最大程度让每一个学生找到适合自己的位置并获得

① 浙江省杭州第二中学课程建设方案[EB/OL].（2016-04-15）[2017-03-31]. http://www.hz2hs.net.cn/sites/main/template/Detail.aspx?id=17461.

② 林梦婕. 新招迭出备战新高考[N]. 浙江日报，2015-09-22（23）.

③ 王郢. 走班制是按规律办教育的有益尝试[N]. 中国教育报，2014-01-15（02）.

④ 胡乐乐. 乐观看待“走班制”[N]. 云南日报，2014-12-22（02）.

⑤ 苑广阔. “走班制”对中学教育提出了更高要求[N]. 青岛日报，2014-12-23（07）.

⑥ 邹雅婷，党亚杰，周可涵. 高考文理“套餐”变多元“自助餐”[N]. 人民日报（海外版），2016-05-18（08）.

富于个性的发展，成为本次高考改革中教学组织形式调适的重要选项”[①]；还有人考察了美国中学的“走班制”之后，认为这是美国中学教育的“法宝”之一，并建议效仿[②]。

然而，“走班制”的问题也是显而易见的。当行政班被打散，学生上每一节课都要奔赴不同的教室，便不再有“同桌的你”，这必然会影响学生对班级和学校的归属感；也不再有“班主任”，因而对处于叛逆期的高中生进行管理可能会更有难度；还常常会出现学生由于赶时间，把水杯、书本、文具、衣服等物品落在教室，然后一间一间找等现象。[③]有学者在调研中发现，很多教师认为取消行政班级，可能会导致学生集体意识、团队精神、归属感等弱化，因此认为这是一种以“教学”为中心，而不是以“育人”为中心的做法，高中的育人功能会逐渐淡化。[④]还有人指出，“在实行‘走班制’的大学，一些已经成年的大学生还管不住自己，逃课、挂科者比比皆是。如果这样的学习形式从高中就开始，结果可能更难以预料”[⑤]。尤其是在心理层面上，分层走班教学很难做到完全不伤害学生的自尊心。标签效应、光环效应会给心智尚未成熟的学生带来额外的精神压力。分层教学变相将学生分成多个等级，可能会使学生产生等级差别歧视和差生自我定位的心理暗示，使一部分学生产生优越感，而另一部分学生产生失落感。[⑥]在那些按学生成绩高低来“走班”的学校中，负责“普通班”和“差班”教学的教师，面对的多是一些基础较差、不思进取的学生，教学和管理工作都很难开展。

“走班制”可以说是针对新高考、面向新高考的，因而在新一轮高考改革后掀起了热潮。有人认为，“走班制”的实施可以促进新一轮高考改革顺利推行。[⑦]不过人们最关心的是，“走班制”这一举措究竟能不能帮助学校和

① 纪德奎，朱聪. 高考改革背景下“走班制”诉求与问题反思[J]. 课程·教材·教法，2016（10）：53.
② 荣维东. 美国教育制度的精髓与中国课程实施制度变革——兼论美国中学的“选课制”“学分制”“走班制”[J]. 全球教育展望，2015（3）：68-76.
③ 陈若葵. “走班制”：未来教育新趋势？[N]. 中国妇女报，2015-05-14 (B01) .
④ 刘志军，王宏伟. 学业水平考试改革背景下的高中教育：困境与超越[J]. 全球教育展望，2016（12）：65.
⑤ 刘昌海. “走班制”的管理难度不容忽视[N]. 甘肃日报，2014-12-24（03）.
⑥ 周宁医. “走班”若误是“沼泽”[N]. 中国教育报，2016-06-01（09）.
⑦ 王润，周先进. 新高考改革背景下高中走班制机制构建[J]. 当代教育科学，2016（6）：49.

学生有效应对“3+3”的高考方案，或者说得再直白一些：究竟对学生的考试成绩有何影响？尽管高考成绩不是也不该是唯一的衡量指标，但只要高考还以分数高低来决定录取，只要高考还是广大高中学生及其家庭的主要追求，那我们就只能在这一框架范围内进行讨论，任何轻视分数或者会对分数造成不良影响的改革措施，即便在其他方面搞得有声有色，也往往不得人心。

那么，“走班制”这一教学管理方式和学生的高考分数之间，究竟是一种什么样的关系呢？

在大部分的报道当中，“走班制”都被描述为一个能够提高学生成绩的有效举措。有报道说，“走班制”让学生的学习成绩逐渐提高。[①]随着“走班制”的全面铺开，类似的报道也日渐增多，比如：“‘走班制’的课程模式提升了学生的成绩。”[②]“走班制学生的平均分要高于传统班级学生的平均分10分。”[③]“走班制有效解决了一个行政班级内，有的学生‘吃不饱’、有的学生‘吃不了’的矛盾，有效地推进了学校教育教学质量的整体提升，不仅使优秀学生更优秀，也使一些中等生、“后进生”走出了学习的‘灰色’地带，成绩直线上升。”[④]从这些报道的内容来看，实行“走班制”不但有助于实现因材施教和分层教学，而且有助于学生更好地应试，可谓一举两得。

但仍有不少家长对此持保留态度。有家长担心“走班制”只对那些走到较高层次班级的学生有利，如果孩子原本成绩就不理想，还被分到了较低层次的班级，其自信心可能会受到打击，长此以往，孩子的学习成绩会受到影响，最终影响高考成绩。有家长直言不讳地说：“‘走班’无法在短期内明显提高学生的成绩。”[⑤]

“走班制”应该是符合因材施教、分层教学的理念的，为什么家长们会对其顾虑颇多呢？

首先是因为教学内容方面的问题。正如前文所述，很多学校在实施“走

---

① 刘洪智，赵伟．您听说过中学生“走班制”吗[N]．中国社会报，2009-10-20（4）．

② 李萍．“走班制”十字路口的冷思考[N]．中国教育报，2015-11-12（6）．

③ 慕毅飞．“走班制”有利于因材施教[N]．宁波日报，2014-12-22（6）．

④ 李见新．“走班制”：适合的才是好的——访河南省鹤壁市教育局局长王朝庄[N]．中国教育报，2015-03-31（05）．

⑤ 陈若葵．“走班制”：未来教育新趋势？[N]．中国妇女报，2015-05-14（B01）．

班制”的时候，在高考科目以外加入了大量选修课程，以体现多元发展、素质教育等理念。与高考无关的选修课程过多，必然会影响学生在高考科目上的学习时间和精力。郭华教授曾提醒我们说：“课程并不是越多越好，资源也未必越丰富越好。在达到基本要求的基础上，课程质量远比多样更重要，资源的适当及运用的恰当也远比静态的丰富更重要。为多样而多样，课程质量便不能保障，许多学校虽然开出几百门课程，但课程质量却令人担忧。例如，有的选修课程甚至没有必要的课程大纲，没有评价的基本指标。这样的课程，不开设比开设更好。”① 不过，一些学校在开展“走班制”实践的时候显然没有意识到这一点，存在着“选修课程开发过于随意、‘师本课程’过多、碎片化现象严重、学科素养体现不突出等问题”②。不少高中各种各样的学生社团活动、艺术节、体育节层出不穷，以至于一些教师感慨，学校已经成了“艺术中学”“体育中学”了。某中学还将高考科目课程通过专题、模块的形式多样化，进而“选修化”了。例如语文课被拆分为先秦两汉散文、唐宋词鉴赏、西方文学选读、鲁迅作品研读、中国现当代散文鉴赏等十几个专题；英语课也被分解为Insurgent、Short Stories等不同的模块。将学科知识分解成一个个模块，固然有深化学习的优点，但也容易导致学生无法将这些知识内容形成逻辑上的完整理解。该中学还规定：各个领域、模块都有一定的学分，学生只要修完规定的学分即可。比如说语文课的每个领域的课程都是2个学分，学生只要按照规定选修其中的6门课程，达到规定的12个学分，即算完成了语文课的学习任务。其他学科也是同理。3年下来，学生在不同的专题方面的确有了较为深入的了解，甚至有了一定的研究，但他们的知识掌握并不全面，基本无法涵盖高考的考查范围，以至于有的学生甚至需要向教过自己的初中语文老师求教议论文该怎么写，因为高中语文所选模块没有讲过。

“走班制”背后是教育多元化的理念，但与之相对应的并不是一种多元化的学生评价机制，依然只有高考分数这个唯一的指标。当“走班制”和“选课制”结合在一起，而选修课程中大量内容又和高考无关的时候，认为

① 郭华．“走班制”：从“班”到“个人”[N]. 中国教育报，2014-05-21（06）.

② 周建新．面对改革要有一份平常心[N]. 中国教育报，2016-08-18（04）.

“走班制”可能会影响学生的高考成绩，就不能说是在杞人忧天。因此一些家长为了保证高考成绩，纷纷替孩子选择各种课外辅导班，希望通过单纯强调应试的辅导班，来弥补强调多元发展的“走班制”课程对考试分数的影响。

其次是教学管理问题。一方面，“走班制”导致班级数量增多、教室不够，这在很多学校都是一个无奈的现实。为了给学生提供尽可能多的教室，有的学校将原有的教师办公室改为学习室，导致上完课的教师无处可去。有教师形容说“下课之后我们只能自己随便找个地方待着”。一些教师本着自觉、负责的态度，希望能够找学生订正作业、把关诊断，但他们发现自己根本不知道学生在哪儿，因为“不知道他们下一节课会到哪个班去”。当学生在学习中遇到疑难、困惑的时候，也常常不知道上哪儿找教师请教。另一方面，“走班制”是自由主义教育思想的一种实践形态，它能够进入良性轨道的前提是学生都是积极向学、自觉努力的个体，给予他们足够自由、足够选择权，他们都能够将这种自由和权力用在学习上。但即便是在一些重点中学，教师们也经常发现，当班主任消失，当科任教师下课后只能“随便找个地方待着”时，学生们缺乏有效的监管，普遍滋生了懒散、懈怠的毛病。那些普通中学，尤其是按照学习成绩分层次“走班”的“差班”学生，则更难以指望他们在离开监督之后反而能够专心致志、认真学习。

不少研究者指出，在“走班制”下，学习困难学生更加懒散，但成绩优秀学生也并未因此被凸显出来。很多教师认为，优等生在很大程度上依靠的是他们自身的努力和自觉，他们可以抵抗外界的干扰和影响，甚至对教师的教学水平要求不高，因为他们的自学能力往往都很强。因此，如果我们认为优等生只有在“走”到适合自己的班级之后才会认真学习，而在“走班”之前则会分心偷懒，实际上是一种不合实际的理解。更何况，优等生的成绩上升的空间已经不大，即便他们在“走班”之后成绩略有提升，也不能因此而忽略学习困难学生在“走班”之后的退步。笔者询问北京市某重点中学近几年的高考成绩时，不少教师直言不是很理想。一些教师直言：“这都是‘走班制’惹的祸！”

“走班制”实践中暴露出来的部分问题，在北京十一学校得到了一定程度的解决。例如，十一学校将普通教室设置为“学科功能教室”，例如语文功能教室、数学功能教室等，每间“学科功能教室”里有两位该学科的任课教师。其中一位上课，另一位则在教室后面备课或者批改作业，如果上课的教师有需要，还可以协助进行教学或者课堂管理。这样，每间教室的师生比从“一对多”变成了“二对多”，不仅缓解了有时候一名任课教师“独木难支”的情况，也解决了“走班制”当中无课教师没有地方可去的情况——他们可以到“学科功能教室”里办公。再比如，十一学校在每层教学楼都留出一定的区域，作为“公共空间”。当学生需要找老师的时候，不能直接走到某一间“学科功能教室”里面去，这样会影响正在上课的师生，而有了“公共空间”，他就可以和老师约个时间到“公共空间”里进行交流。在“公共空间”里甚至还备有水果和点心，成为师生之间、教师之间沟通、交流的理想去处。

当然，无论是“学科功能教室”，还是“公共空间”，都有一个共同的前提，那就是学校的空间要足够大。在推行“走班制”时，如果没有足够大的空间可用，就难以复制和推广十一学校的成功经验。

三、“走班制”的未来

“走班制”的目的，无疑在于努力适应高考改革的“3+3”模式，给学生提供一个符合自身兴趣，适合自身水平的课程选择体系，为学生进入大学之后选择适合自己的专业就读打好基础。这一目的是否得到有效实现了呢？

以前实行文理分科的时候，高校不同专业对大学新生应掌握哪几门学科的基础知识并没有具体的规定，或者说是无从规定，因为文理二分的方式过于“简单粗暴”。不过学生对自己将来可以选择的专业范围还是相对清楚的。大学各专业对自己是招文、招理还是文理兼招也有着明确的要求，文学专业一般不会招收理科生，医学专业也不会招文科生。但当实行“3+3”模式的时候，上述约定俗成的专业方向体系一下子就被打破了：汉语言文学专业可不可以招收选考“历史＋政治＋物理”的学生？无机化学专业会不会招收选考“地理＋化学＋政治”的考生？不同学校的同一专业，对考生所选的科目组合会不会有不同要求？同一学校的同一专业，对考生所选的科目组合规定会不会在3年后发生改变，从而导致按照3年前的规定进行的选择在3

年后会面临无法报考的尴尬？……

毫无疑问，选择自己感兴趣的、适合自身特点的方向，有助于学生实现良好发展。一般而言，人的兴趣和特点具有一定的稳定性。低龄段的儿童，兴趣相对多变；但随着年龄的增长，学生对各专业领域的兴趣和擅长的内容越来越表现出持久性。一个在中学阶段对物理感兴趣的同学，如果在大学依然学习物理，很有可能取得不俗的成绩。因此，学生的兴趣特长与未来专业相对口的重要性不言而喻。对将要参加高考的学生来说，在不分文理的框架下考虑选择什么样的科目组合，该“走”到什么样的班里去，不仅要看自己最擅长哪几科，还要看自己所选的这一科目组合是不是自己将要报考的那个专业所要求的科目组合。如果不是，考分再高，也会与心仪的专业失之交臂。

但现实情况却是不少考生对不同大学不同专业各自要求的科目组合的信息不甚了解，因此无法据此来确定自己高中阶段的科目选择。曾有报道说：一些学生在按照“走班制”的要求选择“科目套餐”的时候，感到“有些迷茫……家里人对新的高考方案一知半解，自己也不知道未来想干什么……只能哪几门容易考好就选哪几门”①。有调查显示：“目前这门学科成绩”是影响学生选择高考科目的首要因素②；50.33%的学生依据学习情况及考试成绩确定选考科目……41.32%的学生对选择科目感到茫然③。可见，主要依据自己的成绩来选择科目的学生并不在少数，还有不少学生对新方案感到迷茫。迷茫的根源不仅在于应试主义教育将学生变成了考试的机器；更在于学生和家长都不知道，不同的科目组合到底能够报考哪些专业。为了求稳，一些学生放弃了选择的权利，依然选择原来理化生和政史地的文科或理科的组合。比如有学者对浙江省2014级高中学生“走班选科”的情况进行调研时发现：“增加了高考科目的选择性，并没有完全改变学生文科或理科的专业发展方向，对多数学生而言，这种方向在高中入学时已经明确。至此，我们可以大致勾勒出高中生选择高考选考科目时的‘心路历程’：首先确定文科或

① 管璇悦. 新高考，教和学随之变[N]. 人民日报，2016-05-04（12）.

② 刘宝剑. 关于高中生选择高考科目的调查与思考——以浙江省2014级学生为例[J]. 教育研究，2015（10）：145.

③ 杜芳芳，金哲. 新高考改革背景下高中生科目选择意向现状及对策——基于浙江省五所高中的调查分析[J]. 教育理论与实践，2016（8）：16-17.

理科大方向，然后综合分析相关学科的成绩、兴趣和信心，最后做出科目选择决定——或文科（理科）三科全选，或去掉其中一门，在理科（文科）或技术中另选一门。”① 2016年的另一个研究结论也差不多，高一学生的“科目选择呈现传统文理分科倾向”②，可见，“不分文理”现象并不显著。

中学生和家长们感到迷茫，高等学校则显得有些“漫不经心”。例如，2018年将在浙江招生的高校并不是在2015年就给浙江省招办报送选考科目范围，以便学生从高一开始就有一个清晰的目的和方向。2018年拟在浙江招生的高校选考科目范围直到2016年底才正式对外公布，留给学生的考虑和选择时间被整整压缩了一半。③ 更重要的是，高校很多专业对考生的选考科目的范围要求并不精确，往往只要求“包含规定的一门科目”即可，其他科目任选。这也导致同一个专业录取上来的新生选考的科目组合五花八门，给高校教学增加了不小难度。尤其是在高考中公认难度较高的物理学科被很多学生“弃考”，更是始料未及的。

正是由于高考改革“3+3方案”更多考虑的是如何促进学生在高中阶段的个性化学习，如何让学校的教学管理模式适应高考改革，而对科目组合与高校专业之间的对接问题考虑不多，因此，旨在适应高考改革新方案的“走班制”，虽然“轰轰烈烈登场”，却表现出“剃头挑子一头热”的局面。这种情况下的“走班制”，必然走得不够踏实。

“走班制”不仅关乎基础教育自身的改革，而且关乎基础教育如何与大学教育协同发展，实现与大学的不同专业对接的问题。在我国，不但中学生和大学生在身份上存在着泾渭分明的鸿沟，而且基础教育和高等教育之间也有着清晰的界限。在人才培养方面，基础教育和高等教育践行着各自的一套体系。虽然二者之间通过高考相连，但高考仅仅帮助高等院校从基础教育当中“选才”，即选拔出成绩较高、能力相对较强的学生即可，高等教育从来

① 刘宝剑. 关于高中生选择高考科目的调查与思考——以浙江省2014级学生为例[J]. 教育研究，2015（10）：146.

② 杜芳芳，金哲. 新高考改革背景下高中生科目选择意向现状及对策——基于浙江省五所高中的调查分析[J]. 教育理论与实践，2016（8）：16.

③ 吴俏婧. 浙江考生看过来！2018年在浙招生高校选考科目范围公布[EB/OL].（2016-12-23）[2017-01-04]. http://edu.zjol.com.cn/system/2016/12/23/021406403.shtml.

没有要求中小学按照自身专业发展的方向来“育才”，因此高考并未对选拔出来的学生的成绩、能力和他们将要接受的高等专业教育之间的关系多加关注。高考虽为“指挥棒”，却根本无法指挥基础教育按照高等院校不同专业的需求来培养有相关兴趣的学生，有针对性地造就人才。当基础教育和高等教育在内容、方式、理念上都相对割裂的时候，“走班制”想“走”出一个令人耳目一新的局面，就显得颇为艰难。

近年来，国家已经意识到了基础教育和高等教育相割裂的状况对人才培养的不利影响。因此，2010年颁布的《国家中长期教育改革和发展规划纲要（2010—2020年）》当中明确提出：“支持有条件的高中与大学、科研院所合作开展创新人才培养研究和试验”，“更新人才培养观念，树立系统培养观念，推进小学、中学、大学有机衔接”。在这一思想的影响下，有的高中开始尝试和大学进行联合教育。例如，厦门大学附属科技中学2011年开始和厦门大学合作培养人才，取得了不俗的成绩。[①]遗憾的是，类似厦门大学附属科技中学这样的实验学校很少，而且即使在该校，能够得到“衔接培养”的学生人数也非常有限：并不是凡是进了厦门大学附属科技中学的学生都可以得到“衔接培养”，而是只有入选“厦大创新实验班”的学生才能获得这样的机会。这样的“创新实验班”在各实验学校基本上都只有一两个，因此也不可能通过“走班制”的方式来实现高中与大学之间的有效衔接。

“大中学衔接培养”若要取得进一步的发展，不能依赖于少数学校的单独实验，而是需要在国家层面建立起基础教育和高等教育一体化发展的教育体系。之所以强调“一体化发展”，是因为青少年学生正处于个体科学创造力迅速发展的关键时期，作为一种智能品质，个体的科学创造力在17岁时趋于定型。[②]学生在这一年龄阶段的兴趣、潜能，基本上决定了他们未来的发展方向。但17岁时学生往往处于基础教育的末尾阶段，基础教育已经没有充足的时间来呵护和培养他们已经基本定型的兴趣和潜能，这就要求高等教育能够妥善“接班”，对学生的兴趣进行可持续的培养。当不限选考科目

① 郑若玲，刘盾，谭蔚. 大中学衔接培养创新人才的探索与成效——以厦门大学附属科技中学为个案[J]. 湖南师范大学教育科学学报，2016（2）：56-63.

② 胡卫平，俞国良. 青少年的科学创造力研究[J]. 教育研究，2002（1）：46.

的专业比例过高，当对大多数理工科专业来说都“重要而必要”的物理由于种种原因被“弃考”，高等教育妥善“接班”基础教育显然要面临不小的难题。

高等教育和基础教育不能各自为战，高校要为在基础教育阶段表现出不同兴趣的学生提供进入大学的相关专业的机会，也需要从不同专业的需求出发对考生的科目选择进行更加精确的“指挥”。如果我们意识到这个问题的话，那就多少会感到现行的“走班制”措施很难说“为不同兴趣的学生提供了适合自身的发展方向”，因为称得上“发展方向”的绝不仅是高中三年的学习发展，而是也包括了高等教育阶段以及未来的整个漫长人生。只有当我们真正建立起基础教育和高等教育一体化的教育体系，让学生对“套餐”的选择不再迷茫，对心仪专业所要求的科目组合能够做出合理判断，对物理等重要科目不再逃避的时候，“走班制”才可能真正“走”出一片新的天地。

第四章

基础教育改革中的借鉴问题

高考改革与基础教育变革
高考改革与基础教育变革
高考改革与基础教育变革

新一轮的基础教育变革，无论是核心素养、多元发展、形成性评价等理念层面的内容，还是“导学案”“走班制”等措施方面的革新，都借鉴了西方的教育思想和举措。之所以要强调借鉴，是因为在我国，高利害性质的选拔考试从古至今都面临着应试主义教育的困境，历次高考改革在应试主义教育面前都显得疲软无力。因此，人们担心：新一轮高考改革真的能解决应试主义教育的问题吗？不少人提出要向欧美等应试主义教育不那么严重的国家的基础教育学习。因而，学习国外的“先进教育经验”成为一种普遍的观念。

第一节
我们需要什么样的基础教育

一、从学习苏联到学习西方

中华人民共和国成立以后，在全面学习苏联的背景下，学习苏联成为各行各业的共同做法，教育自然也不例外。苏联的许多教育家，例如赞可夫、苏霍姆林斯基等，他们的名字对很多中小学教师可以说是耳熟能详，而凯洛夫的教育思想对我国更是影响深远。基础教育当中一度流行的“教学认识论”里面，就或多或少能够看到一些凯洛夫教育思想的影子；我们长期提倡的“双基”，其中的基础知识就和苏联教育学当中的“基本知识”这一概念之间有着千丝万缕的联系。王策三先生曾说：“新中国成立后，学习苏联过程中，可以说，既学到了他们的成就，即重视系统科学知识技能的学习，结合我国实际还形成了具有我国特色的‘双基论’，但也没有能避免他们所犯的新的片面性，即忽视智力的发展。”① 可见，我们是把苏联教育学的优点和缺点都搬过来了。

随着改革开放的推进和社会发展，欧美各国的教育思想不断涌入，我们开始大量地翻译和介绍来自西方国家尤其是美国、日本的教育理念，诸如尊重、平等、肯定式教育、“多一把尺子就多一批好学生”等，纷纷成为基础教育当中的热门说法。以前是借鉴苏联的教育经验，现在主要是借鉴欧美。借鉴并非一个向别人同化的过程，而是要对自己拥有的东西进行分析和辨别，再结合自己的特点看看别人的东西里面哪些我们可以直接运用，哪些需要改动后才能用，哪些完全不符合我们的情况，甚至在他们那里也没有取得

① 王策三. 教学论稿[M]. 北京：人民教育出版社，1985：200.

成绩，因此不能用。借鉴绝非简单模仿或照搬照抄，更不是套用他人的理论来解决自己的问题。就如新课改的倡导者所说：“我们拥有先贤哲人博大精深的思想宝库，其中许多真知灼见一直是我国教育发展的不竭动力，因此，任何的教育改革都会试图在这个宝库中撷取思想财富，寻求理论支撑，新一轮的基础教育课程改革也在其中获得了滋养。”[①] 因此，教育向国外学习，主要应该是借鉴他人，为我所用。

当前我国基础教育对欧美的借鉴，较之以往借鉴苏联时显得更加全面，但各方面在深度上有差异，有些方面或多或少存在“拿来主义”的影子。建议直接效仿“走班制”“推荐信”的主张颇多，以至于有学者提醒说：“我们学习、借鉴别国先进的教育改革理念和经验，最终还是要回到自己的文化中来，建构适应本国文化特点和需要的基础教育。”[②]

二、基础教育的中国特色

当然，中国的基础教育并不是对苏联和欧美经验的照搬照抄，而是在发展过程中逐渐形成了自己的特点，其中最引人注目的一点就是基础教育中的应试现象比苏联和欧美都要严重。

长期以来，人们对应试主义教育有诸多批判。总的来说，应试主义教育是以知识灌输为主，不够重视批判性思维和创新思维的训练；以考试训练为主，不够尊重学生的兴趣和多样性发展；以培养“听话”的“好孩子”为主，不够重视学生个性的形成与发展；强调分数和分数竞争的重要性，强调课堂规矩尤其是保持安静，等等。似乎学生学习的一切目的和最终指向就是为了在选拔性考试，尤其是在中考和高考当中脱颖而出。“除了会考试，别的什么也不会”“高分低能”“考试的机器”等经常被用来形容应试主义教育下的学生。一些教师热衷于替学生的学习规定好道路，选择好方向，甚至指定好方法。比如说，哪些科目需要培养出兴趣，哪些科目的兴趣有“必要”扼杀；哪些内容应该认真学，哪些内容可以应付了事；乃至身体应该怎么

① 钟启泉，有宝华. 发霉的奶酪——《认真对待“轻视知识”的教育思潮》读后感[J]. 全球教育展望，2004（10）：5.

② 阎亚军. 文化自觉与中国基础教育改革——基于中美不同文化特质的比较分析[J]. 教育学术月刊，2013（3）：18.

坐，碰见什么题目可以用什么方式进行思考，遇到某种题型应该用哪一套方案来解决，诸如此类，学生只需要像程序一般按部就班地运转就行。选择顺从这些安排的学生，被赋予“听话”“守规矩”等评价。为了做到“程序化”，有的学校甚至提出“不评不议”的口号，禁止学生自主思考和讨论题目，一切讨论都必须在教师的讲评之后再进行，以保证讨论的效率；有的教师倡导思维定式，让学生用一个固定模式来解题而不希望他们花时间去另辟蹊径、别出心裁……这样的教育违背学生的天性和需要，无疑不利于学生自由、快乐地成长。

诸如“天性”“自由”一类的词汇总是带给人美好的想象，因此，如果说教育是有违天性甚至是扼杀天性的，是无法满足学生的需要的，那这样的教育自然会引起人们的反对。从这个角度出发，强调学生的需要、尊重学生的天性就成为很多人的共识。在网上随便一搜，“从学生的天性出发”“关注学生的需要”一类的文献始终都是“刷屏”般的存在。有人明确提出，“尊重学生的价值和需要是一个民族教育昌明的体现”①；也有人称，“教学要适应学生的天性，张扬学生的天性，优化学生的天性”②。但“天性”并不是一个天然的褒义词，学生们既有好奇、求知的天性，也有懒惰、贪玩的天性；既有“扑在书籍上，就像饥饿的人扑在面包上”的时刻，也有厌倦书籍，将其束之高阁的场景。所以古人才会说“玉不琢，不成器”“养不教，父之过”。谭斌对“孩子的需要”和“孩子气的需要”的区分很值得我们重视，我们往往将二者混为一谈，过于强调需要的“本能性”而忽略了其“社会性”和“伦理性”。③如果我们仅仅是顺应学生的“天性”与“需要”，而不考虑“学生”这一社会角色的责任与义务，那么他们就不能称其为学生了。古人的经验和今日学者的研究无时无刻不在提醒我们，在教育学生的过程当中，我们不能被“自由”“天性”等看似褒义的词汇遮蔽了双眼，不能放任学生去“自由生长”“自然发展”，而是要将他们的发展纳入社会认可的

① 刘万海. 把表达需要的权利还给学生——与《论学生的需要》作者商榷[J]. 全球教育展望，2006（1）：7.

② 赵敏. “3R”课程，张扬每一个学生的天性[J]. 上海教育科研，2011（9）：76-77.

③ 谭斌. 论学生的需要——兼与张华《我国课程与教学的概念重建》演讲的商榷[J]. 教育学报，2005（5）：32-41.

轨道上来。因此，天性也好，需要也罢，都是相对的，是需要引导和约束的。既然如此，一刀切地从尊重天性的角度对现有的教育进行批判，就显得不是那么站得住脚。

在很多人看来，别说是应试主义教育，就算是应试教育、应试行为，也都是弊大于利的，是必欲除之而后快的。很多学者对应试或应试教育持批判的态度，分析应试教育应该如何向素质教育转轨，这些批判有时甚至表现出情绪化色彩，而缺少辩证分析的态度。笔者能够理解这样的心态，毕竟他们中的相当部分人是从应试主义教育中摸爬滚打过来的，都亲身体会了应试主义教育带给人的切肤之痛。但是，正如前面我们谈到的，应试主义教育远非一个教育问题，而是一个社会问题。考试的价值绝不仅在于为国家考查和选拔人才，应试所应之“试”——以高考为典型——担负着维护社会公平和稳定等功能。应试主义教育虽然在操作上非常僵化，在时间上持续太久，但它将评价标准集中到了分数而非金钱和人情上面。“分数面前人人平等”显得程序公开、标准单一，而且每个人都有可能通过这条路获得成功，因为它在最大限度上排除了经济资本和社会资本的干扰。所以说，“分数面前人人平等”这一原则的存在，能够保证社会的公平和稳定这一点是为人们所接受的。从这个角度来讲，高考制度的存在对社会的公平和稳定来说，无疑发挥着积极的作用。尽管高考制度仍然存在这样那样的问题，但至少目前是不能取消的，甚至在今后相当长的一段时间内也不能。应试主义教育是以高考为代表的考试评价制度的产物，它与高考相伴而生，难以割裂。既要保留高考制度又不允许应试主义教育存在，目前来说不大可能，甚至在可预见的将来也是不太容易实现的。

应试主义教育给基础教育带来的问题虽然严重，但我们需要辩证地看待，不能简单地认为它罪大恶极，必须彻底杜绝。在一种更好的、切实可行的教育模式出现之前，应试主义教育作为一种和现有的高考制度相匹配的模式还可能会长期存在。事实上，它不过是讲人情、重关系的社会文化导致的一个无奈现实而已。

学生的天性未必都应该发扬，应试主义教育也不像我们想象的那么一无是处，当前我国基础教育的现状自然也没有那么糟糕，有其可取之处，有不少值得肯定的地方。事实上，任何国家的教育都有其独特的价值。当我们对他国的教育艳羡不已，忙着用西方的教育理论来指导教育发展，我们的这些羡慕对象，也在谨慎地思考中国教育为什么能够在某些方面取得比西方教育更大的成功，有哪些值得吸取和借鉴的地方。在笔者看来，我们的基础教育在如下三个方面特别值得肯定：

一是重视系统知识的价值。我国的基础教育历来重视传授系统的基础知识。掌握基础知识的意义在于为学生进一步的学习提供前提和铺垫。这种铺垫作用的发挥必须以知识的系统性为保障。知识在学生头脑当中，不能以零散的知识点的形式存在，而是要有系统、有体系，形成一个知识框架。每当接触到新知识的时候，学生都能够将其纳入一定的知识框架当中，使新知识与旧知识之间建立起联系。因此，任何知识都不是孤零零地存在的，而是网络状存在，无论知识输入还是输出，都能够牵一发而动全身，使知识的同化、顺应和运用能迅速而精确地完成。于是，知识便不再仅仅是个人认知上的点缀，而是可以为个人的发展提供充分的支撑和更高的起点。

在这方面，其实古今中外都有很多的经验和教训。在美国，20世纪初，随着“进步主义”教育的兴起和杜威教育思想的传播，活动教学一度盛行，系统知识的传授日渐式微，结果导致教育质量下滑，以至于1958年，美国联邦政府出台了《国防教育法》，要求加强系统科学文化知识的传授；后来又出台了《不让一个儿童掉队法案》，强调通过阅读来使学生掌握基础知识及形成基本能力。受实用主义教育思想的影响，20世纪20年代，苏联也曾出现了轻视和否定科学知识教育的现象，甚至用社会课堂、生产劳动来代替课堂教学，教科书也一度被取消。到了30年代，苏联意识到实用主义教育的弊端，又重新回到了传授系统知识的轨道上来。进入新世纪之后，日本一直试图降低教材难度、减少教材内容、大幅削减课时，结果却导致“人才荒”进一步加剧，“与其他发达国家相比，日本在培养优秀人才方面，远远落在了后面”。① 我国一度尝试过“工厂办大学”“把学生拉到工厂车间、田间地头结合生产讲授，干什么、讲什么”②，由于轻视系统知识的传授，整个教育事

① 陈鸿斌. 日本教育患了什么病[N]. 光明日报，2001-08-24（C02）.

② 杜勤，睢行严. 北京大学学制沿革1949-1998[M]. 北京：北京大学出版社，2000：92.

业遭到严重破坏……历史经验表明，轻视系统知识的教育基本都走向了失败。重视系统知识的传授，这是被中外历史所证明了的一条正确的、恰当的、应该继续走下去的路。

二是从小培养学生的竞争意识。提到竞争，人们通常会说，竞争好啊，每个人都应该有竞争意识。可是如果把竞争具体到基础教育当中尤其是和应试联系在一起的时候，人们的态度就往往会发生一百八十度的大转变，会觉得：那么小的孩子，为什么要竞争啊？让他们快乐地学习、单纯地成长不好吗？为什么非要激烈竞争呢？因此对应试竞争持否定态度。一些研究者认为，应试竞争的结果就是教育被异化，成为应试主义教育的"帮凶"。这在无形中渗透出一种竞争不应该和应试沾边的思想。如果我们认可竞争对学生发展的意义，却不希望竞争和应试扯上关系的话，就等于我们鼓励自己的孩子比别人学得好，却不希望孩子在考试当中胜过其他人，这显然是自相矛盾的。

即便是认为应试竞争导致了教育异化的学者，也都承认，应试竞争是无可避免的。人的一生总要经历大大小小的考试，既有笔试也有面试，既有知识能力考试也有工作能力鉴定，既可能是学校组织的考试也可能是某机构举办的相亲活动……在这些大大小小的考试尤其是选拔性考试当中，往往都伴随着资源的稀缺，因而应试竞争成为一种必然。不擅长应试竞争，就意味着面对机会的时候无法把握；综合素质再高，但欠缺"临门一脚"的能力也可能会留下遗憾。因此，应试竞争并不是一个多么可怕的东西，强调在应试当中获胜，是值得肯定和提倡的，我们需要培养学生的应试竞争意识，提升他们的应试竞争能力。需要反对的，是用一些不良的、不道德的手段来进行竞争，例如通过固化学生的思维来提高答题效率，高考作文剽窃他人的文章，以及考场作弊、弄虚作假之类。所以说，某些应试竞争手段的不合理并不构成应试竞争本身存在问题的理由。如果将这二者混在一起，认为凡是应试竞争就应该取缔，绝不是明智的。

三是强调规矩的重要性。要求学生守规矩是我国基础教育的一大特点。从小学一年级开始，教师就要求学生身子坐正、小手放好、发言之前先举手，等等。随着学生年级的升高和考试压力的增大，"规矩"在应试主义教育当中得到了极大的强化，周颖将一些高中里的各种严苛的规章制度称为

“准军事化的管理”[①]。而在很多西方国家，不要说是对学生进行“准军事化管理”了，哪怕只是要求保持课堂安静，甚至都会被质疑为是对学生的摧残。因此在《我们的孩子足够坚强吗？中国式教学》纪录片中，远赴英国执教的中国教师对学生们在课堂上喝茶的行为感到很不理解，难以接受，因为这破坏了课堂的规矩。可是当他们请家长来协助解决这一问题的时候，英国的家长却认为喝茶是学生的人权，不应干涉。

那么，强调规矩，究竟算是一种守纪律的方式还是不尊重人权的行为？对学生的学习是利大还是弊大呢？在笔者看来，规矩是对课堂秩序的维护。“良好的课堂秩序能够营造一种和谐融洽的教学氛围，实现课堂教学的多重价值”[②]。秩序是对一些约定俗成的规矩的遵守，目的不是为了控制，而是为了使课堂能够良性展开。比如，关于课堂上是否应该允许学生喝茶的问题，如果学生口渴难耐，喝口茶的确是人权，但教师无从得知学生是真的口渴还是借人权之名分心、开小差，也无法确保他的人权不会成为干扰其他同学学习的因素。因此，中国教师们惯用的做法就是要求学生在课间把水喝足，而上课的时候就用不着再喝茶了。这一规矩的确立，可以保证教师讲课的连贯性不会因为学生泡茶的行为而被打破；可以维持学生听课的专注程度，不至于忽略掉完整的知识链条中的任何一个环节；也可以确保其他学生不被干扰。尽管这一规矩带有一定程度的强制性，但也是一种良性的强制，是有益于自己和他人学习的强制。这就好比法律也具有强制性，但我们不会因为这些强制性似乎有违人权便主张取消法律，反而提倡“违法必究，执法必严”。正是在这个意义上，李德显呼吁要重建课堂秩序[③]，廖唐斌和王后雄更是进一步明确指出，“即便是在新课改之后，所谓的新课堂秩序也不应该只有积极参与和喧闹的活动，而是也需要在一定时候保持安静，也有对‘静’的追求”[④]。正所谓“没有规矩不成方圆”，学生不仅是一个自然人，更是一个社会人，无时无刻不处在一定的规矩约束之中，从小养成守规矩的

① 周颖.“县中”模式的特点及成因研究[D]. 北京：北京师范大学硕士学位论文，2009：49-53.

② 许建美，孙元涛. 关于中小学课堂秩序的三点思考[J]. 上海教育科研，2007（1）：56.

③ 李德显. 重建课堂秩序[J]. 教育研究，2004（6）：87-90.

④ 廖唐斌，王后雄. 新课程课堂秩序的理性回归——新课程课堂对“静”的呼唤[J]. 教育探索，2009（8）：19-20.

习惯，对学生的成长发展是有很大帮助的。

当然，无论是对系统知识的重视，还是对竞争意识的培养，抑或是对规矩的强调，都可能被应试主义教育所利用，成为约束学生、压制学生的工具，这也是人们对基础教育不满的一个很重要的原因。然而，这些特征容易被应试主义教育所利用，并不能成为否定上述特征的意义的理由。《我们的孩子足够坚强吗？中国式教学》这一纪录片震撼了英国人，是因为英国人透过表面现象看到了中国教育的优势所在。此后，英国教育部宣布了数学教学改革计划：英格兰半数小学将采用亚洲的传统数学教学方法。英国教育部负责学校改革的国务大臣尼克·吉布称，这种数学教学方法应该成为英国学校的固定标准。吉布说，他将在数学教育顾问委员会议上发表讲话，宣布向数千所小学提供支持和培训，以改用上海的数学教学法。同时，英国政府还将提供资金用于购买教科书和培训教师。① 但一些学者却始终纠缠于上述特征在应试主义教育中的异化，而不愿思考如何让这些优势充分发挥出来，这是不客观的。如果我们能够睁开被应试主义教育所遮蔽的双眼，客观地对现有的教育进行审视的话，我们就会发现，走自己的路或许更加符合我国的实际情况，会比走“西方人的路”更加轻松、更加畅快。

① 黄培昭. 教育“中国风”，吹进英格兰[N]. 人民日报，2016-07-14（21）.

第二节
“和而不同”:借鉴西方的立足点

用他人的经验来改良自己的基础教育，要求我们对他人的学习绝不能是“拿来主义”，而是要和他人进行充分、合理的比较之后加以“借鉴”。于是，如何进行恰当的中外比较就成为一个需要关注的问题。我们进行比较的价值立场是什么？如何为比较找到一个稳固的立足点？如何进行真正意义上的比较研究？针对这些问题，王长纯曾提出：“和而不同是中国比较教育研究的哲学基础和方法论取向。”[①]对于这一研究取向，比较教育学者基本上都持赞同态度，但就现有关于基础教育改革的中外比较研究来说，较少见到与西方教育政策、制度“和而不同”的建议，倒是一些“同而不和”的主张时常映入我们的眼帘。因为美国人怎么做，所以我们也要怎么做；因为英国人采取了什么措施，所以我们也要采取这样的措施，类似这样的言辞几乎成了比较教育中的惯用词，这样的现象是值得我们深思的。

一、为什么在借鉴他人时应坚持“和而不同”

究竟什么是“和而不同”？在西周末年，郑伯提出了“和”与“同”两个概念，他说：“以它平它谓之和，故能丰长而物归之。若以同裨同，尽乃弃矣。”[②]从郑伯的这句话当中我们可以看出来，所谓“和”，并不是没有分歧、完全一致的状态，而是存在意见之间的对立和冲突，用我们熟悉的话来说就是存在着矛盾的对立统一。我们都知道，矛盾的对立统一是发展的源泉，因此这些不同的思想、不同的看法，能够成为新思想、新观念的生长点。至于“同”则不一样，它是简单的无差别状态，郑伯所说的“以同裨同”就是将相同的东西不断重复。由于“同”缺少观点之间的矛盾和冲突，

① 王长纯．“和而不同”：比较教育研究的哲学与方法（论纲）[J]. 比较教育研究，2009（4）：1.
② 左丘明．国语[M]. 李德山，注评．南京：凤凰出版社，2009：200.

自然就难以产生新观念、新事物。郑伯的这一言论，明确地表达出了“去同而取和”的态度。孔子也赞同“和而不同”。在《论语·子路》当中，孔子提出：“君子和而不同，小人同而不和。”“和”与“同”被理解为处理人际关系的两种不同态度，有时候也被理解为两种不同的道德素养境界。此外，晏婴、班固、张载、苏轼等人也纷纷提出了取“和”而弃“同”的思想，黄宗羲总结说：“学问之道，以各人自用得着者为真，凡依门傍户、依样葫芦者，非流俗之士，则经生之业也。此编所列，有一偏之见，有相反之论，学者于其不同处，正宜着眼理会，所谓一本而万殊也。以水济水，岂是学问！”[①] “一本万殊”的思想，对“和而不同”在学术研究中的作用做了一个清晰的解释。在黄宗羲看来，不管是“一偏之见”，还是“相反之论”，都是思想发展、学问进步的源泉，是学者“正宜着眼理会”的地方。就如我们今天所说的“真理越辩越明”，正是因为有了不同的看法，有了针锋相对的观点，大家相互探讨，各抒己见，从而推动了真理的发展。这就是在“不同”的基础上去追求“和”的实现。反过来，如果我们一味求“同”，不敢有不一样的观点，不敢有相左的意见，那就无异于“以水济水”，最后依然是水，不可能变出其他东西来。总的来说，“和而不同”的思想在我国历史上早已形成，各个时代不同思想家也纷纷加以认可和注解，成为人们处理不同意见的一个准则，也是思想发展、推陈出新的动力所在。

那么，有没有可能出现“既同且和”的局面呢？这需要对“和”与“不同”的关系进行讨论。晏婴曾经说过：“和如羹焉，水火醯醢盐梅以烹鱼肉，燀之以薪。宰夫和之，齐之以味，济其不及，以洩其过。君子食之，以平其心。……声亦如味，一气，二体，三类，四物，五声，六律，七音，八风，九歌，以相成也。清浊，大小，短长，疾徐，哀乐，刚柔，迟速，高下，出入，周疏，以相济也。君子听之，以平其心。心平德和。”[②] 就是说，“和”的状态就像一碗美味的羹，是需要水、火、醯、醢、盐、梅等各种不同的原料相互作用、烹饪而成。好听的旋律也和这个道理一样，需要宫、商、角、徵、羽等不同的音相互调和。如果粥里只有一种原料，曲子里只有一个调

① 黄宗羲. 明儒学案[M]. 沈芝盈，点校. 北京：中华书局，1985：发凡18.

② 左丘明. 春秋左传集解[M]. 上海：上海人民出版社，1977：1463-1464.

子，那么粥会让人难以下咽，曲则让人不能卒听。所以说，“不同”是“和”的基础，“和”是“不同”的归宿。如果我们害怕“不同”，不允许相左的观点、各异的局面出现，就无法实现“和”的目的。总而言之，对“和”的追求必须建立在承认并尊重“不同”的基础之上。

当比较教育研究成为学者们普遍关注的一个领域时，必然会出现各种各样的“不同”纷至沓来的局面：你有你的理念，我有我的方法；你说你的教育“以生为本”，我说我的教育看重“师道尊严”；你主张“让学生快乐地学习”，我信奉“学海无涯苦作舟”……很显然，在社会传统不同、文化观念不同的大背景下，各国培养人才的途径不一样。但是，让高考带给学生的压力减小，让北大的教育质量向哈佛看齐，让衡水中学摘掉“高考工厂”的帽子，而是和罗素中学一样成为以开发学生潜力、培养学生素质而闻名于世的中学，却是大家的共同心愿。如果我们把中国教育达到和先进国家一样的繁荣局面视作“和”的状态，那么问题就很清楚了：我们要做的不在于将自己变得和别人一样，因为我们的文化传统、国情和他国不同，不能将自身的文化、特色抛弃掉，改成别人的样子；我们的一些教育观念由来已久，必须客观地加以审视，而不是统统斥为“落伍”“过时”而强加转变。简单地说，就是不能一味用他国的方法来取代我们自己的方法，更不能从“走自己的路”改成“走某国的路”。我们应该做的，是要在保持自身的文化个性的基础上，吸取其他国家的先进经验并为我所用，采取看上去与人不同，但实际上同样能够推动教育向前发展的措施，最终实现提升教育质量的目标。这样一种“殊途同归”地“从别国的发达和繁荣中发现可使本国兴旺的办法”①的做法，就是“和而不同”的体现。在理念、措施、方案上保持一定的“不同”局面，正是“和”得以实现的基础。

二、“和而不同”缘何难为

有很多事情说起来容易，但做起来很难。“和而不同”地借鉴他人就是一例。教育要亦步亦趋、依葫芦画瓢非常容易，但真要探索出一条“和而不

① 朱利安.关于比较教育的工作纲要和初步意见[A].//赵中建，等.比较教育的理论与方法——国外比较教育文选[C].北京：人民教育出版社，1994：99.

同”的路子，却十分艰难。尽管我们在“和而不同”的道路上不断努力，然而从近些年来比较教育研究的成果来看，仍绕不开“同而不和”。比如说，我们常常不自觉地追随西方的话语体系，感觉说“师生双方作为各自学习的友伴，共同促进、共同进步”，比说“教学相长”要先进；我们觉得“快乐学习”理念非常好，而将“寒窗苦读”视为落后教育理念的体现；我们不断地翻译和介绍西方的教育思想、理念、政策、措施，并认为这些措施能够解决中国教育面临的问题，但很少看到有研究者在翻译介绍的时候提醒人们注意“橘生淮北则为枳”的风险……郭华曾抨击这种现象说：“在文献里引用过多同仁的成果，也许会感到‘跌份’，而引用国外不知名的研究者的某一段话（也许还生涩难懂，不知所云）却会感到身价倍增；不用自己本土实践和本土理论来证明自己论理的重要性和合法性，却打着外国人的言论为自己开道。”[①]即便有人抨击，有人反思，仍然挡不住不少比较教育研究陷入对发达国家的盲目崇拜和简单模仿当中，追求向别人看齐，和别人一样。在这种情况下，我们拿什么来跟别人“不同”，进而实现“和”呢？

一些研究者打着求“和”的旗号，提出的却是求“同”的建议，不是没有原因的。一些比较教育学者隐隐约约表现出一种外国的方法更先进的倾向，这里的外国，一般指的是发达国家、先进地区。在他们看来，只有发达国家和地区的教育当中才有值得我们学习借鉴的东西，例如西欧、美国、日韩等，关于这些国家和地区教育的研究成果非常多，而与之形成鲜明对比的是，研究南美、非洲等地的成果就显得罕见。当然，主张中国的教育应该多向发达国家学习无甚大问题，关键在于不应简单化为对发达国家的单方面崇拜和景仰。“借鉴”如果被简化为对西方教育观念和制度的简单模仿甚至照搬照抄，大家心里想的自然不再是如何在“不同”的基础上达到“和”的状态，而是纷纷力争求“同”，要有同样的理念、同样的措施、同样的做法、同样的效果……“和而不同”在相当大程度上成了比较教育研究的口号，并没有真正成为比较教育研究的方法论基础，“比较教育研究”更多的只是在“介绍”而已。

于是我们需要思考：为什么“和而不同”难以落实？为什么“借鉴”可

① 郭华. 教学论研究患上了“没感觉”的症状[J]. 教育科学研究，2004（7）：18.

能会变成“借用”？为什么“比较”会变成“拿来主义”？

比较教育是一门诞生于殖民时代的学科。虽然如今政治、经济上的殖民时代已经一去不复返，但文化上的影响却仍有所保留。发达国家的文化优势在其经济、政治优势的帮助下还可能被巩固，不少人就像推崇发达国家的经济、政治一样崇尚其文化。对西方文化的盲目崇拜和对自身文化的不自信，在教育界也一定程度上存在着。

王承绪等老一辈学者将比较教育研究的意义形容为“找出教育发展的共同规律和发展趋势，以作为本国教育的借鉴”①。项贤明进一步解释说：“比较教育学在建构自己研究对象的初期所采用的内省批判方式，使它建立了一种与东方学正好相反的权威假设模式，即假设其他民族的教育中必定有某些可以为本民族‘借鉴’从而改良本民族教育的东西。”②但一些从事比较教育研究的学者觉得，发达国家的教育思想、理念、政策、规章、制度层面的东西，是值得我们“借鉴”的东西，可以“拿”到我国来使用，“借鉴”与“拿来”之间的界限变得模糊了。一些人认为，直接“拿来”发达国家的教育政策、改革措施、纲领规划，就能改良自己的教育。

大体来说，目前我们通过比较教育研究“借鉴”过来的，主要是西方的教育政策、措施等，但很少有人对西方的教育制度如何与西方国家的文化相适应进行分析，也很少对它们的制度会不会和我们自己的传统文化造成冲突进行预判。比较教育研究虽然意在通过比较他国来解决自身问题，但不少研究却止步于给自身的问题提供一个西方的解决方案。从这个意义上来说，比较教育对西方教育的学习，也仅仅是把这些内容当成了“奇技淫巧”而已，没有学到根本上去，即便是一些思想观念层面的东西，也往往被当作“物”简单地“拿来就用”。比如多尔的《后现代课程观》一书出版后，不少国内学者高呼“现代性的终结”，并倡导用“后现代主义思想”来指导我们国家的课程改革，而没有考虑在我国的很多地区，连教育现代化都还未实现。所以如果将“借鉴”等同于“借用”，把西方教育的精髓不讲条件、不看环境地直接“拿来”，那当然就无所谓“和”与“不和”之分，而只有“同”与

① 王承绪，朱勃，顾明远. 比较教育[M]. 北京：人民教育出版社，1982：17.

② 项贤明. 后殖民状况与比较教育学[J]. 北京师范大学学报（社会科学版），1999（3）：7.

“不同”之别。就好像美国人升学看重“校长推荐信”，我们也搞，这就是“同”的表现。只不过美国人的校长推荐信使用了多年效果良好，而我们的校长推荐制短短数年就因为群众的反对意见太大而不了了之了，没有达到“和”的目的。可见，在学习他人的过程中，对西方教育政策、制度乃至思想采取“拿来主义”的态度，不可能让中国的教育质量得到质的提升。

三、如何让基础教育国际比较落到实处

“文化”层面的更新比“器物”层面的“拿来”要更进一步。教育是一项文化活动，其特定的文化脉络和具体的情境必然会对教育的改革或发展产生深远的影响。[①]正因为文化脉络是“特定”的，情境是“具体”的，因而当研究者们来自不同文化、不同国家时，他们对异族文化产生误读很难避免。乐黛云先生曾提醒我们说：“由于文化的差异性，当两种文化接触时，就不可避免地会产生误读……一般说来，人们只能按照自己的思维模式去认识世界！他原有的‘视域’决定了他的‘不见’和‘洞见’，决定了他将对另一种文化如何选择，如何切割，然后又决定了他如何对其认知和解释……总之，文化之间的误读难于避免，无论是主体文化从客体文化中吸取新义，还是主体文化从客体文化的立场上反观自己，都很难不包含误读的成分。”[②]这种“误读”在诺曼·丹尼尔那里被定义为“文化屏障”。他认为：“文化屏障是指一个个体无法使另一社会中以不同方式成长起来的个体，分享他从自己社会中获得的任何东西……一个个体从其他文化中学到的东西可能表明这一文化与他自己所属文化的联系；而那些属于他自己社会的、不能与其他社会共享的那部分思想和意志，便是一种文化屏障。”[③]“文化屏障”虽无形可寻，但当比较教育学者们试图透过教育的表面现象去洞悉背后的教育规律时，它带来的障碍比有形的藩篱更难突破。面对“文化屏障”的障碍，有的人自然会退而求其次：虽然我探索不出来共同的教育规律，但至少我能看到自己和

① J. W. Stigler, J. Hiebert. The Teaching Gap: Best Ideas from the World's Teachers for Improving Education in the Classroom[M]. New York: Free Press, 1999: 11.

② 乐黛云，勒·比松. 独角兽与龙——在寻找中西文化普遍性中的误读[M]. 北京：北京大学出版社，1995：110-111.

③ 诺曼·丹尼尔. 文化屏障[M]. 王奋宇，冯刚，等，译. 杭州：浙江人民出版社，1992：8-9.

他人究竟哪些地方做得不同，建议我们学习他人做得和我们不同的地方则更是容易。于是，追求制度、理念、措施、做法等器物层面的“同”的情况层出不穷，甚至成为比较教育研究中的常态了。

这是很值得我们反思的。一些比较教育学者专注于“器物”的“拿来”的惯习显得非常强。这样一种研究惯习让他们先入为主地给发达国家的教育贴上“先进”的标签，挖空心思地要从西方国家出台的每一项政策、颁布的每一项法律上找出可供我们模仿的东西来，而忘记了自己所处的社会文化并不相同。翻开比较教育领域的文章，会发现多数论文附有大量的外文文献，却很难找到土生土长的中文参考文献，尤其是几乎没有古文资料，在笔者看来，这样一种比较研究，是有失偏颇的。

但“文化屏障”并不是不能突破的。张岱年先生就曾告诉我们，文化之间民族性差异的存在构成了进行相互沟通的必要。①只不过要实现这种沟通，需要研究者不仅要熟悉和了解他人的做法，还要能够站在自身文化的解释框架内，对他人的做法进行解释。这就要求比较教育研究者具有“文化自觉”的意识，光了解西方还不行，还得了解中国的现在和过去，了解我们的传统与文化。诚如项贤明所说：“一个比较教育学者假如失去了文化自我意识，或者确切地说，他的文化自我意识由于某种原因被压抑或处于麻痹状态，那么，他的教育比较研究也就丧失了基本的立足点。”②但“文化自觉”给比较教育学者们提出了一个难题：不但要研究清楚别人，还得研究清楚自己，难度和工作量都大大上升了。尤其是对一部分自身传统文化功底还不太深厚的比较教育学者来说，他们无法从文化层面上将西方的教育思想、教育制度和我们自身的情况进行深入比较，因此突破“文化屏障”对他们来说，显得困难重重。真正优秀的比较教育学者，一定不会是“唯西方论者”，而会非常看重本土文化、历史传统的作用。顾明远先生就非常看重教育史的作用。他说：“教育是一门科学，我们从教育先哲的论述中可以摸索出教育的普遍法则；教育是一门艺术，我们可以从他们的经验中领悟到教育的魅

---

① 张岱年. 张岱年全集（第一卷）[M]. 石家庄：河北人民出版社，1996：152-157.

② 项贤明. 比较教育学的学科同一性危机及其超越[J]. 比较教育研究，2001（3）：35.

力。”[①]这番话无疑对比较教育学者提出了一个非常清晰的要求：比较教育研究者不但要成为一个“外国通”，同时还要成为一个“中国通”，对中国的历史与现实、社会与文化都有足够的了解，这样才能减少“文化误读”的可能性，从而实现文化层面的比较教育研究。总的来说，只有精研我们自身的传统文化，才能为真正意义上的比较教育研究打牢基础；只有在充分比较的基础上对西方国家的做法进行“和而不同”的借鉴，才能为自己教育的发展指明方向，真正做到中西结合、洋为中用。如果比较教育学者在介绍国外经验的时候，能够更多地反思我们自身的教育历史、文化传统，才有望做到真正意义上的比较，教育当中的“和”，也就有了实现的基础。

“和而不同”既是我国传统文化的宝贵遗产，也是比较教育研究的方法论。实现“和而不同”固然颇有难度，但十分必要。当我们的基础教育受制于应试主义教育的束缚，当我们试图向教育发达国家借鉴经验的时候，尤其需要“和而不同”的比较和借鉴。这样的一种借鉴，绝不是将西方中小学的教学理念、评价方案、管理措施等简单挪用过来，而应该是一个文化比较的过程，即将文化层面的比较作为我们进行比较教育研究的基础，这样，比较教育才不至被简化为“外国中小学教育介绍”或者“外国基础教育研究”，而是能够从不同的文化立场出发，剖析美国的教育理念是如何建基于美国的社会文化背景之上的，欧洲的教育政策是如何符合欧洲的社会文化特点的，这些理念、政策与他们各自不同的文化进行了怎样的结合，这种结合又如何保障了这些理念、政策的生命力……显而易见，任何一项脱离了特定文化背景的教育改革都不可能获得成功。因此，当我们的基础教育面临着种种乱象的时候，绝不能够满足于给出一套西方国家的解决方案。我们必须思考，它们的方案在我国的文化环境中是否具备生命力，是不是会“水土不服”，如果是的话，能否避免。还要对西方国家的各种教育理念、制度、措施进行深入探索，从中总结出基础教育发展的一般规律，然后结合我们自身的特点，将一般规律具体化为可能不同于西方，但适合自身的中国的改革方案。总之，要让比较教育研究从单一的“介绍西方”转向“立足本国，放眼世界”。

如果我们认同这样一个逻辑，那就应该意识到，当我们在引进“快乐学

① 顾明远. 我特别建议教师读点教育史——《中外教育思想概览》序[J]. 教育学报，2010（1）：125.

习”“教育是为了学生的内在发展”等理念的时候，必须对“学而优则仕”“吃得苦中苦，方为人上人”“春风得意马蹄疾，一日看尽长安花”等传统文化观念有所了解，正是这样一些观念的存在，使我们特别看重高考的“敲门砖”功能，而常常忽视其对学生内在发展的价值；当我们在宣传“档案袋评价”“综合素质评价”“校长推荐信”等评价观念与技术的时候，必须对我们重人情、讲关系的文化传统有清醒认识，这是在人才选拔中以主观评价为主的推荐制、保送制度往往沦为当权者拉关系、走后门，无法实施下去的重要原因；当我们在呼吁“打破唯分数论”“用素质教育取代应试教育”“分数不是学生的一切”的时候，还必须对社会公众“不患贫而患不均”、追求“至公”的心态有所体会，这是“一切以程文为去留”“分数面前人人平等”的社会观念基础。而上述这一切需要我们引起重视、充分考虑的文化观念、传统认识，正是应试主义教育产生的重要原因，也是我国的基础教育难以摆脱分数的束缚，不得不片面追求升学率的重要缘由。总的来说，如果这样一些文化依然强势，依然有着发挥作用的空间，那么我们无论引进何种教育理念，“拿来”什么样的教育制度，都会受到这样一种文化的影响。当我们试图通过国际比较，让我国的基础教育同国际接轨的时候，必须考虑我们的文化、传统、国情。我们在引进各种理念、方案的时候，必须研究出符合我国国情的措施。这才是我国基础教育国际比较未来应该坚持的方向。

第五章

戴着镣铐的舞者

——当人们面临新观念的冲击

一方面，高考改革着眼于“能力”，呼吁基础教育不能再“唯分数至上”；另一方面，高考录取却继续坚持以分数为依据，而且上大学的意义被愈发看重。于是，基础教育当中的每一个个体都成了“戴着镣铐的舞者”——他们需要在“分数镣铐”的制约下去追寻能力，需要在新观念的冲击下反思高考的意义。他们肯定希望对分数和能力能够两手都要抓，两手都要硬。问题在于：戴着镣铐跳舞，是否能跳得自由？两手都要抓，是否真的可以做到两手都要硬？在力有不及的情况下，他们会作何抉择？

第一节 哪一种学校的改革更容易成功

所谓“成功”的基础教育改革，约定俗成的判断标准是：在不影响考试成绩的前提下，实现学生综合素质的提高。这种“成功”的案例在实践当中也是存在的。比如我们常听说北京十一学校的课改搞得好，该校原本就是名校，改革之后依然保持并扩大了领先优势，学生们不仅高考分数高，而且获得了分数和能力的双丰收；我们也经常听人提起杜郎口中学的案例，它在改革之后摇身一变，成为课改的一面旗帜。然而，这两种所谓的成功案例并不具有普遍性，因为以十一学校为代表的案例，基本上都出现在名校当中；而杜郎口中学，它在改革之前是一所在当地“排名垫底”的学校。而现实生活中，绝大多数学校是中等水平的普通学校，但这类学校“成功”的改革案例不多见。之前提到的各种第二课堂、创新性教学等改革举措在普通学校中往往表现出形式大于实质的特点，效果难以令人满意。

一、“成效”和“成绩”：哪一只手在推动改革

中小学校长和教师的工作是需要出“成效”的。所谓“成效”，绝不仅仅是分数高，而是更加宏观和全面，比如实现了既定的教育目标、落实了某个教育理念，诸如此类。而无论是教育目标还是教育理念，都需要通过一系列的方针、政策、文件体现出来，学校和教师才能“照章办事”。自“素质教育”的说法提出以来，关于基础教育改革的各种政策性质的文件、纲领、方针层出不穷，例如1999年颁布的《中共中央国务院关于深化教育改革，全面推进素质教育的决议》提出，“实施素质教育就是以提高国民素质为根本宗旨，以培养学生的创新精神和实践能力为重点，造就有理想、有道德、有文化、有纪律的德、智、体全面发展的人才”；2001年颁布的《基础教育课程改革纲要（试行）》要求，“改变课程实施过于强调接受学习、死记硬

背、机械训练的现状，倡导学生主动参与、乐于探究、勤于动手，培养学生搜集和处理信息的能力、获取新知识的能力、分析和解决问题的能力以及交流与合作的能力”；2010年发布的《国家中长期教育改革和发展规划纲要（2010—2020年）》强调，“坚持以人为本、全面实施素质教育是教育改革和发展的战略主题”；《中华人民共和国国民经济和社会发展第十三个五年规划纲要》也提出培养学生的“创新兴趣和科学素养”，“推行综合素质评价”；《国家教育事业发展“十三五”规划纲要》要求教育事业应坚持“能力为重”，尤其明确提出要“深入推进课程改革，全面落实课程方案”。可见，以“能力”“素质”为核心的基础教育改革，是社会、经济、教育战略发展对基础教育提出的要求。如果通过教育活动，学生的能力得到了增长，素养得到了提高，那就意味着蕴含了相关理念的政策、制度和方针取得了成效。

如果执行得好，比如说某个地区探索出一个有特色的“素质教育模式”，某所学校的“自主课堂”开展得好，某位教师提出了一套落实“核心素养”的教学方案，某个班的学生综合素质高，这就是改革取得了成效。因为这些方面的进步符合国家关于教育的战略安排，符合改革的政策、制度和方针，因此应该予以表彰和奖励，例如授予“课程改革示范校”“素质教育先进个人”等荣誉称号或者身份。

但普通教师关注更多的是学生的成绩。如果学生的高考分数低，教师的地位、声望以及奖金都会受到影响。不少教师认为，“高考名师”的身份所能带来的实惠要多于“素质教育先进个人”。与教师和学生切身利益关系最大的，是学生的高考成绩。用张行涛的话来说，教师和学生一样，都身处一个“考选世界”当中，被迫接受“考选世界”的游戏规则。[①]当“考选世界”选择用学生的高考分数来衡量教师的水平高低的时候，分数的地位就会被凸显出来，其地位就远远超过了各种改革手段、素质教育要求，成为敦促教师前进的力量。一个年轻老师曾经颇为无奈地说道：“有一次开会，年级组长前一句表扬我说，‘你的素质教育搞得不错’，听到这话我还觉得信心满满的；可紧接着他又说，‘但是学生的考试分数还是很重要的，要抓紧提上来’，一下子我就感觉浑身的力量都泄掉了。”分数不但制约着教师，同时也

① 张行涛. 必要的乌托邦：考选世界的社会学研究[M]. 北京：北京师范大学出版社，2003.

制约着学校，“学生成绩是学校的生命线”之类的说法很流行。为了提升学生的考试成绩，很多学校将教师们的绩效奖励和每一次的期中考试、期末考试、模拟考试，尤其是高考成绩挂钩，但一般不会和学生的综合素质发展水平挂钩。

高考本是教育的一个环节、一个组成部分，对基础教育的效果进行评价并以此作为高校选拔学生的工具，但是高考分数同时又承载了来自“跳农门”“定终身”“大翻身”“光耀门楣”等观念导致的非教育的、社会性的功能，甚至可以说，高考的社会性功能在人们心目中的重要性远大于教育性的功能。因此，教育这个筐已经装不下高考了，高考从基础教育当中外化了出来，从基础教育的组成部分转而成为基础教育的目的，并因此成为控制基础教育的一种“异己的、统治自己的力量”。从马克思关于异化的理论中我们可以发现，这样一种“异己的、统治自己的力量”会导致教育工作的异化：学生的学习不是因为乐于求知的天性，而是被外界所逼迫（例如教师、家长或者舆论环境）；教师的教学不是出自传道、授业、解惑的天职，而是为了升学率而进行题海战术和满堂灌输。有学者评论说：当考试这一评价手段“被赋予超过目的的意义时（例如以考试‘跳农门’‘定终身’等等），当为了显出差异而素质测评体系尚不系统和完善时，当家长及社会各界以‘考分论成败’来褒贬学校、教师和学生时，异化便开始产生了”①。

可以看出来，“成效”和“成绩”是推动基础教育改革的两条线索。“成效”是明线，“成绩”是暗线；“成效”背后矗立着素质教育、新课改、核心素养等理念及相关政策法规，复杂而高深，“成绩”则是直指高考分数，简单而直白；“成效”是教育发展的应然方向所在，“成绩”是师生双方实际的生命线所系；追求“成效”常常“说而不做”，追求“成绩”则往往“做而不说”。这样我们就能够理解，为什么人们会说“素质教育搞得轰轰烈烈，应试教育抓得扎扎实实”。“明线”再轰轰烈烈，也没有在实践中得到多大的重视；而“暗线”即便安安静静，却是基础教育的“指挥棒”。

① 冉铁星．扬弃“异化”：变换“转轨”的思维角度[J]．现代教育论丛，1997（3）：15.

二、如何做到分数和能力的“双丰收”

成绩是决定学生、家长、教师、学校乃至地方教育部门命运的关键所在，基础教育的任何改革，如果对学生的高考成绩造成不利影响，就可能引发抵制。例如，为了解决学生学业负担过重的问题，节假日和周末的补课现象一度成为教育部门治理的对象。然而在调研当中，一位家长却告诉笔者：“别说不抓应试，就算学校周末不补课，我们也会到外面请人补，否则没法应对高考。”这绝非偶然。2015年11月14日，《中国教育报》就刊发了一篇文章——《教育局下“禁补令” 家长们联名要求收回》，报道了武汉市教育局下达了“禁补令”，未曾料想却遭到了来自家长的反对，使得该“禁补令”难以落实。报道说：“2011年以来，湖北省纠风办、省教育厅多次发出通知，要求‘所有补课停止’，放学后一律不得进行‘特色课程’‘兴趣班’教学活动。武汉市教育局和下辖各区教育部门也曾多次发文对此予以落实。教育局的态度很明确：坚决取缔补课，禁止增加学生负担。但是，‘禁补令’从发出时起，就遭到了家长们的反对。后来，武汉市教育局不得不对‘禁补令’作了调整：高三年级不纳入禁补范围。即使如此，家长们仍然‘不买账’。”① 还有调查显示，武汉市某区小学四年级至初中的学生参加课外补习的比例达到了60%以上②；哈尔滨有64.6%的中小学生休息时间参加了文化课补习班，补习班的时间主要集中在周六、周日，比例高达92.8%③。

在这样的大背景下，当有学校宣称他们的教育改革“成绩能力两手抓”，而且做到了“分数和能力的双丰收”，不少媒体还纷纷予以报道的时候，我们似乎看到了希望的曙光。于是我们迫切地想要知道，所谓“分数和能力的双丰收”，在这些学校是怎么做到的，有没有值得借鉴、可供推广的地方。

笔者访谈过一位曾经去杜郎口中学调研的学者。他告诉笔者：杜郎口中

---

① 程墨，杨保华，欧阳正宵. 教育局下“禁补令” 家长们联名要求收回[N]. 中国教育报，2015-11-14（1）.

② 彭湃，周自波. 城市义务教育阶段课外补习研究——基于湖北武汉市H区的抽样调查[J]. 中小学管理，2008（4）：23.

③ 调宣，姜雪松. 哈市六成半中小学生课外忙补习[N]. 哈尔滨日报，2010-07-05（02）.

学改革的突破点其实并不在于“分数和能力两手抓”，而是“教学理念”或者说“教学形式”上的改革。比如，教师少讲，学生多讲，“把课堂还给学生”；教室四周的墙壁上都是黑板，学生可以分小组自己研究、讨论、学习……由于杜郎口中学在改革之前是一所在当地几乎“垫底”的学校，通过改革取得一定程度的进步便很有可能。何况无论怎么改，学生的成绩排名都不可能再往下掉了，因此改革至少不至于拖考试排名的后腿。至于学生的能力是否得到了很大提升，即便是业内人士，也很难在短期内做出明确的判断。关于杜郎口中学的宣传报道，主要着眼于形式上，例如课堂更活跃了，学生活动更多了，参与更积极了，因此推断他们的能力也提升了。但学生的能力到底得到了多少提升，可能要到多年后才看得出来。而且即便多年后这批曾经就读于杜郎口中学的学生的综合素质和能力的确比较出色，也不能说一定是杜郎口中学的功劳，或许是他们的家庭，他们就读的小学或者高中、大学的贡献，也可能是他们自身努力的结果。

事实上，一般的教育教学改革不太会对薄弱学校学生的成绩产生多大的不利影响，对重点学校学生的分数影响也有限。有研究者认为，优等生由于学业成绩较好，他们在上课的时候会更有信心，课堂上也更为放松和活跃，优秀的成绩会让他们更相信自己的学习能力，激发出更浓厚的学习兴趣，他们也越乐于挑战，并在不断参与有一定难度的学习任务中增强自己的信心，提高自己解决问题的能力，学习也会越认真、越刻苦。[①]国外的研究中也有类似发现。例如汉纳谢克研究认为，学校或教师的投入和学生的学业表现之间并没有强有力的或稳固的关系。[②]因此优等生之所以成为优等生，主要原因在于他们自身的学习动机较强，自学能力也比较好，能够主动地、高质量地完成学习任务。当学校实施教学改革，倡导“能力优先”“素质第一”的时候，一些优等生可能会认为这样一些改革措施会影响到自己的学业成绩，他们的自学能力和积极性会产生一种防御机制，会主动地寻找补救措施，例如通过自主练题、延长课外自学时间等来应对课堂教学中应试的弱化。前文

① 王卉．英语成绩对初中生学习焦虑的反作用研究[J]．教育实践与研究，2010（9B）：12.

② E. A. Hanushek. Assessing the Effects of School Resources on Pupil Performance: An Update[J]. Education Evaluation and Policy Analysis, 1997, 19 (2):141 –164.

提到的有的高中因为用自主开设的模块课程来代替统一课程，一些高中学生觉得自己的高考作文成绩可能会受到影响，从而自觉地找初中语文老师补课的案例，就很好地体现了优等生学习的主动性和自觉性的作用。因此，即便课程改革措施对学生的学业成绩存在不利影响，但这种不利影响对优等生来说是可以通过其自学能力和主动态度予以抵消的，所不同的只是优等生需要在课外增加更多的额外学习时间而已。反过来，我们不能说因为优等生通过额外努力保证了成绩的稳定，就说课程改革措施对学生的成绩没有影响。

由于优等生基本上可以保证自己的成绩稳定，因而重点学校自然可以更加放心大胆地进行改革。在这种情况下，改革的着力点就不需要分数和能力两手抓，而是重点抓能力即可。更何况在“重点抓能力”之余，学校还会时时提醒各科的科任教师“不能放松成绩”，因此学校不用太担心学生的成绩会大滑坡。现实中，“第二课堂”“素质教育”开展得红红火火的学校，几乎都是重点学校。像北京师范大学第二附属中学的研究性学习、北京市101中学的中学生辩论赛、深圳中学的选修课等均属此列。一位笔名山子的学者曾在《教育科学研究》上撰文说：还有一种办法，是把考试成绩和升学率的提高都挂在“素质教育”或“新课改”的名下，声称是进行了素质教育或新课改的成果。[①]这样一来，“分数”和“能力”之间就被人为地建立起了联系。本来分数是通过死记硬背、满堂灌输、题海战术等应试主义教育的方式来取得的，但在宣传当中却成为素质教育的结果，是学生能力提升之后的产物。这种宣传因为和我们当前提倡的教育理念相吻合，因而也成为推动素质教育的依据。

无论是薄弱学校还是重点学校，多数是在分数不受影响的前提下，进行素质教育改革。在薄弱学校，因为学生成绩排名已经很难再往后掉了，因此改革不至于对成绩产生明显的影响；在重点学校，学生的知识基础、自学能力和自觉性是他们保障成绩的重要条件和途径，是学校敢于尝试“素质教育”的前提。用山子的话来说，就是“其推行新课改或素质教育与升学率矛盾不大”[②]。一些引人注目的基础教育变革，实际上主要是着眼于“能力”

① 山子. 新课程改革与考试指挥棒的关系分析[J]. 教育科学研究，2010（8）：20.
② 山子. 新课程改革与考试指挥棒的关系分析[J]. 教育科学研究，2010（8）：22.

“素质”，或者仅仅是其表现形式（如课堂表现、课外活动、师生对话等），而不需要用另一只手来抓“分数”的改革而已。

三、普通学校在改革中得到的启示

实际上，在数量上占据大多数的既不是薄弱学校，也不是重点学校，而是居于中间位置的普通学校。因此，基础教育变革的重点也应落实到普通学校。从薄弱学校和重点学校的改革经验当中，普通学校能够获得什么样的启示？

在普通学校，无论是校长还是教师，都对“分数才是生命线”有着深切的体会。他们深知：不保证学生的成绩，就没有办法搞素质教育！因为无论是薄弱学校还是重点学校，他们所谓的“成功改革”，都是建立在学生的成绩不受影响的基础之上的。但对于普通学校来说，它们面临的尴尬在于既不像薄弱学校那样“成绩已经没法再往下掉了”，也不像重点学校那样可以依靠学生扎实的基础和较强的自学能力来保证成绩，因此，普通学校的教师特别重视抓成绩。重点学校可以通过各种素质教育的手段，将满堂灌输、死记硬背、题海战术等提升成绩的方式掩藏起来；而普通学校则常常将应试主义教育的种种举措推上前台。有时候，一些薄弱学校和重点学校的改革带给普通学校的“启示”，甚至并不是如何将“素质教育”“新课改”或是“核心素养”的理念落到实处，也不是如何推行以“能力”为本的教育变革，而是进一步抓应试的必要性。

正如前文所述，满堂灌输、题海战术、死记硬背等应试主义教育的举措，对于追求分数来说，是容易见成效的。然而，这些做法和追求能力、素质的目的相背离。对于普通学校，取得较好的成绩是最重要的目标，当它们将成绩置于优先地位进行追求的时候，自然就不可能在促进学生综合能力、综合素质的提升方面有多大建树。倡导能力、综合素质、快乐学习等的改革遭遇搁浅，也就不足为奇了，自然也就很少出现普通学校成功实施教育改革的报道了。如果普通学校强行推行素质教育，禁止补课，杜绝加班加点和题海战术，推广研究性教学、对话式教学、快乐教学，导致学生的学业成绩受到影响，还可能引来家长、学生、教师的批评。正如山子所说：“学生的成绩上不去，学校的升学率上不去，即便‘素质教育’或新课改搞得再好，尽管不会明说你白费气力，但也不会有多大底气肯定你，不会树你为典型。”[①] 普通学校想做出成功的改革，其难度可想而知。

① 山子. 新课程改革与考试指挥棒的关系分析[J]. 教育科学研究，2010（8）：21.

第二节
教育观念的转变

虽然新一轮高考改革在破解应试主义教育方面尚未取得很大的突破，但如果因此就否认改革的价值，却是不客观的。在笔者看来，新一轮高考改革最大的价值，就在于它推动了基础教育阶段教育观念的转变，这一转变不再像过去素质教育、新课程改革带来的理念转变一样较多地停留在理论层面，而是在实践中平缓但深刻地发生着。

一、静悄悄的革命

从20世纪90年代起，号召基础教育观念应当转变的呼声就已经不绝于耳。从“素质教育”到新课程改革，从“新教育”思想到“回归生活世界”，从“以学生为中心”到“生成性教学”……基础教育进入了一个新理念、新思想不断涌现的时期。但这个阶段的繁荣更多是学术界的、思想层面的，还不能说是整个社会的教育观念都已经有了较大的改观。所谓“素质教育喊得轰轰烈烈，应试教育抓得扎扎实实”就是这种理论和实践“两张皮”的生动写照。理论界的“轰轰烈烈”之所以在实践中遇冷，是因为很多所谓的“新理念”在推广之前，都欠缺一个耐心地验证它们是否符合客观规律、是否可行的阶段，我们往往仅仅是因为其“新”，给我们带来了观念上的冲击，甚至都来不及等学术界达成共识，便加以推广了。

例如，我们努力推广“让教学回归生活世界”，即便有学者认为这一理念“歧义颇多”①；我们非常喜欢用“探究学习”来代替“接受学习”，即便奥苏伯尔曾明确指出，“学校的许多接受学习之所以没有获得好的名声，乃

① 孙振东. 歧义颇多的“教学回归生活世界”[N]. 中国教育报，2006-09-09（03）.

是由于通常不理解有意义的接受学习以及对这种学习没有适当准备”[①]；我们通常认为讲授法会导致学生死记硬背，束缚学生思维的发展，而试图代之以对话法、讨论法，却忘了杜威早就告诉我们，“基本的事实是，讲课是刺激、指导儿童思维的场所和时间”[②]。

有时，我们甚至都不愿花太多时间对各种新理念的实践效果进行评估，就去推广某种新理念了。比如建构教学、发现教学、问题教学、体验教学、探究教学等在理论界颇受欢迎，不少专家学者纷纷表示支持并主张大力推广，但很多实证研究的结果却是，这样一类倡导学生主体性、淡化教师作用的教育方法在实践中并不实用，对学生的学习并没能起到积极的作用。[③]遗憾的是，我们没有耐心等待这些源自西方的教育理念在西方的教育实践中的检验结果，也没有在自身的教育中进行充分检验和评估，仅仅是因为理念“新”，给我们带来了观念上的冲击，就匆忙推广了。

正是因为不少新理念在推广之前既没能在理论上达成共识，也尚未在实践中取得良好的效果，因此很多时候都只是“为了推广而推广”，是为了完成任务而进行的推广，一些教师对各种新理念表面上搞得很热烈，实际上并不认同这些理念。笔者曾采访过一位高中教师Z老师[④]：

访谈者：为什么所有老师都喜欢满堂灌输呢？

Z老师：要高考啊，不这样怎么高考？

访谈者：难道就没有别的提高学生成绩的方法么？

Z老师：这种方法最管用，你看有哪个老师不这么干的？高考压力大，我们只能这么教。

访谈者：既然你说老师们一直是这么教的，说明没有试过别的办法。没有试过，怎么确定别的办法不管用呢？

Z老师：那你说有什么方法？你教我还有什么方法管用？

① D. P. 奥苏伯尔，等. 教育心理学——认知观点[M]. 佘星南，等，译. 北京：人民教育出版社，1994：192.

② 杜威. 我们怎样思维·经验与教育[M]. 姜文闵，译. 北京：人民教育出版社，2005：213.

③ 保罗·基尔希纳，约翰·斯维勒，理查德·克拉克. 为什么“少教不教”不管用——建构教学、发现教学、问题教学、体验教学与探究教学失败析因[J]. 钟丽佳，盛群力，译. 开放教育研究，2015（2）：16–29，55.

④ 周序. 应试主义教育的规训及其逻辑[D]. 北京：北京师范大学博士学位论文，2012：113–114.

访谈者：我是想知道老师们都试过些什么办法，因为我听说有的学校改走素质教育的道路，成绩也提升了。

Z老师：我感觉那些都是“包装”出来的，是夸大其词了，如果真有这种方法，我们还不赶紧跑去学过来啊！你说的这些，专家、学者都来讲过，大多是些空话，实践当中不是这么回事儿。

可见，Z老师是满堂灌输的忠实拥护者，笔者不想去揣测他思想保守、教法落后，而是更愿意相信他选择满堂灌输是对高考的一种妥协、一种无奈。在他看来，素质教育无法帮助学生提升分数，从应试的角度出发，实践中只能紧抓满堂灌输这一武器，这是他坚持采用满堂灌输的理由。

但令人欣喜的是，近两年来，这一局面在实践中已经出现了“破冰”的迹象，表现为教师们对新理念的运用，对学生能力的培养不再是“被迫的”“无奈的”，而是开始成为一种自觉自愿的尝试。这中间当然有前一阶段“被迫尝试”中积累下来的经验的功劳，但和新一轮的高考改革之间也不无关系。

例如，2010年的时候，全国各地“幼升小”的竞争还非常激烈，《中国青年报》报道说，在北京、上海、武汉、成都等地方都存在着激烈的“幼升小”竞争。该报道引用一位资深教育人士的话说：“要上一个好的大学就必须上一个好的中学，要上一个好的中学就必须得上一个好的小学，长此以往，‘幼升小’的竞争自然越来越激烈。”[①] 然而，近年来，家长们的这一教育观念正悄然发生转变。正如一位家长所说：“孩子在幼儿园期间就是应该快乐地玩，而不是为了应对‘幼升小’，就要逼迫他去学多少知识。”这样一种观点得到了不少家长的认可。

不仅家长的观念发生了转变，中小学教师也不例外。一位高中英语老师的话令笔者印象深刻：

我现在上英语课不再像以前那样只盯着考点教，不是只想着尽可能多地布置题目给学生做，其实老师自己也不想成为这样一个只会“应试”的教书匠。现在我会有意识地让学生通过对话讨论课文当中的观点，让他们发表自己的看法，即便这些观点、看法跟高考

① 周薇．“幼升小”雷人试题考糊家长[N]. 中国青年报，2010-07-21（4）.

无关，那也没关系。老是让学生去应试，他们会烦，我自己也烦，长此以往，学生对英语的兴趣就逐渐淡了，对他们的应试也没有好处。还不如让他们练练对话，培养他们的兴趣。只要能让学生对英语有兴趣，就能长期坚持学英语，对应试也有帮助。

从这位英语老师所说的话来看，她并没有放弃应试，但她不甘心在应试主义教育的汪洋中随波逐流，而是试图在学生的学习兴趣和分数之间达成一个平衡。需要说明的是，这位教师的想法并不是一时的心血来潮，也不是年轻气盛所致。她已经有十多年的一线教学经验，用她自己的话来说，这一转变是她心甘情愿的，是她“想真正教点书”的意愿所致。在她所任教的学校，有着类似想法的教师还不少。

一位教研员告诉笔者：

这两年来，高考的理念也在变，越来越多的题目不是考查学生的知识记忆情况，而是考查学生的能力。这种局面随着新一轮高考改革的推进肯定会进一步深化。它肯定会给基础教育教学带来一些积极的影响。

按照这位教研员的说法，一线教师和家长观念的这种转变，和近年来的高考改革之间存在着一些联系。近年来，高考在命题思路、选拔标准上发生了变化，更重视“能力”这一指标，因此，即便是从“应试”的角度出发，在分数之外更加重视学生的综合能力、综合素质，也成了大势所趋。虽说受命题技术的限制，目前高考试卷中的“能力题”还不能完全考查出学生的能力，“应用题”也未必能检测出学生应用知识的水平，但它带给人们一种认识，即能力、素质在高考中的比重会逐渐增大，它不是站在分数的对立面的，而是获得分数的前提。

强调“能力优先”的高考改革理念必然会对教学实践产生影响，从而导致教育实践当中的观念转变——“素质教育”得动真格了，“能力为本”要抓落实了。虽然这一转变还处于起步阶段，尚未形成规模效应，但它已经从理论界走向了实践，从行政命令变成了自觉尝试，是实践中正在酝酿的一场“静悄悄的革命”，蕴含着积极的正能量。

二、从无奈到觉醒

从总体上看，无论是数量上还是程度上，“静悄悄的革命”都还不能说是目前我国基础教育的基本特征，在实践中起主导作用的依然是应试，广大教师必须致力于帮助学生应试，这不能不说是一个无奈的现实。

教师们在课堂上“满堂灌输”，要求学生“死记硬背”，在课后还留大量作业实施“题海战术”，并不代表教师们就真心喜欢这些方式，相反，“我也不愿意这样教”“我也是被逼无奈”等声音不绝于耳。与之形成鲜明对比的是，诸如“核心素养”“尊重生命的课堂”“师生之间的和谐对话”之类，虽然很多教师不知道该怎么操作，甚至对其心存疑虑，但他们对这些概念所代表的理想的教育也都心向往之。对应试主义教育越是反感，对这种理想教育就会越发向往，对现实越无奈，也就越发寄希望于改革。可以说，一些教师的指责和不满，其实也是一种失望，一种对改革未能达到预想目标、没能实现理想状态的失落。

在新课改实施之初，教师们对新课改的认识更多地停留在工具层面，例如当时有相当一部分教师、教研员认为，新课改就是“使用新教材”；“课程资源”的多寡成为教师们判断新课改能否推进下去的重要指标，有45.6%的教师认为学校实施课改的最不利条件是教学设施等物质条件不能满足教学要求，44.2%的教师认为实验中遇到的最大困难是缺少课程资源，70.4%的教师感到使用新教材的过程中最大的难点是缺乏课程资源。[①]相比之下，“新课改到底希望达到一个什么样的效果”“新课改需要教师在哪些方面进行自我剖析和突破”之类的反思还未成形。四五年前，诸如前文提到的Z老师那种墨守成规、抱住满堂灌输不松手的教师也还大有人在；但今天，在“分数能力两手抓”方面自觉进行探索的教师开始多了起来。

在经历了“素质教育”与“新课程改革”两次轰轰烈烈的“教育革命”之后，我们逐渐认识到，我国基础教育的关键不在于课堂教学的理念要转变，而在于高考导向和教学理念必须一致。20世纪90年代推行素质教育以及2001年开始推行新课程改革的时候，高考特别关注公平，“分数面前人人

① 国家基础教育课程改革实验区工作评估团．国家基础教育课程改革实验工作评估报告[J]．课程教材教学研究（中教研究），2002（Z1）：95.

平等”，一切以分数高低说了算，这必然导致教学中狠抓分数、死抠分数。因为在这个阶段，高考的“分数导向”和教育的“能力导向”不相匹配，这也造成各种新的、看上去非常吸引人的教育理念大多停留在学术层面，在实践中很难引起共鸣，更不要说取得成功了。但近些年来，从“自主招生考试”到“中学校长实名推荐制”，从“不分文理高考”到“等级赋分”，从“一考定终身”到“多次考试取最高分”，高考改革的理念逐渐从“公平为主”过渡到了“能力优先”，更加看重能否选拔出综合素质强的人才。在这样的背景下，在日常教学中逐渐淡化应试主义，不仅符合各种新理念的要求，也和高考改革的大方向一致。虽然目前高考改革还不彻底，很多细节措施还没有出台，例如现有的高考命题技术还不能很好地将能力优先的理念贯彻下去，但至少高考改革的风向已经变了，因此一线教师才不至于像以前那样担心教学变革会影响高考成绩。即便教师们依然坚信“分数至上”，但他们的内心却发生了转变：如果我的教学再不改的话，可能就跟不上高考改革的步伐了，学生的分数也可能受到影响，因为高考改革和教学改革的理念是一致的。正因如此，笔者认为早期的素质教育和新课程改革中，基础教育的变革只能说是理论层面的宣传和推广；而近些年高考改革新方案的陆续出台，摒弃应试主义教育，主动探索新的教学方式，开始成为不少教师一种自觉的尝试，并且形成了一定的规模。因此在笔者看来，一线教师对培养能力、提高素质之类教学理念发自内心的认同，并非始于素质教育和新课程改革，而是随着近两年高考改革新方案的陆续出台而开始的。

当教师们对培养能力这一理念产生了认同，并对诸如综合素质发展、核心素养等理念进行自觉尝试的时候，如果他们发现这些理念难以落实，或者落实的效果不佳，自然免不了对新理念的效果尚未实现而感到不满与遗憾。可以说，高考的新动向带来了教师教育意识的觉醒：基础教育对学生来说不仅具有工具性，还具有教育性。教师们希望基础教育不仅可以成为学生的“跳板”和“敲门砖”，也能给学生带来真正意义上的发展，即便目前这样的发展还难言理想。

三、教育新观念的萌芽

正如笔者在第一章中所说，我国的高中在官方文件中屡屡被定位为“大学预备校”；而在民间观念中，中学阶段的努力学习是为了考上好大学的观念更是普遍存在。这是一种典型的工具化定位——中学教育的价值不在于中学教育本身能够促进学生的发展，而在于可以给学生带来中学教育之外的收获——考上大学。教育的这种工具化定位和学生及其家庭实现社会阶层自下而上纵向流动的愿望顺理成章地紧密结合在一起，成为一种颇为强势的观念：什么也没有我（或我的子女）考大学重要。高考之前父母假装恩爱，高考之后立刻离婚；因为孩子当天要参加高考，母亲穿上含有吉祥寓意的服装；教育局的补课禁令遭到了家长的集体抵制……诸如此类，都是这种观念的体现。

上大学、上好大学的观念过强，必然导致激烈乃至残酷的升学竞争，拉关系、走后门、迎送往来、花钱购买升学名额等现象屡见不鲜，这就需要有一种强力的保障公平的机制，让升学竞争维持在一个可控的、非恶性的范围之内。选择“分数面前人人平等”作为公平的象征，将分数和公平绑定在一起便是人们的一种无奈选择。当人们极力地追逐分数的时候，必然产生应试主义教育的现象。所以说，应试主义教育的泛滥是“在维护公平的前提下追求向上流动”这一社会文化观念的产物，是社会问题在教育当中的一个反映。

需要引起我们注意的是，在上述逻辑当中，我们只看到了“社会”的因素在起作用，却没有发现“教育”因素的身影。为了实现社会性的目的，屡屡出现扭曲乃至牺牲教育目的的情况。例如为了高考，我们可以暂时放下全面发展，不要兴趣和爱好……应试主义教育虽然表现为一个教育问题，但对其产生实质性影响的，却不是教育的思想、理念或者规律，而是社会性的因素。当社会性的因素太强的时候，教育的因素就很难发挥作用。

蔡可将新课改称为“尚未完成的教育启蒙”①，笔者认为有一定道理。在新课改当中，很多中小学教师都采取了“穿新鞋走老路”的态度，阳奉阴

① 蔡可．新课改：尚未完成的教育启蒙[J]. 北京大学教育评论，2013（4）：51-62.

违、应付了事。虽然改革的发起者试图用“学生中心”“以人为本”“培养能力”等教育理念对一线教师进行“启蒙”，但由于高考的分数至上，这一启蒙至今尚未完成，或者说难以完成。

近年来，高考理念开始逐渐趋向“能力优先”，这一改革的新动向也影响着基础教育从片面强调工具性转向也强调教育性，强调重视学生的素质发展、能力养成。如果说以前我们号召素质教育会因为其理念和高考的现实不吻合而引起担忧甚至抵制，那么当高考理念和教育理念“并轨”之后，素质教育就可能成为教师们主动而自觉的选择。这里的逻辑是：如果教育教素质，考试也考素质，那么素质教育就有助于学生成绩的提升。

教师新教育理念的觉醒固然可喜，但也不能理所当然地认为这样一种强调能力的教育观念一定就能发展壮大，既不妨碍大家使用基础教育的“跳板”功能，也能让人认可基础教育本身对学生发展的价值，甚至还能够对“通过分数实现阶层流动”的社会观念产生一定程度的牵制作用，将基础教育彻底解放出来。就目前来说，这样一种教育观念还很脆弱，还处在萌芽阶段。必须承认，高考较之以往更加强调能力，但并没有也不可能抛开分数，因此应试主义教育不会马上消失。我们还必须进一步努力，让这一还处于萌芽阶段的教育新观念能够持续发展下去。

教育观念的觉醒或者说“启蒙”，关键在于教师，但绝不只在于教师。说关键在于教师，是因为他们是基础教育的直接实施者，他们的教育观念，往往影响着他们在实践中的表现。新课改之所以被看成一次“尚未完成的教育启蒙”，是因为新课改把过多的希望寄托在教师身上，而未考虑制度的作用，而偏偏制度是另一个更为关键的因素。

无论是“成长记录袋”“走班制”“综合素质评价”等具体措施，还是“学生中心”“多元发展”“核心素养”等流行理念，都离不开一个与之相适应的制度，不仅仅是教学制度的更新，还包括考核制度的进步。新课改虽然也推出了不少旨在保障各种理念和措施能够推行的制度，例如鼓励探究性学习，要求教师少讲学生多讲，倡导以鼓励取代批评和惩罚，但这些主要都是教学方面的制度，考核方面尤其是与高考相关的制度，基本上都还维持原状，甚至认为考试不改，课程改革照样可以顺利推进。当“制度”变革显得滞后的时候，“器物”和“文化”方面的改革就好像绑上了沉重的脚链，显得步履蹒跚。

新一轮高考改革体现出了制度方面的破冰，陆续出台了诸多注重考核能力的高考改革方案。这也是看重教育自身价值的教育新观念能够觉醒的保证。要让这种处于萌芽当中的教育新观念能够不断发展壮大，让它对已经影响基础教育太久的各种社会性的观念造成冲击或牵制，需要在高考制度变革方面下足功夫，加大力气，使高考改革和基础教育变革能够实现方向相同，步调一致，同步前行。高考制度的更新，不能仅仅停留在理念层面，而是需要我们研究出具体的技术来加以落实，比如：高考试图考查学生的真实能力，那么什么样的试题才能考查学生的真才实学而不是应试的技能？高考希望实现“不拘一格降人才”，那么在“不拘一格”的时候，如何避免弄虚作假、徇私舞弊的现象发生，使我们可以公平公正地“不拘一格”？在这方面，我们还有很长的路要走。目前来说，教学方面的改革已经走在了高考改革的前面，只有不断探索、不断进步，使高考改革跟上教学改革的脚步，才能有效地呵护这一来之不易的“觉醒”，使其成为中国基础教育未来发展的希望。

第三节
“应试”规训中的教育智慧

无论在哪个地方、在何所学校，应试主义教育的特点都差不多：教师大量采用满堂灌输、题海战术的教学方式，学生则经常死记硬背，并通过频繁的考试来“找感觉”、自我检测、积累经验。因此，有人用“千校一面”来形容中国的高中教育。其实不独高中如是，初中、小学也有这方面的问题，而且一些原本对满堂灌输和题海战术表示抵触的师范生，在真正走上工作岗位之后往往也逐渐被同化成了应试主义教育的拥护者；原本对分数和考试感到厌倦的学生，也十分关注自己的考分高低和在成绩排行榜上的位次。

这时，教育便带上了规训的色彩。“规训”并非一个天然的贬义词。规训方式看似简单、机械，甚至往往还带有强制性，但规训背后自有一套特定的价值观念、行为习惯、文化信仰等。我们强调人应该遵纪守法，对于敢于违法乱纪的人一定要依法处理，这其实就是用法律对人进行规训的体现。所以说，人的发展过程必然伴随着对自身不断进行规训的过程，规训可以使人逐渐克服自身的陋习，向着更加理性、更加道德的方向进步，它能帮助人更好地实现自身的社会化。在教育当中，“适当的规训是十分必要的，我们不能简单的将这种对‘恶’的规训控制视为不民主以及对学生的压制与摧残”①。

但应试主义教育的规训却没有这么美好。它有两个新的特点：一是规训的目的不是为了帮助学生发展，让他们更好地适应社会，而仅仅是为了促进学校升学率的提高；二是规训的对象不只是学生，就连规训的实施者——教师，也在无形当中被规训了。任何一个教师，从他们走上讲台的第一天起，

① 于伟，戴军. 福柯教室中的微观权力理论述评[J]. 东北师大学报（哲学社会科学版），2005（2）：143.

就置身于一个“考选社会”当中，帮助学生应考是手段，目的是让学生通过选拔。如何采取这一手段、达到这个目的，在各套教育学教材中、各种教育理论中都未曾提及。师范院校里教授的、教师培训课程中专家们传递的那些看起来高大上的理念面对现实中的种种问题时，显得如此无力，他们必须尽快接受一套崭新的实践套路和模式，并将其内化到自己的教育观念当中。这个过程中，教育的理想和现实之间必然产生激烈的冲突，从而使教师的行为方式显得复杂而多样。尤其是当高考越来越重视对学生的能力、素质进行考查的时候，试图挣脱应试规训的尝试更是越来越多。

一、并不彻底的“反叛”

随着新一轮高考改革的实施，教师们的教育观念不断受到冲击。如果说此前基础教育的特征可以被概括为“要分数不要能力”，因而招致批判的话；那么此时此刻，很多教师心里想的就成了“在不影响分数的情况下尽可能提高学生的能力”，或者“通过提高能力来促进分数的提升”。简单地说，身处高考压力之下的教师不再是完全消极被动地被应试所规训，他们会运用自身的教育智慧，创设出令学生耳目一新的课堂，这类课堂一般不会妨碍学校对升学率的追求，但能够提升学生的兴趣，实现一定程度上的创新，可以说是对应试规训下的基础教育的一种调整。

当然，这种反叛并不“彻底”，毕竟高考改革的新方案并未打破“凭分录取”“分数面前人人平等”的原则，分数仍是左右学生命运的关键。因此教师们的创新、突破，主要是让学生“用一种相对不那么痛苦的方式来追求分数”。这和理论界反复强调的“能力本位”“走出分数误区”之类的观念并不是那么吻合。笔者曾和一位中学英语老师深入地讨论过“高分低能”这一说法。在我们看来，“一个学生的‘高分’背后，是有多种多样的能力或素质作为支撑的；分数越高，支撑它的能力或者素质就需要越强”[①]。诸如记忆能力、运算能力、阅读能力、理解能力、写作能力，以及踏实、认真、勤奋、守时等，都是“高分”的保证。笔者曾多次为四川、江苏、广西、浙江、福建等地的中小学教师做教学技能培训，发现多数教师也不认可“高分低能”

① 周序，王卉．解读“高分低能”[J]．中国教师，2016（11上）：89.

的说法。教师们的理由很简单：如果“高分”者真的“低能”的话，每年各大名校录取的那么多高分考生，难道都是“低能儿”？所以，笔者更愿意将“高分低能”的说法理解为人们对应试主义教育造成的恶果的一种情绪化宣泄，却不认为它是一个对现实的描述。至少广大教师很少将“分数”和“能力”视为二元对立、不可调和的两方。

具体地说，就是要找到分数和能力的契合点。即便是在追求分数，也不是追求一时的效果，而是要追求长期的结果。郭思乐区分过“效果”和“结果”两个概念。他认为，效果不仅涉及受教育者本人真正学得怎么样（也即能力有没有得到提升），更在于成人的需求（有没有考上重点大学、是否提升了学校升学率）。效果是一种短期的表现（考试的时候分数高就行），而非最终的状态（长远发展如何）。[①]杨东平形容应试主义教育关注的是“短平快”，关注“知识点和‘提分’”[②]，同样表达了追求外在的、短期效果的含义在里头。因此，郭思乐和杨东平都呼吁教育应当着眼于长远，抛弃短视的行为。

郭思乐充满诗意地说这种着眼于长远的教育应该是“静待花开”般的，不逼迫、不催促，让学生根据自身的兴趣自然而然地发展，使长远压倒短视，让能力战胜分数。[③]他还举了一个例子：某高中的一个63人的实验班（非重点班）的数学考试平均分达到了146分（满分150分），主要原因是执教者充分尊重学生的兴趣，把核心性的学习还给了学生。[④]所谓“把核心性的学习还给了学生”，即不是简单粗暴地追求分数，而是着意于学生能力的提升。然而从实际情况来看，教师采取“静待”的态度，能够让学生恰好在高考的时候“花开”的案例，却太过罕见。因此这一案例固然令人欣喜，却不具备太大的可推广性。

“静待花开”的思想给我们的启示在于，如果我们不是将这种追求能力

① 郭思乐. 静待花开的智慧：教育是效果之道还是结果之道——关于有效教学的讨论[J]. 教育研究，2011（2）：16-19.

② 杨东平. 重新认识应试教育[J]. 北京大学教育评论，2016（2）：4.

③ 郭思乐. 静待花开的智慧：教育是效果之道还是结果之道——关于有效教学的讨论[J]. 教育研究，2011（2）：15-21.

④ 郭思乐. 静待花开的智慧：教育是效果之道还是结果之道——关于有效教学的讨论[J]. 教育研究，2011（2）：19.

的、“把核心性的学习还给了学生”的教学方式贯穿于整个学期、整个学年或者整个基础教育阶段，而是在某些课堂里偶尔为之，或可给学生耳目一新的感觉，在一定程度上改变分数和能力相互对立的局面，甚至可以让能力给分数打下一定的基础。如果我们找到了这样的案例并加以宣传和推广，相信能为基础教育的变革提供一些有价值的参考和借鉴。

二、学科交融的课堂

2016年，笔者在一次调研中走进了某中学的课堂，目的很简单，就是想听听那种完全没有准备过的，不属于公开课、示范课的日常教学课堂，看看新一轮的高考改革究竟有没有对教师们的日常教学产生影响。其中一堂语文课给笔者留下了颇为深刻的印象。这位语文老师上的是如何鉴赏杜甫的《咏怀古迹五首·其三》：

教师：如果我们把作者写这首诗的时间定为“此时此刻”，那么我们看，这首诗的前两句“群山万壑赴荆门，生长明妃尚有村”，写的是作者来到王昭君的故乡荆门（今湖北秭归），在这里发现了王昭君生活过的村落。作者的这番游历，是此刻发生的事，还是过去发生的？或者是将来发生的？

学生：现在发生的。

教师：既然是现在发生的，说明这两句是实写，还是虚写？

学生：实写。

教师。对了。写的是作者本人的所见所闻，当然是实写。大家想一下，在英语时态当中，描述现在的时态是一般现在时，还是过去时或者将来时？

学生：一般现在时。

教师：好的。接下来的两句“一去紫台连朔漠，独留青冢向黄昏”，写的是王昭君从紫台出发，来到朔漠。紫台就是王昭君生活过的汉宫，在今天的西安，而朔漠，在今天的内蒙古境内。说的是王昭君和亲到朔漠之后，就在那里终了一生。这是作者亲眼所见还是想象？

学生：想象的。

教师：还是实写吗?

学生：是虚写。

教师：昭君出塞的事情，发生在现在、过去，还是将来?

学生：过去。

教师：那应该是什么时态?

学生：一般过去时。

教师：这个时候我们就发现，一般现在时的诗句是实写的，而一般过去时的就成了虚写的了。

教师：接着往下看，“画图省识春风面”，说的是什么事?

学生2：皇帝通过画师的图像来判断王昭君长得好不好看。

教师：这事发生在什么时候?

学生：过去。

教师：跟出塞这件事发生的时间相比呢?

学生3：更早。

教师：对了。昭君出塞已经是过去的事情了。画图这件事既然发生在昭君出塞之前，那就是过去之过去。是什么时态?

学生：过去完成时。

教师：是实写吗?

学生：虚写，因为是过去的事情。

教师：对了。过去完成时也是描述过去的事情。紧接着的“环佩空归夜月魂”，是作者在写作这首诗的时候仿佛感觉到了王昭君的魂魄归来，还在过去吗?

学生：不是，又回到了现在。

教师：所以是?

学生：一般现在时，是实写。

教师：最后两句“千载琵琶作胡语，分明怨恨曲中论”，意思是昭君当年弹奏琵琶的声音传送了千年，持续到现在，是“过去”之后发生的事情，过去的将来，是什么时态?

学生：过去将来时。

教师：实写还是虚写？

学生：虚写。因为是作者想象的。

这样，授课教师结合英语当中的不同时态，不但将这首诗的时间转换线索给学生捋得很清楚，而且将诗句描写内容的虚与实向学生做了清晰的交代。学生们也是第一次接触“用英语来学习语文”的课堂，都显得兴趣十足。

紧接着，授课教师在黑板上建立了一个平面直角坐标系，横坐标表示时间，纵坐标表示位置，并根据前面所述的时间、地点关系，在黑板上标出了出塞、画像、埋冢三个事件在坐标系当中的位置，给学生一个更加直观的印象，如图1：

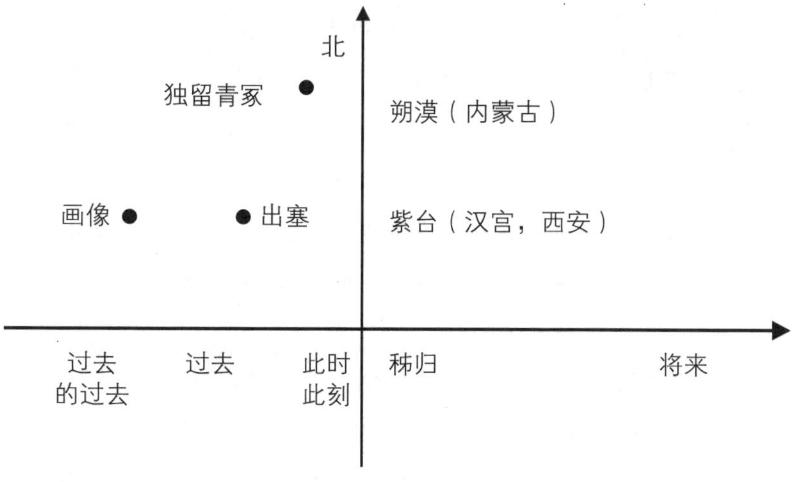

图1

然后，将这三个点和坐标原点（此时此刻、秭归）用直线连在一起，如图2：

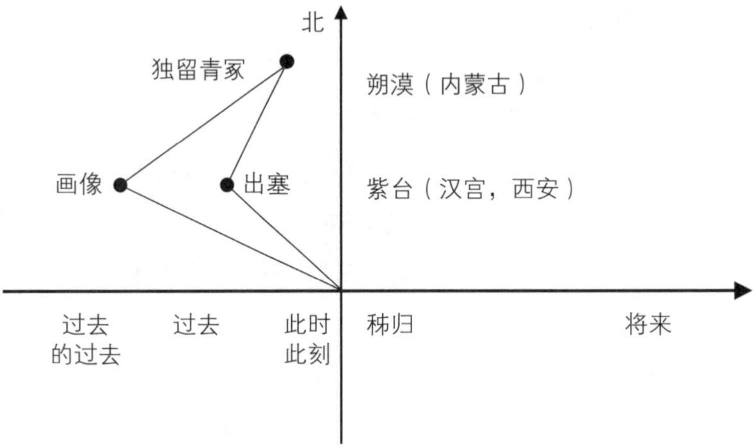

图2

教师：这个图像什么？

学生：风筝。

教师：还真有点像。看过《红楼梦》的同学应该知道，《红楼梦》中的探春这个人物，就被人们拿风筝来比喻。为什么呢？因为在封建社会，女子远嫁是一件比较可悲的事情，就像是断了线的风筝一样，没有了根基。我们发现，王昭君的人生轨迹的几个点，连在一起也像一只风筝。我们可以推测一下，对昭君远嫁塞外，作者在诗中表达的是一种什么样的态度？是感到欣喜，还是哀叹？

学生：哀叹。

当这堂课上完的时候，学生们纷纷感叹“原来数学和英语也可以用来帮助学习语文!”正是这种别出心裁、颇为“另类”的教学，使学生在学习的时候不是被老师强行灌输各个诗句的翻译，不是死记硬背各个词的含义，而是真正学会、学懂了这首诗。

笔者还访谈了一位物理老师。他告诉笔者，他很喜欢在物理课上讲一些物理史趣闻。比如，他会跟学生说欧姆当初曾经推导出一个错误的公式，未经仔细检查就发表出去了，结果对欧姆的学术声望造成了非常不好的影响，后来他付出了比其他科学家更多的努力，才逐渐恢复声望，赢得学术地位，而帮助他赢回声望的就是欧姆定律——正是他们这节课的教学内容；他还跟学生讲过安培误把兜里的怀表当作鹅卵石扔进了塞纳河，把马车车厢当成黑板进行电学运算，以至于跟着马车飞奔等八卦趣事；还跟学生聊过伽利略在罗马宗教裁判所受审的经历，以及开普勒不相信占星术却不得不替皇帝占星算命的无奈；甚至一本正经地跟学生讨论“当年究竟有没有那么一个苹果砸到了牛顿的头上”。他说，讲这些物理学家的奇闻轶事虽然看似有些耽误教学时间，却能在一定程度上调动学生学习物理的兴趣，加深学生的印象，能够使教学效果更好。

这两位教师的教学设计都可以说是别出心裁，但其实他们的教学思路存在共同之处，那就是打破学科之间的界限，运用多学科交叉的方式，语文可以和英语、数学交叉，物理可以和历史交叉。学科交叉教学方式以前也有，但多数教师认为，这种方式费时费力，看起来新鲜别致，但影响效率，还可能对学生的成绩造成不良影响，因此在实际教学中采用得不多。笔者在这次调研时一下子碰到好几位教师采用学科交叉的方式进行教学设计，这和“不分文理高考”方案的出台，应该不无联系。正是因为高考改革越来越体现出不分文理、能力优先的倾向，因此教师们也开始试图对应试主义教育的规训做出一些突破。他们当然还不敢全面抛弃满堂灌输、死记硬背、题海战术、“周周清”“堂堂清”等惯用的方式，但在个别课堂上进行学科交叉、综合训练，已经成为基础教育实践中的“星星之火”。当然，这样的做法教师们还只能是偶尔为之，但它却是教师们根据实践经验总结出来的一种既能在一定程度上调节片面应试的状况，又不会对学生的高考分数造成太大影响的教学思路，是值得肯定的。

三、一个可能的发展方向

但要让“星星之火”变得“可以燎原”，却并非易事。上述两位教师都曾提到他们担心这类教学方式会降低学生学习的效率，因为语文课上要花时间去分析英语时态，建立平面直角坐标系；物理课上要花大把的时间去讲故事。但学生在这类课堂上兴趣更大，记忆效果也更好，用教师们的话来说，虽然开始的时候学得慢，但可能后来居上。如果真是如此，就做到了一边培养素质，一边还不影响高考成绩——前面学慢一点、考差一点无所谓，到高考的时候调整过来就行了！

不过，这类课堂要想成为今后基础教育发展的方向，还面临着不小的困难，需要学校、地方教育部门以及家长为教师们营造更加宽松的教育环境。这是一种“厚积薄发”的教学，学校、家长不能对学生的平时成绩太过于斤斤计较。因为在“厚积”阶段，考试成绩可能会相对落后于传统应试主义教育课堂中走出来的学生。在这样的教育当中，虽然也有应试的压力和竞争，但大家都要平心静气、不急不躁，不计较一城一地的得失，不看重一时一刻之长短，安安心心地等待最终“薄发”的那一天。可以说，这是一种相对理想的应试教育，而非已然将教育的本质扭曲了的应试主义教育。

那么，在新高考改革的背景下，这种相对理想的应试教育究竟有多大可能实现呢？新高考改革虽然已经强调对学生的能力、素质进行考查，但是无论何种能力、素质，均需转换为分数这么一个可加减、可比较的指标来进行衡量。因此，考取高分、争取排名，在可预见的未来依然至关重要。应试竞争和商业竞争的不同之处在于，商业竞争是不透明的，只有在宣布竞标结果的那一刻，你才有可能知道竞争对手的底牌是什么；而应试竞争在很大程度上是透明的，考试一结束，学生很快就能知道有多少人比自己考得好，教师就能知道自己所教班级在整个年级当中排名第几，学校也知道自身在全区、全市究竟排位几何。如果排名不甚理想，学生、家长、教师、学校都会如临大敌：我这么学下去，真的能够“后来居上”吗？我这么教下去，真的可以让学生“厚积薄发”吗？高考事关无数学生的人生命运，如果教学改革短期内没法见成效，便可能导致学生灰心、家长疑虑、学校不满，从而使这样一种“静待花开”式的教学变革面临巨大的压力。

以呵护兴趣、培养能力为目的的教学方式，教师们大都不敢经常使用。尤其是当学生在某次考试当中出现“排名不甚理想”的情况时，教师往往会面临来自学校或家长要求“及时调整教学方式、策略和进度”的压力。“静待花开”的教学虽然充满了诗一般的意蕴和人性的关照，但毕竟谁也无法保证，高考的时候学生刚好到了“开花”的时候。学校和地方教育行政部门制定的将教学奖励“分摊”到大大小小的单元检测、期末考试、模拟考试中的考核制度，也为实现这种理想化的应试教育增添了障碍：任何一次考试排名较高，都能获得相应的奖励；如果平时排名落后，即便在高考的时候排名靠前，也往往被视作偶然而无法得到充分的认可。这也使得所谓“厚积薄发”“后来居上”的教学大多停留在设想层面，在实践中难觅生长的土壤和空间。

因此，要想实现教学模式的改革，需要教师们运用自己的教育智慧，探索出既能呵护学生的兴趣、培养他们的能力，还能帮助他们快速掌握知识内容，不至于太多影响分数的教学策略，从而使自己的改革措施能够得到学生、家长和学校的认可。这虽然看起来有些强人所难，但教师们的智慧是无穷的。一位化学老师对笔者说过他从别人那里学到的一个案例：

> 化学里面的金属活动性排序是要求学生背的，这样他们可以快速地对一些化学反应做出判断。顺序是钾、钙、钠、镁、铝、锌、铁、锡、铅、氢、铜、汞、银、铂、金……按顺序记起来很枯燥，学生经常记不住。后来有人编了这么一句顺口溜：嫁给那美女，身体细纤轻，统共一百斤。诙谐又好记。我们学校有老师就是这么教的，我觉得挺好，也跟着这么教，学生们背起来好玩又好记。

像这样的教学方式，对提升“能力”来说虽然未见得有多好的效果，但把枯燥的记忆变成了有趣的口诀，让学生觉得“化学还能这么有趣”，对提升学生学习化学的兴趣多少会有些帮助。更重要的是，这样的教学不像此前提到的几个案例，需要学生先牺牲点分数去积累，而是一开始就可以转换为实实在在的学习效果，甚至比应试主义教育当中惯用的死记硬背的效果来得更好。

当然，教师们的实践智慧并不总是体现在这种略显“无厘头”的教学技巧上面。下面这堂地理课中关于“正午太阳高度角的计算”这一知识点的教学更具启发性。

> 教师在黑板上出示例题：如果正午太阳光直射B点，B点的纬度为北纬23°25′，A点的纬度为北纬73°25′，求A点的正午太阳高度角（如图3）。

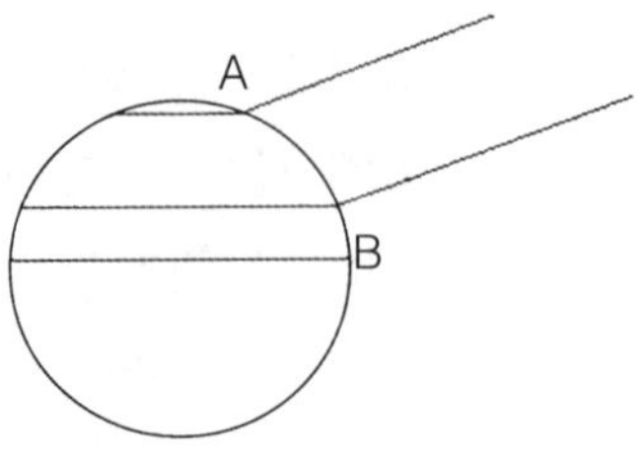

图3

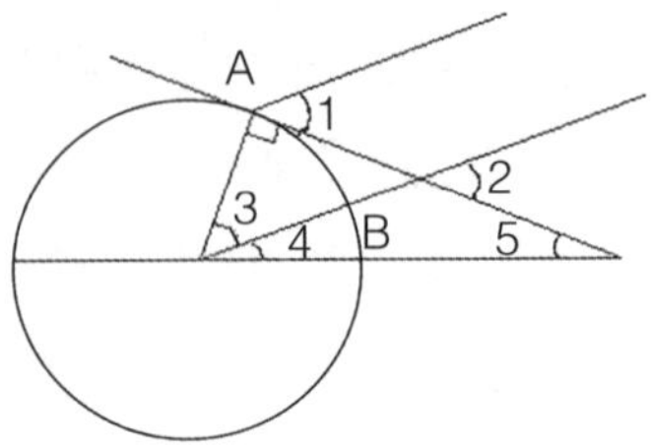

图4

教师：同学们，你们觉得，A点的正午太阳高度角应该怎么计算？

学生思考。

教师：我们作条辅助线来看一下。首先经过A点作地球的切线，使之与赤道的延长线相交；然后连接A点和圆心；将经过B点的太阳光延长至圆心（如图4)。这个时候，正午太阳高度角是哪个？

学生：是∠1。

教师：∠1和∠2是什么关系？

学生1：相等。

学生2补充：同位角相等。

学生3：老师,你怎么开始讲数学了？

教师：谁说地理题不能用数学来解决问题的？很多地理科研成果是用数学计算出来的。今天我们也来扮演一回研究地理的科学家，怎么样？

学生：好！

教师：∠2怎么算？

学生4：∠4+∠5。

教师：很好！∠4我们知道了吗？

学生：知道了，就是B点纬度。

教师：那么∠5怎么算呢？

学生：$\angle 5 = 90° - \angle 3 - \angle 4$。

教师演算：$\angle 2=\angle 4+\angle 5$

$=\angle 4+(90^\circ-\angle 3-\angle 4)$

$=90^\circ-\angle 3$

教师：∠3是多少？

学生：A点纬度 − B点纬度。

教师继续演算：$\angle 2=90^\circ-\angle 3$

$=90^\circ-(73^\circ 25'-23^\circ 25')$

$=40^\circ$

教师：算出来了吗？

学生：算出来了。

教师：所以，正午太阳高度角的计算看起来是地理问题，但我们运用初中时学过的平面几何知识就能够做出来了。简单不？

学生：简单！

这位教师并未遵循应试主义教育的惯用方式，将正午太阳高度角的计算公式“正午太阳高度角= 90° − ｜所求点纬度 ± 直射点纬度｜（同半球相减，异半球相加）”直接“灌输”给学生，更没有要求学生死记硬背这一计算公式，而是引入了平面几何当中的知识点来帮助学生掌握。从课堂情况来看，这位教师一开始用数学方法来指导学生解决地理问题的时候，学生们都觉得很吃惊，但也很感兴趣。更重要的是，这样的教学避免了学生死记硬背公式的时候将“同半球相减，异半球相加”相混淆，从而影响掌握质量的情况。因此无论是从能力培养的角度，还是从“快速提高分数”的角度来说，教学效果都是非常理想的。当然，这多少也得益于“不分文理高考”的改革方案。该授课教师说：“现在高考不分文理了，选修地理的不像以前那样都是文科生，所以我用数学方法给他们讲地理，他们都能接受。如果在以前，可能会有些困难。”

总之，高考改革新方案的出台，为基础教育变革指明了方向；但基础教育变革究竟成效几何，依然受制于高考，受制于分数。在这种情况下，需要一线教师运用自己的教育智慧，不断探索出既能培养学生的能力，又能在提高分数方面快速见效的教学策略。当然，这条路依然布满了荆棘，但它带给我们希望——或许这是一条能够带领中国基础教育脱离应试主义教育苦海之路。

第六章

“指挥棒”的转变

——微观改革的意义

基础教育变革和高考改革密不可分，高考一直被称作基础教育的“指挥棒”。在这种情况下，基础教育能否摆脱高考的控制？毫无疑问，高考“指挥棒”是悬在广大中小学教师头顶的“达摩克利斯之剑”，是关系基础教育未来发展的命运之绳。很多人关心：高考怎样才能不对基础教育进行“瞎指挥”？新一轮高考改革下的基础教育变革究竟应该何去何从？要回答这个问题，就不能回避高考的“指挥棒”问题。

第一节
高考“指挥棒”不应成为问题的关键

其实在日常生活当中，很多东西都可以被称作“指挥棒”。例如企业业绩是企业管理人员能否升迁的“指挥棒”，安全考核成绩是药品制造业的“指挥棒”，高考则是基础教育的“指挥棒”。很多“指挥棒”其实是带有“正能量”的。例如将企业业绩作为管理者升迁的“指挥棒”，可以让他们兢兢业业、勇于拼搏；将安全考核成绩作为药品制造业的“指挥棒”，可以迫使各大制药厂商严格程序、提高标准，造出“放心药”。为什么偏偏当高考作为基础教育的“指挥棒”的时候，会造成各种问题，引发不满呢？

一、高考“指挥棒”为什么争议诸多

能够被称为“指挥棒”的东西，大多和考核相关，而且还必须是具有高利害性的考核。例如对企业业绩、官员政绩的考核，对制药流程、标准等安全指标的考核。这类考核的成绩好、得分高，大家自然喜闻乐见。因为这意味着管理者领导有方、绩效突出；意味着药品质量令人放心，安全有保障。当我们运用安全考核成绩作为药品生产的“指挥棒”的时候，我们要考查的是药品的成分是否齐全、指标是否合格、生产环境是否卫生、制作流程是否规范……安全考核的各项指标基本上涵盖了制造出“放心药”必须满足的各方面条件，因此，这些指标的综合得分，能够客观地反映药品的质量。那么努力使各项指标均达到规定要求，就是积极提高药品质量的表现，这样就发挥出了这一“指挥棒”的正向作用。

那么，基础教育的“质量标准”应该是什么样的？通常来说，学生的发展可以大致划分为多样性和层次性两个方面。多样性即我们通常所说的全面发展，不仅指各个学科、每门课程之间不偏科，更是指德、智、体、美、劳各方面的综合发展。一个在科学与艺术、理论与实践、智慧与品德、文化与体育之间都能做到不偏不倚、综合发展的学生，才能实现真正意义上的全面发展。层次性则是指全面发展的各个方面、各个领域到底发展到了什么程度，能否不断进步，更上一层楼。基础教育需要培养的应该是既在多样性上做到广泛，又在层次性上做到深究的学生。这样的学生，才是真正意义上的优秀学生。高考作为评价指标，需要对学生发展的多样性和层次性进行衡量。当然，高考在这两方面都是有所考虑的：多样性体现在考试科目上，自1977年高考恢复以来，高考从来都不是某个单一的学科决定一切，而是多个学科的组合，而且组合方式日趋自由化、多元化。从“3＋2”到“3＋X”，再到最新的语数外加自选科目组合，都是多样性的体现。层次性则体现在各个科目的考试分数上面，分数高，意味着在这一学科领域内发展的层次也较高。正是因为高考对上述两个方面都进行了考查，因此可以说，高考分数可以大致反映学生的学习水平，升学率的高低也能够“在很大程度上反映中小学校的教育质量”[①]。这一点是应该予以承认的。

但是，当高考的“指挥棒”效应发挥作用的时候，情况就变得不同了。学生的高考成绩高，人们却要么指责学校和教师满堂灌输、死记硬背；要么指责高考导致学生高分低能，缺乏创新精神和实践能力。其中原因，主要并不在于高考对多样性的考查不全面，例如它将考试范围限定为几门文化课程，而且是从众多课程当中挑选出来的少数几门课程，因此无法全方位地对学生的德、智、体、美、劳进行综合衡量；也不在于它对层次性的衡量并不准确。高考“指挥棒”让人谈之色变，关键在于它会引发基础教育通过一种病态的、不符合教育教学规律的方式来对学生的多样性和层次性进行“揠苗助长”，不但不能有效地对基础教育的质量进行衡量，有时反而会影响基础教育的质量，因此这根“指挥棒”招人诟病。可以说，将高考分数作为衡量学生发展情况、衡量基础教育办学水平的考核指标，存在着巨大的漏洞。

打个比方来说，我们在生产药品的时候，各种原材料并不具备可供培养的“潜力”，我们也无须考虑这些原料是否有“兴趣”被制成药品，只要让药品的生产过程符合生产工艺的各项标准，让成品达到各项指标，就可以

① 王策三. 台湾教改与“我们的课改”[J]. 教育学报，2010（3）：7.

了。但基础教育的“原料”是人，是有血有肉、有感情、有个性的人。这些人即便最终达到了我们为之设定的各项指标，甚至最后也成了各类人才，但这是通过长期的满堂灌输、死记硬背、忽视兴趣等换来的，不会令人欣喜。如果一开始就将他们置于一个科学合理的、人性化的教育环境中，他们可能会取得更大的成就。升学率的高低虽然也从一定程度上反映了学校的办学质量，但并不是说升学率高，其办学方式就一定值得肯定，因为很多知名学校在高考“指挥棒”的影响下，也难免走上应试主义教育之路，只不过它们对学生的应试规训，对学生综合素质发展的束缚，程度相对轻一些而已。

高考的“高利害性”让这种应试主义教育禁而不止、取而不消。对于一般学生而言，死记硬背对提高分数的效果要好于活学活用，满堂灌输对提升成绩而言也要优于自主探究，起码从效率上来说要更高。古人早就告诉我们学习应该不愤不启，不悱不发，但经验发现，满堂灌输、死记硬背对提高分数更有效，因此高考的高竞争、高利害性容易将基础教育引到师生双方都废寝忘食地追求分数上去。罗杰斯和卢梭告诫我们，教学当中要坚持“学生中心”，做到“以人为本”，但实践中题海战术对提升成绩的作用更明显。有时，学校采取频繁检测、反复模拟考试的做法，还会被认为至少表明学校在帮助学生应对高考上尽力了。即便我们倡导“核心素养”、推广“三维目标”，甚至还将“实施素质教育”写入新修订的义务教育法，但始终未能改变高考“指挥棒”的巨大影响力。

二、假如没有高考“指挥棒”

那么，如果没有高考“指挥棒”会怎样？高考是具有高利害性的考试，这决定了它必然带有“指挥棒”属性。因此，那种“只要高考，但不要‘指挥棒’”的想法，就显得不切实际。如果我们不想保留高考的“指挥棒”作用，那就只能是直接取消高考。其实多年来，取消高考的呼声一直不绝于耳。1998年全国“两会”期间，就有代表明确呼吁取消高考①；还有人“炮轰”全国统一高考体制，认为“当前最为迫切的任务就是及早废除全国性的

① 林丹，等. 激进者一言惊人：“取消高考”[N]. 羊城晚报，1998-03-14（02）.

统一高考体制，让高考从全国大一统的‘镣铐’中解放出来”①。有的学者虽然言辞相对冷静，但依然清晰地表达了“逐渐取消统一高考，将高等教育入学选择权交给高等学校和考生本人”②的思想。如果真的取消了高考，自然也就不存在高考“指挥棒”了。

但40年来，高考并未因为其给基础教育带来的负面影响而被取消，坚持高考利大于弊者众而认为高考弊大于利者寡，主张改革高考者多而呼吁取缔高考者少。我们在批判高考“指挥棒”带来的应试主义教育问题的时候，往往会对高考的正向功能选择性无视，这其实是不公正的。例如，高考刚刚恢复时，题目简单，但许多考生连最基本的题目都不会。几年之后，考题难度便大幅提高，考生的答题水平也大大提升了，说明考生的文化水平已有很大提高，这便是高考以考促学功能的体现。可见，高考能极大地调动学生学习的积极性，提升人们的文化素质。再比如，学科割裂的情况曾是基础教育当中的一大顽疾，后来由于实施了“3+X”高考方案，教师的教学更加注重不同学科知识之间的融会贯通，学生的学习也更加注意打破学科知识的壁垒，至少在“文综”“理综”的“小综合”范围之内，学科之间的融合性得到了增强。随着中国加入WTO，全球化、国际化进程加快，“全民学英语”的现象给基础教育带来困扰，直至“语文加分、英语降分”“英语实行社会化考试”等考试改革方案出台，“英语热”开始降温，语文越来越受重视，基础教育也逐步加强了传统文化教育。这其实也是运用了高考的“指挥棒”功能，“指挥”人们加强对传统文化的重视，适当减轻对英语的过度热衷。可见，高考“指挥棒”绝非有百弊而无一利，而是也可以发挥出积极的、调节基础教育发展方向的作用。视高考“指挥棒”为洪水猛兽，将教育改革失败的原因全都推到高考“指挥棒”身上，其实是不公允也是不客观的。

这里存在一个有趣的逻辑：通常我们认为，如果一个东西存在很大的弊端，那么只要不让它存在，问题就解决了。但并不是所有的问题都这么简单。当我们说一个东西是利大还是弊大的时候，总得先有个参照物，才能一较长短，当参照物不存在的时候，简单地说这个东西弊大还是利大就显得毫

① 孙绍振. 炮轰全国统一高考体制[J]. 粤海风，1998（5）：7.

② 刘慧珍. 社会阶层分化与高等教育机会均等[J]. 北京师范大学学报（社会科学版），2007（1）：21.

无意义。那么，当我们说高考因为其自带的“指挥棒”效应给基础教育带来了种种弊端，我们是和一种更加理想的人才选拔方式相对比来说的吗？其实并不是。在历史上，我们曾经多次尝试用荐举制等人才选拔制度来代替科举制。“文革”期间，统一高考制度被废除，工作经验以及政治成分成为高校招生的基本条件，文化水准并非必要条件。[①]但这些做法并未取得良好的效果。没有科举考试，经济资本、社会资本就立刻成为人才选拔中的干扰性因素，入选者多为达官贵人、富商巨贾子弟；统一高考在“文革”期间暂停，个人的努力、付出、天赋、潜能都不如“出身”来得重要，这些都造成了人才选拔质量的降低。除考试和推荐之外，我们至今还没有看到其他有影响力的人才选拔方式出现，更遑论它是否比高考制度更加理想。

今日虽然已不同于科举时代，但我们依然没有找到一种可以全面取代高考的、比现有高考制度更好的人才选拔机制。如果为了去除高考的“指挥棒”效应而取消高考，采用举荐制等选拔方式，那么“分数面前人人平等”将不复存在，以分数为象征的文化资本也将不会再作为人才选拔的依据。当文化资本缺位，经济资本、社会资本、政治资本等必然争相占据这一空间，在高校招生中，拉关系、走后门、徇私舞弊等情况必将愈演愈烈，公平选才将成为一种奢望。这必然会导致人才得不到良好培养，引起人们不满，甚至导致社会动荡……所以说，在还没有找到可以代替高考制度的更好的人才选拔方案的情况下，哪怕高考存在诸多弊端，哪怕它的“指挥棒”效应让基础教育陷入了应试主义教育的误区，但比起取消高考之后将面临的混乱状态来说，也是利大于弊的。

正因为如此，相比于一些社会公众对取消高考抱有一种情绪化的偏激赞同，学术界的主流观点一直显得比较冷静，多数学者认为，高考宜改革而不宜取消。正如刘海峰教授所说：“要解决或减少高考竞争所带来的消极影响，只有不断改革高考的内容和形式，但不应幻想取消高考制度。”[②]

① 陈彬莉. 统一高考影响下应试体制的形成原因以及运行机制[D]. 北京：北京大学博士学位论文，2007：54-55.

② 刘海峰. 高考存废与科举存废[J]. 高等教育研究，2000（2）：42.

三、关键不在于“指挥棒”的有无，而在于“指挥”到哪里去

既然高考制度还须坚持，那么高考“指挥棒”就不可能消失。我们需要思考的不是如何避免高考这一“指挥棒”发挥作用，而是如何让高考不再将基础教育“指挥”到片面应试的泥潭中去，而是使其发挥出积极的、建设性的作用。换句话说，问题的关键并不在于“指挥棒”的有无，而在于基础教育会被“指挥”到哪里去。“怎样避免片面应试”这一问题才是关键。基础教育是不是必然会被“指挥”到片面应试的泥淖当中？片面应试的情况是不是无可避免？

其实，无论是“应试”还是“应试教育”，都是中性词，也是正常现象。我们应该反对的不是应试，而是应试主义教育。也就是说，高考“指挥棒”仍然可以“指挥”学生们去应试，只要不走入应试主义教育这一怪圈，还是可以接受的。比如，只要高考能够真正对学生的能力进行较为准确的衡量，就可以“指挥”中小学教师全方位地提升学生的综合素质、核心素养，而未必会导致对考点和答题技巧的过度训练；只要高考不是一刀切、“割韭菜”般地对学生进行选拔，而是对“一偏之才”有所照顾，就可以“指挥”基础教育促进学生个性化、差异化发展，避免众多学校变得“千校一面”，也减少学生成为“流水线产品”的可能……

理想无疑是很美好的，但理想和现实之间却总是存在着不小的差距。想要实现上述美好理想，必然对高考提出很高的要求：如果我们希望以学生的能力高低作为录取依据，就需要高考能够真正衡量出学生的能力而不是应试的技能技巧；如果我们希望以学生的知识掌握程度作为评判标准，就需要高考能够真正检测出学生对知识的理解、内化和运用水平，而不是靠死记硬背就可以相对轻松地获取分数。

这就涉及高考的效度问题。所谓效度，指的是测量工具、方式或者手段能够准确地测出所测量事物的程度。比如说，我们想测量学生的智商，某套量表的测量数值和学生的真实智商数值较为吻合，我们就说这套量表的效度比较高。我们想通过高考测量学生的能力高低，如果高考试卷得分真的就是学生能力水平的反映，那么这套试卷的效度就是比较高的。但令人遗憾的

是，从现有研究成果来看，高考效度尚未能令人满意。有人直陈：当前高考语文试卷效度不高，表现在题目引出的行为偏离了读写行为的本质，以及题目不能科学地评定学生的阅读能力这两个方面①；英语试卷得到的评价要好些，但依然存在着听力题目对理解主旨和要义，理解说话者的意图、观点和态度考查不足②，阅读技能的考查没有完全反映考试说明和课程标准的要求③等问题；还有人认为综合科目选才有效性最低④。当然，也有一些研究将学生在大学期间的平时成绩和期末考核成绩作为效标进行分析，认为目前的高考试卷效度较高，尤其是高考数学试卷。⑤但学生在大学期间的平时成绩和期末考核成绩，同样可以通过死记硬背、提高答题技巧等方式来获取，和能力之间并不具备很强的对应关系。因此高考成绩和大学成绩的相关性高，并不能说明高考就真正考查出了我们希望它考查出来的内容。总体而言，高考的实际效度离我们的希望还有着不小的距离。正是这一距离的存在，使得高考无法因势利导，将基础教育“指挥”到充分尊重学生的天性和个体差异，强调能力，注重综合素质教育的轨道上去，也无法发挥出高考对基础教育的规范、导向和调节作用，而是给满堂灌输、死记硬背、题海战术等应试主义教育的规训方式留下了生存空间。

新一轮的高考改革，主体上是高考科目组合的调整，从文理分科变成了不分文理、科目自选，它还试图将“综合素质评价”也纳入进来。从已经出台的政策、方案来看，高考试卷效度的提升在这次改革当中并不是一个突出的亮点。因此我们还不能乐观地说，随着新一轮高考改革的推进，高考的“指挥棒”作用将表现得越来越正面、越来越积极。高考“指挥”方向的转变，依然是任重而道远。有学者研究了新一轮高考改革背景下的考试命题，认为我们还“需要加强试卷信度与效度的理论与实践研究，提升考试信度和

---

① 刘华. 语文高考命题效度低下的问题分析及解决策略[J]. 教育理论与实践，2014（32）：18.

② 孟凡娜. 高考英语听力测试与PETS-2听力测试内容效度对比研究（2011-2016）[J]. 教育测量与评价，2017（1）：53-55.

③ 陈梦梦，罗晓杰. 浙江省高考英语卷阅读理解测试题内容效度的历时研究（2011—2016）[J]. 基础外语教育，2016（12）：96.

④ 吴根洲. 高考效度问题研究[J]. 教育学术月刊，2010（5）：28.

⑤ 范晓玲，彭立，罗英，卢谢峰. 一元效度观在高考数学试卷分析中的应用——以湖南省某年数学高考数据为例[J]. 教育测量与评价，2015（6）：56.

效度”[①]。最新出台的一系列改革措施，已经在基础教育当中点燃了重视学生素质、培养综合能力的星星之火，但高考题目本身尚未能提供技术性的保障。高考和基础教育之间的相辅相成，依然是“进行时”而远非“完成时”。

但不管怎样，我们应该做的绝不是取消高考从而解决“指挥棒”的难题，而是要提升高考的质量，提高高考试卷的效度，使其“能做的”和我们“希望它做的”统一起来。当我们做到了这一点，那么应试虽存，但应试主义则能被消解。学生依然会为应试而努力，但努力的方向不再是依靠教师的满堂灌输或“填鸭式”教学，不再是死记硬背，不再是通过题海战术来对各种应试的技能技巧进行操练，而是真正理解和内化知识，并在此基础上提高自己的综合素质和能力。这个时候，我们才能说，高考“指挥棒”真正把基础教育指向了一个正确的发展方向。

① 吴成兵. 新一轮高考改革背景下的考试命题[J]. 考试研究，2017（1）：41.

第二节
高考应加强微观层面的改革

纵然前途漫漫、困难重重，但基础教育的发展脚步从未停歇，高考也在不断改革完善。长期以来，高考改革的各项措施、各种方案都侧重于宏观层面，例如到底考哪些科目，分值比重应该怎样调整，要不要把综合素质评价结果纳入进来之类。这些方面的改革固然重要，但仅有宏观层面的改革，无法彻底解决应试主义教育的问题。高考试卷的效度是影响高考“指挥棒”的指挥方向的关键所在，因此，高考改革不能只从宏观方面入手，而应该宏观与微观并重，尤其是应加强操作层面、技术层面的改革，例如高考试卷的编制、阅卷的形式等。

一、加强高考命题技术改革

提高高考的命题质量，是提升高考试卷效度的关键。好的命题质量无疑依赖于好的命题技术，这就需要我们对高考命题技术进行充分的探索、研究，尽可能做到能力题只有具备相应能力的学生才能答出来、鉴赏题无法用答题技巧来代替鉴赏水平，这样才可能让高考真正“指挥”教师重视学生能力、素养的提升，而不是一如既往地对满堂灌输、题海战术、死记硬背、答题技巧等寄予厚望。

命题技术不高，对学生能力的考查必然无法达到期望。例如1998年的高考作文题目是“坚韧——我追求的品格”/“战胜脆弱”，由于这个题目有大量范文可以套用，也容易杜撰出各种“感人”的案例来体现自己的意志，因此有不少考生不约而同地虚构出自己在“父母双亡”的家庭当中如何坚强成长、如何战胜脆弱的故事。[①]可见，面对这样一个只有明确“立意导向”，

① 张行涛. 考试的社会学概观[J]. 教育理论与实践. 2000（3）：40.

却没有足够“技术含量”的题目，考生很可能不会根据自己的真情实感、真实体验来写作，而是选择套用作文模板、杜撰编造故事等技巧性的策略，在这种情况下，考生们的写作能力、语言表达能力自然无法得到准确的衡量。

1999年开始的话题作文改革，应该算是通过革新命题技术来降低应试技能技巧作用空间的一个典型案例。话题作文的诞生，扭转了此前高考作文当中议论文一统天下的局面，也在最初的几年里迫使学生不得不依靠自己的写作能力来获取高分——因为准备好的议论文模板未必能够用得上。例如有人研究了2003年的高考作文题目，认为“从话题的选择，到话题的限制，都更加符合选拔考试的命题原则，使近几年来一直困扰我们的宿构套袭得到了有效遏制”①。但命题技术的革新并非一劳永逸，任何命题都是有思路可寻的，也可以有技术上的破解方式。高考命题技术如果“不思进取”，便可能被应试技术破解掉，从而使高考的能力导向退回到应试主义教育的原点。话题作文这一命题技术就遭遇了这个问题。话题作文采用之初，实践中叫好声一片，但随之而来的便是“如何在话题作文当中获取高分”“话题作文有哪些应对策略”等所谓的“研究”大量出现。有的教师还归纳出了概括法、形象法、引用法、问题法、符号法、口语法、文言法等多种话题作文的拟题技巧，甚至还针对“幸福”“批评或表扬”等话题列出了数十个题目供学生准备；还有教师说，最好在话题作文的前面“设置一段有效的引语”，并详细介绍了引语的写作技巧，这无疑是给话题作文提供了一种写作的“套路”……有教师直言不讳：为了摸清命题规律，提高作文备考的效率，有必要对高考话题作文的走向进行理性的研究和合理的预测……

各种各样试图破解话题作文的应试技巧纷纷涌现，话题作文的命题技术却并未随之更新，以至于每年的高考作文题，都给人们留下了不少的“话题”。后来命题技术又进行了一次变革，从“话题作文”变成了“材料作文”，但命题技术更新缓慢的问题依然未能得到解决。有人评论说：材料作文这一新的命题方式在使用之初能够防止宿构、套作，但近几年，诸多问题开始暴露：分数日渐趋中，60分的作文有效分值缩减至15分左右；高中写作教学逐渐由培养学生实际表达能力转变为提高应试技巧，长久以来针对标

① 宋影萍. 话题作文——向“宿构”说“不”[J]. 当代教育科学，2003（20）：55.

题作文和话题作文的应试技巧依然有用武之地，可以挪用在材料作文上，套作、假话、空话又卷土而来。①

笔者曾在2011年的一项研究中总结过，应对高考作文，无论是话题作文还是材料作文，首选应该选择写议论文；文章结构应该是“分点式议论文”，“把题目分成三个论点，一个一个写。这三个论点之间最好是并列关系。在这三点之前，用一点修辞，比如排比、象征之类的手法引入，三点之后，再用一点文学性较强的话结尾，那这篇文章就很好了”。② 但是现在看来，几年前做的这项研究，显然已经“落伍”了，应试技巧的研究，已经精致到了无以复加的地步。2016年夏，笔者曾经和一位高中语文老师S就“如何在高考作文当中拿高分”有过这样一番对话：

笔者：现在还是要求学生们写议论文吧？

S老师：肯定要写议论文，这个最保险。

笔者：什么样的议论文，才算一篇比较好的议论文呢？

S老师：其实论证清不清楚、逻辑严不严密，都不是最关键的。要拿高分，必须在作文的形式上也下功夫。

笔者：比如说？

S老师：比如说，高考作文的段落数要控制在9到11个自然段。

笔者：为什么是9到11个自然段？

S老师：高考作文800字，段落数少了，所有文字都挤在一堆，阅卷时不好看，对吧？段落数太多，又显得零散。我们总结过那些高分作文的规律，9到11个自然段是最合适的。

笔者：还有别的什么要求吗？

S老师：有。写得好的句子要单独成段，方便阅卷老师一眼就能看到这个句子，打分就会高。如果混在一大段话当中，老师阅卷的时候不一定能注意到，那么写得再好也没有用。

……

高考作文这一原本应该主观性、个性突出的题目都如此，其他类型的题

① 赵静宇. 2015年高考全国卷作文的两个新变化[J]. 课程·教材·教法，2015（11）：101-105.

② 周序. 应试主义教育的规训及其逻辑[D]. 北京：北京师范大学博士学位论文，2012：77.

目自然更好不到哪里去。教师会非常“精致”地为学生总结各类题目的答题“套路”。比如高中政治学科共有四个模块，分别是：经济生活、政治生活、文化生活、生活与哲学。每个模块下面，各个话题，各类提问，都被研究出了固定的答题模板。一位高中政治学科的教研员曾向笔者展示过他们的“教研成果”：

> 关于某个商品价格变化的原因，其答题模板为“价值＋供求＋纸币发行量＋市场的缺陷＋国家经济政策”。具体的答题要素包括：①价值决定价格：价值量越大，商品价格越高；价值量越小，商品价格越低。②供求影响价格：供不应求，价格上涨；供过于求，价格下降。③纸币发行量：如果纸币的发行量超过了流通中所需要的货币量，物价会上涨；反之，物价会下降。④市场的缺陷：市场调节具有盲目性、滞后性，一些生产者、经营者恶意囤积货物，哄抬价格。⑤国家经济政策：国家宏观经济政策主要通过控制流通中的货币量以及财政支出的数量，平衡社会总供给和总需求，保持物价稳定。
>
> 关于文化的社会作用，其设问模式往往是让学生运用文化的社会作用知识，说明加强社会主义文化建设的意义。其答题模式为“精神力量＋文化与经济、政治＋文化与综合国力”。具体的答题要素包括：①文化作为一种社会精神力量，能够转化为物质力量，对社会发展产生深刻的影响。②文化与经济、政治相互影响、相互交融。③文化越来越成为民族凝聚力和创造力的重要源泉，越来越成为经济社会发展的重要支撑，越来越成为综合国力竞争的重要因素。

整套“教研成果”当中，类似这样的答题模板共计一百多套，足以应付绝大多数类型的高考题目了。当然，模板再多，也难免百密一疏。因此老师们还专门准备了针对不同类型考试题目的答题技巧，如果学生在高考当中遇到了模板之外的题目，运用这些技巧来作答，即便不能说百发百中，也是十拿九稳。例如，针对最为常见的材料分析题，老师们并不需要学生去读懂、吃透材料，自然也就不会在日常教学当中培养学生分析问题的能力。老师们的应对技巧是：先让学生数一数这段材料共有几个句号或者分号，就把答案固定为几个要点；然后把材料中每句话的内容表述成教科书上的话即可。例如这样一道题目：

L公司是中国一家著名空调企业，注重自主品牌建设提升国际竞争力是其多年来坚持追求的目标。该企业每年的研发经费达20亿元，其空调的变频控制器、DSP芯片等核心技术不断实现突破；企业已开发出400个系列、7000多个品种规格的产品。其产品品质达到了发达国家在节能环保、售后服务等方面严苛的技术要求。企业“对用户负责，才能对品牌负责”的营销理念，赢得了巨大的市场回报，自主品牌出口占其整体出口的30%，覆盖100多个国家。企业连续5年在美国纽约时代广场展示企业形象，与全球顶尖公司一起，服务全球消费者。

运用经济生活知识，说明L公司的做法对中国自主品牌的建设的启示。(10分)

按照上述答题技巧，我们发现，上述材料除了第一句“引言”之外，另有分号及句号共四个，将剩余文字分割为5个小点。学生需要做的，就是联系教科书里与这5点内容最为接近的一些概念或者表述，将材料中的文字表述成《经济生活》当中的语言即可。例如，“该企业每年的研发经费达20亿元，其空调的变频控制器、DSP芯片等核心技术不断实现突破”，可以改写为“重视研发投入，通过技术进步来提高产品质量”，其中核心词“技术进步”“产品质量”等正是《经济生活》中的话；“企业已开发出400个系列、7000多个品种规格的产品”可以改写成“提升品牌效应”；“其品质达到了发达国家在节能环保、售后服务等方面严苛的技术要求”可以表述为“追求卓越，打造品牌优势”，“品牌效应”“品牌优势”等也能在《经济生活》中找到出处；“企业‘对用户负责，才能对品牌负责’的营销理念，赢得了巨大的市场回报，自主品牌出口占其整体出口的30%，覆盖100多个国家”可以改写成“诚信经营、用户至上，实施‘走出去’战略”；“企业连续5年在美国纽约时代广场展示企业形象，与全球顶尖公司一起，服务全球消费者”表达的意思是“提升品牌的国际影响力”，像“国际影响力”等也都是教科书中的原文。

这道题的“标准答案”和评分标准是：“①制定发展战略，明确品牌建设任务；（2分）②依靠科技创新，提高品牌竞争力；（2分）③追求卓越质量，突出品牌优势；（2分）④秉承诚信，赢得品牌的市场信赖度；（2分）⑤主动“走出去”，提升品牌的国际影响力。（2分）”将上面根据材料改写出来的答案和“标准答案”相对比，可以发现改写出来的答案几乎可以拿满分！

在答题模板和应试技巧的帮助下，学生并不需要掌握运用《经济生活》中的知识来分析具体案例的能力，而是只要死记硬背教科书里的知识点，生搬硬套答题的套路、模板就能答题了。为什么命题技术的革新总是显得非常缓慢，而相应的“破解之道”却总是能够第一时间被研究、总结出来？

命题技术不是想改进就能改进的，它需要深入的分析，需要专门的研究，还需要实践的检验。而且，相较于实践当中无数中小学教师、学生对应试技能技巧热火朝天的分析、总结、探索规律，理论层面关于命题技术的研究就要冷清多了。在学术界，关注理念的研究者多而关注技术的研究者少；探究考试理论的成果颇丰而钻研命题技术的成果鲜见。似乎谁要是宣称自己是个技术主义者，钻研的是如何通过命题技术革新来解决教育问题，就缺乏学术深度了。忽视乃至贬低技术研究成为学术圈的常态。2015年，笔者曾在《湖南师范大学教育科学学报》上发表了一篇文章，提出：当我们对理念的推广过于热衷，而对技术的研究却日渐式微的时候，需要多提升些技术，少推广些理念。没想到这一观点引起多位同行的异议，有的还专门与笔者进行了商榷。

技术的意义不该被忽视。当初话题作文为什么能够得到认同，材料作文为什么一开始能够“防止宿构、套作”？这都是因为命题技术得到了更新。当一种崭新的命题技术开始运用的时候，师生都会感到措手不及——他们缺乏这方面的应试技巧训练，没有准备过相应的答题套路或模板，因而不得不靠自己的真才实学来答题。令人遗憾的是，由于命题技术研究的式微，上述两项命题技术方面的创举都未能持续进步、快速更新，因而被应试技术破解。可以设想：如果命题一直无法让师生抓住规律，无法让他们猜出命题思路，那么教师便不可能提前给学生准备答题的套路和模板，学生们也不至于在死记硬背和题海战术当中固化自己的思维，这样便有可能通过高考对学生的能力和素质进行一个相对真实、准确的判断。

高考不能取消，高考的“指挥棒”效应也无法完全避免，我们需要做的是让高考成为一个好的指挥者，而不是任其瞎指挥。如果我们把“好的指挥”定义为引导基础教育关注和培养学生的能力和素质，那就要让高考分数和其能力、素质相对接（而不是和应试技巧相对接）。一套效度高的高考试卷，应该让学生无法套用答题的套路和模板，也没有办法运用各种应试的技术、技巧来作答，这样一来，应试主义教育当中普遍存在的题海战术、死记硬背、固化思维、不评不议等违反教育规律的教育方式便失去了效用，教师自然也不会再对满堂灌输、答题套路等产生路径依赖了。在这种情况下，学生仍然需要应试，毕竟高考仍存在，但他们应试的方式不再是僵硬固化的，而是着力提高自己的综合能力，培养自己的核心素养；教师仍然需要进行应试教育，但可以从应试主义教育的束缚中解脱出来了。当应试教育变得更加科学、合理，广大学生应试的需求和全面发展的需求能够统一起来的时候，我们就可以说，高考“指挥棒”已经把基础教育指向了一个正确的发展方向。

二、需重视高考阅卷的改进

笔者一度认为，高考技术层面的改革最关键的就是命题技术问题，但随着研究的深入，笔者又逐渐意识到，问题并不是这么简单。诸如满堂灌输、死记硬背、题海战术等，最多只能说是应试主义教育的外在表现形式，这些问题的确可以通过命题技术的革新来缓解。但这些外在表现形式背后，还有一个内在的因素，即高考对“标准答案”的推崇。

答案在一定程度上标准化，确实有利于科学评分和公平选才。目前高考的各个科目中都有大量的选择题，这些题目的答案固定而唯一，自然是“标准”的。选择题之类的客观题数量多，“标准化”的题目多，可以提升阅卷的客观性，有利于避免阅卷者的主观因素对打分的影响。

但高考试卷无法做到全都采用客观题，主观题也占据了相当的比重。当主观题的答案也被“标准化”的时候，便会引发过度应试的问题。师生会对主观题的“标准答案”进行研究、分析、探索规律，总结出答题套路和模板，一旦学生在高考的时候遇到类似的题目，就可以用模板来套，和“标准答案”越接近的得分越高。在这种情况下，学生并不是通过自己的分析、思考来作答的，甚至连自己的思维也被剥夺了，而代之以“标准答案”当中的思维。教师对“标准化”的思维进行满堂灌输，学生则进行死记硬背，并通过题海战术将这一“标准化”的思维内化，形成条件反射。“标准答案”的泛滥可以说是应试主义教育的助推手。在实践当中，某些主观题的“标准答案”的确对学生的思维产生了禁锢作用。汪晓军曾谈起一个让人哭笑不得的案例：课本上说“弯弯的月亮像一只小船”，若考题是“弯弯的月亮像什么”，答案只能填“小船”，若学生填香蕉就错了。[①]在这里，月亮像小船就是一种标准化的思维，而如果通过日常经验或者逻辑分析去回答月亮像别的某种东西，就被判断为错误的。

其实笔者并不主张彻底废除主观题的“标准答案”或“标准化思维”。对很多题目来说，答案的语言表述可以不同，但核心思想应该是一致的，例如归纳文章的主旨或者说中心思想，判断一句话或一首诗的价值取向之类。如果学生把屠格涅夫的《麻雀》的中心思想概括为“老麻雀不珍惜自己的生命，逞匹夫之勇”而不是“对母爱的歌颂”，那我们绝对不会称赞学生读懂了课文、理解了主旨；如果学生读过《司马光》之后认为“司马光砸缸救人是损害公物的行为”，学完《虎门销烟》之后得出“林则徐虎门销烟是不注重环保”之类的结论，我们也不会说这是一种“创新性的思想”或“有个性的看法”，而是会反思教师在教学当中的价值引导是否到位。即使是在一些完全没有“标准答案”可言的地方，也不是说只要学生参与了、对话了，就应该得到同样程度的认可……“话语权”没有多少之分，但“话语质量”存在着高低之别。因而，对不同的观点、对话本身，应有一定的标准和要求。我们不能简单地反对“标准”，我们要反对的，是对“标准”的僵化、极端化操作而已。[②]

但遗憾的是，在教学实践当中，我们经常将那些不该标准化的内容标准

① 汪晓军. 研究生为什么还需要“死记硬背”[N]. 中国教育报，2015-12-07（09）.

② 周序. 质疑与反思：大学教育应“后现代转向”？——兼与李薇博士商榷[J]. 现代大学教育，2013（3）：19.

化了，例如答题的套路、模板、“好作文”的格式等，这些都不应该是良好教育的体现。这样一些显得颇为僵化、极端化的“标准答案”，在很大程度上并不是因为“历史延续”或“路径依赖”使然，而是根据高考阅卷过程人为地“建构”出来的。

由于高考关系重大，社会各界对高考成绩翘首以盼，因此阅卷工作不可能细水长流、慢条斯理地进行，而是必须赶进度、抢时间，这就要求阅卷老师必须加快批改速度。一位曾经参加过高考语文阅卷的老师回忆自己的阅卷经历时说：“参加高考改卷的老师，每天要判成百上千的作文，每篇作文的判卷也就一两分钟。”[①] 要在这么短的时间之内判断一篇作文的优劣，自然无法从头到尾逐字逐句地阅读、评析，而是只能“看头看尾扫中间”。略微认真地看看文章的引入如何、收尾如何，基本就能判断出这名考生的文采如何；中间的段落层次快速扫一眼，也可以大致衡量出这篇文章的逻辑和结构是否清晰，这样差不多就能判断出文章的水平了。评卷工作如此进行，教师在日常教学当中必然会帮助学生去迎合这样一种阅卷方式，让作文中的优点能够被阅卷老师一目了然地发现。为了做到这一点，教师会不厌其烦地告诉学生：“要写分点式议论文”“作文一开头就要用几句有文采的句子来吸引阅卷老师的眼球，在结束的地方要多用些修辞手法来收尾，至于中间部分写得怎么样关系不大”“作文要控制在9到11个自然段，好句子要单独成段”……一套“好作文”的写作模板就这样诞生了。诸如“好句引入、修辞收尾”“分点并列”“9到11个自然段”之类的“标准”，逐渐内化到了教师和学生的心中。这些判断一篇作文到底好不好的所谓“标准”，是在阅卷时间严重不足、阅卷老师被迫“扫描”作文中的闪光点的过程中被“建构”出来的。

历史、政治等学科的主观题的阅卷时间更是少得可怜。一位政治学科的阅卷老师说：“一般判一道论述题的时间平均也就4到5秒钟，根本没有时间去细看。”有的地方为了保证打分的科学性，每道题都会有3位阅卷老师来独立批改，还规定：如果他们给出的分数相差都不到3分，取平均分即可；但如果相差超过了3分，就要重新批改，给出最终判定成绩。此前3位阅卷

① 周颖．“县中”模式的特点及成因研究[D]．北京：北京师范大学硕士学位论文，2009：66.

老师所给分数如果与最终判定的成绩差距超过3分，会被认定为“打分不合理”，并记录在案，甚至进行批评训话。在这样一种规定下，阅卷老师都会尽量使自己打的分数处在一个“相对安全”的范围内。有人想到了一个非常“聪明”的办法——尽可能将分数往“中间范围”打。例如一道10分的论述题，在没有特别出彩的地方或者明显漏洞的时候，一般打分都会在6分左右。因为大家的分数都尽量往6分“看齐”，就能有效避免分差过大的情况。

当阅卷工作结束，阅卷人恢复“中学教师”这一身份的时候，他们会想尽办法帮助自己的学生在这样一种“打分尽可能居中”的“规则”里获得更高的分数。应对的办法是：任何一道论述题，一定要分点作答而不能层层递进，从而使自己的答案“至少看起来”有多个得分点；这些“点”无论是否正确，宜多不宜少，反正写多了不会扣分；每个得分点一段话，一定要分行回答而不能首尾相连，以免阅卷人看漏其中的某些得分点；每段话的第一句要是得分点的内容，以便阅卷老师一眼就能看到……当学生面对一个历史事件或者政治问题的时候，该从哪个角度切入，该用哪些知识点来作答，作答的方式如何，都被“标准化”了。

还有阅卷人员构成问题。在一些省份，高考阅卷人并非都由一线教师构成，也包括了大量缺乏中学教学经验的高校研究生。研究生大多缺乏教学经验，不了解中学各学科的相关知识，因此他们在改卷的时候一般会一板一眼地根据“标准答案”进行判断，他们不会对“标准答案”提出疑问，从而进一步强化了“标准答案”。

因此，从“拿高分”的目的出发，中小学教师自然不敢鼓励学生去创新，不会让学生“另辟蹊径”，最“稳妥”、最“保险”的做法，是在教学当中不断地固化学生的思维，让学生形成和“标准答案”差不多的思维定式，从而迎合阅卷要求。这样一来，原本仅仅是作为阅卷参考的“标准答案”，成了固化学生思维、控制教学方向的枷锁。在这种情况下，即便是命题技术得到了长足的进步，也无法淡化应试主义教育的印迹。例如从2016年开始，某省部分高考科目改为全国卷，很多一线教师认为全国卷的某些题目命题质量较高，出题的思路不同以往，很难找到规律，也不太容易给学生提前准备好答题的模板。但评卷时特别看重“标准答案”，灵活作答的不易拿高分，因此，一线教师依然会认真钻研“标准答案”，努力让学生去迎合阅卷要求，而不愿意去培养他们的独立思维、个性见解。

因此，高考改革绝不能止于“考”的层面，必须兼顾“评”的需要。高考试图考查学生的能力，那么阅卷的时候就必须对学生的能力水平进行客观科学的衡量，而不能将“标准答案”作为衡量能力高低的唯一准绳。其实目前高考阅卷当中存在的这些问题，都是有改进空间的。比如高考阅卷时间过短，我们可以适当推迟公布分数的时间，并严格控制每个人批阅的试卷数量，避免出现一两分钟改一篇作文、四五秒钟批一道论述题的情况；也可以对阅卷组成员的资格做出更加明确而细致的规定……相信这些对于缓解应试主义、提高教学质量、促进基础教育的健康发展具有较好的作用。

如果高考改革既在宏观层面上找对了方向，也在微观层面上得到了技术性的保障，那么高考改革和基础教育变革就能真正做到方向相同、步调一致、互相适应。这个时候，高考便可以选拔出更加优秀的人才，基础教育也将真正走出应试主义教育的深渊。

愿这一天能够尽早到来！

参考文献

一、中文文献

1. 著(译)作

[1] B. S. 布卢姆，等. 教育评价[M]. 邱渊，等，译. 上海：华东师范大学出版社，1987.
[2] D. P. 奥苏伯尔，等. 教育心理学——认知观点[M]. 佘星南，等，译. 北京：人民教育出版社，1994.
[3] 杜威. 我们怎样思维·经验与教育[M]. 姜文闵，译. 北京：人民教育出版社，2005.
[4] 赫尔巴特. 普通教育学[M]. 李其龙，译. 北京：人民教育出版社，2015.
[5] 霍华德·加德纳. 多元智能新视野[M]. 沈致隆，译. 北京：中国人民大学出版社，2008.
[6] 夸美纽斯. 大教学论[M]. 傅任敢，译. 北京：教育科学出版社，1999.
[7] 刘易斯·查尔斯·阿灵顿. 古都旧景——65年前外国人眼中的老北京[M]. 赵晓阳，译. 北京：经济科学出版社，1999.
[8] 卢梭. 爱弥儿——论教育[M]. 李平沤，译. 北京：人民教育出版社，2001.
[9] 米歇尔·福柯. 规训与惩罚[M]. 刘北成，杨远婴，译. 北京：生活·读书·新知三联书店，1999.
[10] 诺曼·丹尼尔. 文化屏障[M]. 王奋宇，冯刚，等，译. 杭州：浙江人民出版社，1992.
[11] 乔·萨托利. 民主新论[M]. 冯克利，阎克文，译. 北京：东方出版社，1998.
[12] 雅斯贝尔斯. 什么是教育[M]. 邹进，译. 北京：生活·读书·新知三联书店，1991.
[13] 伊·阿·凯洛夫. 教育学[M]. 陈侠，等，译. 北京：人民教育出版社，1957.

[14] 约翰·杜威. 民主主义与教育[M]. 王承绪，译. 北京：人民教育出版社，2001.
[15] 约翰·杜威. 学校与社会·明日之学校[M]. 赵祥麟，任钟印，吴志宏，译. 北京：人民教育出版社，2005.
[16] 邓嗣禹. 中国考试制度史[M]. 南京：考选委员会，1936.
[17] 杜勤，睢行严. 北京大学学制沿革1949—1998[M]. 北京：北京大学出版社，2000.
[18] 杜佑. 通典[M]. 北京：中华书局，1984.
[19] 樊本富. 中国高校自主招生研究[M]. 武汉：华中师范大学出版社，2010.
[20] 何怀宏. 选举社会及其终结：秦汉至晚清历史的一种社会学阐释[M]. 北京：生活·读书·新知三联书店，1998.
[21] 河北省教育考试院. 河北高考30年[M]. 北京：社会科学文献出版社，2007.
[22] 黄宗羲. 明儒学案[M]. 沈芝盈，点校. 北京：中华书局，1985.
[23] 黄佐. 南雍志[M]. 台北：伟文图书，1976.
[24] 教育部基础教育司. 走进新课程——与课程实施者对话[M]. 北京：北京师范大学出版社，2001.
[25] 乐黛云，勒·比松. 独角兽与龙——在寻找中西文化普遍性中的误读[M]. 北京：北京大学出版社，1995.
[26] 李纯蛟. 科举时代的应试教育[M]. 成都：巴蜀书社，2004.
[27] 刘海峰. 科举学导论[M]. 武汉：华中师范大学出版社，2005.
[28] 刘昫等. 旧唐书[M]. 北京：中华书局：1997.
[29] 卢现祥，朱巧玲. 新制度经济学[M]. 北京：北京大学出版社，2007.
[30] 陆游. 老学庵笔记[M]. 李剑雄，刘德权，点校. 北京：中华书局，1979.
[31] 明实录：第六册[M]. 上海：上海古籍书店，1983.
[32] 瞿葆奎. 教育学文集·教学（上）[C]. 北京：人民教育出版社，1988.
[33] 司马光. 司马温公集编年笺注（三）[M]. 李之亮，笺注. 成都：巴蜀书社，2008.
[34] 王策三. 教学论稿[M]. 北京：人民教育出版社，1985.
[35] 王承绪，朱勃，顾明远. 比较教育[M]. 北京：人民教育出版社，1982.
[36] 王符. 潜夫论[M]. 汪继培，笺. 上海：上海古籍出版社，1978.
[37] 王世贞. 弇山堂别集[M]. 北京：中华书局，1985.
[38] 杨东平. 中国教育公平的理想与现实[M]. 北京：北京大学出版社，2006.
[39] 张岱年. 张岱年全集：第一卷[M]. 石家庄：河北人民出版社，1996.

[40] 张东娇. 最后的图腾：中国高中教育价值取向与学校特色发展研究[M]. 北京：教育科学出版社，2005.

[41] 张行涛. 必要的乌托邦：考选世界的社会学研究[M]. 北京：北京师范大学出版社，2003.

[42] 张廷玉，等. 明史[M]. 北京：中华书局：1997.

[43] 赵中建，等. 比较教育的理论与方法——国外比较教育文选[C]. 北京：人民教育出版社，1994.

[44] 郑若玲，等. 苦旅何以得纾解——高考改革困境与突破[M]. 南京：江苏教育出版社，2011.

[45] 中央教育科学研究所. 中华人民共和国教育大事记（1949—1982）[M]. 北京：教育科学出版社，1983.

[46] 钟道然. 我不原谅——一个 90 后对中国教育的批评和反思[M]. 北京：生活·读书·新知三联书店，2012.

[47] 钟启泉，崔允漷，张华. 为了中华民族的复兴　为了每位学生的发展——《基础教育课程改革纲要（试行）》解读[M]. 上海：华东师范大学出版社，2001.

[48] 周序. 应试主义[M]. 厦门：厦门大学出版社，2017.

[49] 朱熹. 晦庵先生朱文公文集（四）：学校贡举私议[M]//朱子全书[M]. 上海：上海古籍出版社，2002.

[50] 左丘明. 春秋左传集解[M]. 上海：上海人民出版社，1977.

[51] 左丘明. 国语[M]. 李德山，注评. 南京：凤凰出版社，2009.

2. 期刊论文

[1] 保罗·基尔希纳，约翰·斯维勒，理查德·克拉克. 为什么“少教不教”不管用——建构教学、发现教学、问题教学、体验教学与探究教学失败析因[J]. 钟丽佳，盛群力，译. 开放教育研究，2015(2).

[2] 别文录. 莫让“生成”迷住眼[J]. 河南教育，2006(2).

[3] 蔡可. 新课改：尚未完成的教育启蒙[J]. 北京大学教育评论，2013(4).

[4] 曹培英. 从学科核心素养与学科育人价值看数学基本思想[J]. 课程·教材·教法，2015(9).

[5] 陈立全. 重视“新”课堂的所谓“追求”[J]. 福建教育，2004(6A).

[6] 陈梦梦，罗晓杰. 浙江省高考英语卷阅读理解测试题内容效度的历时研究（2011—2016）[J]. 基础外语教育，2016(12).

[7] 成尚荣. 儿童立场：教育从这儿出发[J]. 人民教育，2007(23).
[8] 成尚荣. 基础性：学生核心素养之“核心”[J]. 人民教育，2015(7).
[9] 程晨，李正明. 上海市“异地高考”政策认同现状及改进对策——以上海市浦东新区为例[J]. 教育科学研究，2017(1).
[10] 程涛. 农村教师对于小学数学新课改的困惑[J]. 读与写杂志，2015(4).
[11] 褚忠美，翟海峰. “一味表扬”不妥[J]. 小学青年教师，2005(3).
[12] 崔允漷，王中男. 研究性学习活动课程：意义与性质、问题及澄清[J]. 教育理论与实践，2009(12).
[13] 戴家干. 高考改革与教育公平公正[J]. 中国高等教育，2006(12).
[14] 戴家干. 坚持公平公正　深化高考改革[J]. 求是，2011(2).
[15] 单文经. 教改性质的历史分析：逡逡巡巡步向理想[J]. 教育学报，2006(2).
[16] 邓玉阶. 考试异化忧思录[J]. 语文教学与研究，2006(2).
[17] 丁念金. 论中国高考改革的文化使命[J]. 基础教育，2009(11).
[18] 杜芳芳，金哲. 新高考改革背景下高中生科目选择意向现状及对策——基于浙江省五所高中的调查分析[J]. 教育理论与实践，2016(8).
[19] 樊本富. 统一与自主：高考改革之争[J]. 西南交通大学学报（社会科学版），2005(2).
[20] 范晓玲，彭立，罗英，卢谢峰. 一元效度观在高考数学试卷分析中的应用——以湖南省某年数学高考数据为例[J]. 教育测量与评价，2015(6).
[21] 冯建军. 高中教育公平的哲学基础[J]. 教育科学研究，2011(2).
[22] 冯增俊. 全国统一高考制度与中华民族创新精神[J]. 华东师范大学学报（教育科学版），2001(4).
[23] 高敬智. 研究新课程高考理综卷　提高生物备考的有效性[J]. 考试与招生，2012(1).
[24] 高耀明. 民国时期高校招生制度述略[J]. 高等师范教育研究，1997(4).
[25] 顾海兵. 高考与统一高考之辩——兼与孙东东教授商榷[J]. 湖北招生考试，2005(2下).
[26] 顾明远. 我特别建议教师读点教育史——《中外教育思想概览》序[J]. 教育学报，2010(1).
[27] 郭海坚. “学导型三元课堂”的理论与实践探究[J]. 教学与管理，2015(19).
[28] 郭华. 教学论研究患上了“没感觉”的症状[J]. 教育科学研究，2004(7).
[29] 郭华. 新课改与“穿新鞋走老路”[J]. 课程·教材·教法，2010(1).
[30] 郭思乐. 静待花开的智慧：教育是效果之道还是结果之道——关于有效教

学的讨论[J]. 教育研究，2011(2).
[31] 国家基础教育课程改革实验区工作评估团. 国家基础教育课程改革实验工作评估报告[J]. 课程教材教学研究（中教研究），2002(Z1).
[32] 胡少云，姜建伟. 学案代替不了教案[J]. 当代教育科学，2007(5—6).
[33] 胡卫平，俞国良. 青少年的科学创造力研究[J]. 教育研究，2002(1).
[34] 胡志巧. 2008年高考理综（全国1卷）物理试卷评析[J]. 考试与招生，2009(2).
[35] 扈中平，陈楚玉，黄国胜，钱剑华. “学生中心教育”的基本理念[J]. 现代教育论丛，2001(3).
[36] 黄甫全. 关于“3＋X”高考科目设置条件下高中课程计划调整的研究[J]. 教育理论与实践，1999(1).
[37] 黄亚婷. 高考取消文理分科：必要性与可行性[J]. 重庆高教研究，2016(1).
[38] 纪德奎，朱聪. 高考改革背景下“走班制”诉求与问题反思[J]. 课程・教材・教法，2016(10).
[39] 江峰，林玲. 论教育的竞争与应试教育[J]. 南京师范大学学报（社会科学版），1999(3).
[40] 康宁，试论素质教育的政策导向[J]. 教育研究，1999(4).
[41] 马云鹏. 课程改革实验区追踪评估的最新报告[J]. 教育发展研究，2005(9).
[42] 赖丹凤，伍新春. 支持自主型课堂：学生中心的教学模式[J]. 教育研究与实验，2011(1).
[43] 雷颐. 我看中国教育改革之社会症结[J]. 中国青年研究，2000(2).
[44] 李德显. 重建课堂秩序[J]. 教育研究，2004(6).
[45] 李艺，钟柏昌. 谈“核心素养”[J]. 教育研究，2015(9).
[46] 李子建，尹弘飚. 课堂环境对香港学生自主学习的影响——兼论“教师中心”与“学生中心”之辨[J]. 北京大学教育评论，2010(1).
[47] 廖桂林. 题海战术——教学之大忌[J]. 北京教育，1999(6).
[48] 廖军和，李志勇. 从精英到大众：我国普通高中教育定位之思考[J]. 教育科学研究，2011(2).
[49] 廖唐斌，王后雄. 新课程课堂秩序的理性回归——新课程课堂对“静”的呼唤[J]. 教育探索，2009(8).
[50] 廖哲勋. 把握素质教育的精神实质　自觉推进新课程改革[J]. 教育研究与实验，2015(4).
[51] 刘宝剑. 关于高中生选择高考科目的调查与思考——以浙江省2014级学生为例[J]. 教育研究，2015(10).

[52] 刘朝晖，扈中平. 论“素质教育”与“应试教育”的对立性[J]. 课程·教材·教法，2005(10).
[53] 刘道玉. 论素质教育的本质特征与实施路径[J]. 华中师范大学学报（人文社会科学版），2015(3).
[54] 刘光余. 高校自主招生考试制度改革的思考[J]. 教育发展研究，2003(10).
[55] 刘海峰. 传统文化与高校招生考试改革[J]. 上海高教研究，1995(3).
[56] 刘海峰. 高考存废与科举存废[J]. 高等教育研究，2000(2).
[57] 刘海峰. 高考改革：公平为首还是效率优先[J]. 高等教育研究，2011(5).
[58] 刘海峰. 高考改革的回顾与展望[J]. 教育研究，2007(11).
[59] 刘海峰. 在理想与现实之间——三论坚持统一高考[J]. 高等教育研究，1998(2).
[60] 刘华. 语文高考命题效度低下的问题分析及解决策略[J]. 教育理论与实践，2014(32).
[61] 刘慧珍. 社会阶层分化与高等教育机会均等[J]. 北京师范大学学报（社会科学版），2007(1).
[62] 刘杰. 考试公正与教育公平[J]. 教育与职业，2005(22).
[63] 刘静. 科举制度的平等精神及其对高考改革的启示[J]. 山西师大学报（社会科学版），2002(1).
[64] 刘良永. 例谈高考话题作文引语的设计规范[J]. 语文建设，2007(4).
[65] 刘万海. 把表达需要的权利还给学生——与《论学生的需要》作者商榷[J]. 全球教育展望，2006(1).
[66] 刘晓东. 为杜威“儿童中心论”辩护[J]. 学前教育研究，2002(2).
[67] 刘誉泽. 追问高考四大弊端 [J]. 半月谈，2004(17).
[68] 刘志军，王宏伟. 学业水平考试改革背景下的高中教育：困境与超越[J]. 全球教育展望，2016(12).
[69] 龙兴. 高中教师对新课程改革适应状况调查研究[J]. 当代教育科学，2015(22).
[70] 陆卓谟. 高校自主招生考试改革的思考[J]. 江苏高教，2009(2).
[71] 罗德红，尹筱莉. 儿童中心论：一种教育学与心理学关系的视角[J]. 南京师范大学学报（社会科学版），2009(2).
[72] 罗友花，刘铁明. 网上阅卷研究述评[J]. 中国考试，2009(11).
[73] 马世晔. 网上阅卷的回顾与思考[J]. 中国考试，2004(7).
[74] 马玉荣. 化学复习中逆向思维的培养[J]. 考试与招生，2009(2).
[75] 马云鹏. 基础教育课程改革：实施进程、特征分析与推进策略[J]. 课程·教材·教法，2009(4).

[76] 茅继平．“导学案”的误读、变味及其矫正[J]. 教学与管理，2013(22).
[77] 孟凡娜．高考英语听力测试与PETS-2听力测试内容效度对比研究（2011—2016）[J]. 教育测量与评价，2017(1).
[78] 欧颖．教育选拔考试的功能性缺陷及其启思——基于对科举发展的历史审视[J]. 教育科学，2011(4).
[79] 裴新宁，刘新阳．为21世纪重建教育——欧盟“核心素养”框架的确立[J]. 全球教育展望，2013(12).
[80] 彭湃，周自波．城市义务教育阶段课外补习研究——基于湖北武汉市H区的抽样调查[J]. 中小学管理，2008(4).
[81] 钱林晓，王一涛．应试教育条件下的学生学习行为模型[J]. 教育与经济，2006(1).
[82] 钱民辉．教育处在危机中　变革势在必行——兼论“应试教育”的危害及潜在的负面影响[J]. 清华大学教育研究，2000(4).
[83] 冉铁星．扬弃“异化”：变换“转轨”的思维角度[J]. 现代教育论丛，1997(3).
[84] 荣维东．美国教育制度的精髓与中国课程实施制度变革——兼论美国中学的“选课制”“学分制”“走班制”[J]. 全球教育展望，2015(3).
[85] 容中逵．论教学活动特质的阶段属性——一个引发新矛盾且需再澄清的老问题[J]. 课程·教材·教法，2013(6).
[86] 容中逵．学案导学的三重判读[J]. 课程·教材·教法，2014(8).
[87] 山子．新课程改革与考试指挥棒的关系分析[J]. 教育科学研究，2010(8).
[88] 石中英．关于现阶段普通高中教育性质的再认识[J]. 教育研究，2014(10).
[89] 史宁中，柳海民．素质教育的根本目的与实施路径[J]. 教育研究，2007(8).
[90] 宋影萍．话题作文—— 向“宿构”说“不”[J]. 当代教育科学，2003(20).
[91] 孙东东．走出高考认识误区，推进高考实质性改革[J]. 湖北招生考试，2004(10下).
[92] 孙绍振．炮轰全国统一高考体制[J]. 粤海风，1998(5).
[93] 谭斌．论学生的需要——兼与张华《我国课程与教学的概念重建》演讲的商榷[J]. 教育学报，2005(5).
[94] 汤国荣．论地理核心素养的内涵与构成[J]. 课程·教材·教法，2015(11).
[95] 王策三．“新课程理念”“概念重建运动”与学习凯洛夫教育学[J]. 课程·教材·教法，2008(7).
[96] 王策三．关于课程改革“方向”的争议[J]. 教育学报，2006(2).
[97] 王策三．认真对待“轻视知识”的教育思潮——再评由“应试教育”向素

质教育转轨提法的讨论[J]. 北京大学教育评论，2004(3).
[98] 王策三. 台湾教改与“我们的课改”[J]. 教育学报，2010(3).
[99] 王玎. 基因自由组合定律在高考中考查形式例谈[J]. 考试与招生，2010(9).
[100] 王卉. 英语成绩对初中生学习焦虑的反作用研究[J]. 教育实践与研究，2010(9B).
[101] 王润，周先进. 新高考改革背景下高中走班制机制构建[J]. 当代教育科学，2016.
[102] 王祥. 学案导学：一种有效的课堂教学模式[J]. 教学与管理，2005(35).
[103] 王长纯. “和而不同”：比较教育研究的哲学与方法（论纲）[J]. 比较教育研究，2009(4).
[104] 韦钰. 神经教育学对探究式科学教育的促进[J]. 北京大学教育评论，2011(4).
[105] 翁桂贤. 走出新课程语文课堂教学的误区[J]. 学周刊，2014(8).
[106] 吴成兵. 新一轮高考改革背景下的考试命题[J]. 考试研究，2017(1).
[107] 吴根洲. 从统考到联考：高校招生考试的改革方向[J]. 江苏高教，2013(4).
[108] 吴根洲. 高考效度问题研究[J]. 教育学术月刊，2010(5).
[109] 吴军. 地理新课改中的“有形无神”现象及其思考[J]. 教学与管理，2016(19).
[110] 吴晓霞. 论普高素质教育与“3＋X”高考改革的功能互动[J]. 集美大学学报，2004(2).
[111] 伍柳亭，李禾田. 改革创新——迈向新世纪的素质教育学术研讨会综述[J]. 学术研究，2000(5).
[112] 武皓. 公正——我与高考[J]. 中国考试，1997(5).
[113] 夏祖瑞. 新课程，想说爱你不容易[J]. 基础教育研究，2002(11).
[114] 项贤明. 比较教育学的学科同一性危机及其超越[J]. 比较教育研究，2001(3).
[115] 项贤明. 后殖民状况与比较教育学[J]. 北京师范大学学报（社会科学版），1999(3).
[116] 谢维和. 谈核心素养的“资格”[J]. 中国教育学刊，2016(5).
[117] 许建美，孙元涛. 关于中小学课堂秩序的三点思考[J]. 上海教育科研，2007(1).
[118] 阎亚军. 文化自觉与中国基础教育改革——基于中美不同文化特质的比较分析[J]. 教育学术月刊，2013(3).
[119] 颜培田. 话题作文的拟题初探[J]. 教学与管理，2004(33).
[120] 杨东平. 重新认识应试教育[J]. 北京大学教育评论，2016(2).
[121] 叶澜. 让课堂焕发出生命活力——论中小学教学改革的深化[J]. 教育研究，1997(9).

[122] 于伟，戴军. 福柯教室中的微观权力理论述评[J]. 东北师范大学学报（哲学社会科学版），2005(2).
[123] 余文森. 从三维目标走向核心素养[J]. 华东师范大学学报(教育科学版)，2016(1).
[124] 余文森. 新课程教学改革的成绩与问题反思[J]. 课程·教材·教法，2005(5).
[125] 余小茅. 还有比知识更重要的……[J]. 全球教育展望，2005(3).
[126] 张斌贤，王慧敏. "儿童中心"论在美国的兴起[J]. 北京大学教育评论，2014(1).
[127] 张丰，方凌雁. "学为中心"的教学改革[J]. 人民教育， 2015(5).
[128] 张行涛. 考试的社会学概观[J]. 教育理论与实践，2000(3).
[129] 张华. 论核心素养的内涵[J]. 全球教育展望，2016(4).
[130] 张凌云. 从"历史健忘症"到"历史后遗症"——对"推荐制"是非曲直的探讨[J]. 上海教育科研，2015(12).
[131] 张敏，亢德喜，高管. 高考到底要不要走向分省自主命题[J]. 基础教育，2005(7、8).
[132] 张亚群. 北大清华自主招生考试改革透视[J]. 考试研究，2007(1).
[133] 张亚群. 从单独招考到统一招考——民国时期高校招生考试变革的启示[J]. 中国教师，2005(6).
[134] 章建石. 一项公平与效率兼备的高考改革为什么难以为继？——标准分制度的变迁及其折射的治理困境[J]. 北京师范大学学报（社会科学版），2016(1).
[135] 赵建梅. "儿童中心"与中国教育文化变革之路[J]. 教育学报，2014(6).
[136] 赵静宇. 2015年高考全国卷作文的两个新变化[J]. 课程·教材·教法，2015(11).
[137] 赵敏. "3R"课程，张扬每一个学生的天性[J]. 上海教育科研，2011(9).
[138] 赵玉彩. 回归教材，有针对性地查漏补缺——近四年高考生物试卷简析及冲刺复习建议[J]. 考试与招生，2009(4).
[139] 郑金洲. 创新能力培养中的若干问题[J]. 中国教育学刊，2000(1).
[140] 郑丽. 给"中学校长实名推荐制"一个尝试空间——从浙江省镇海中学看"实名推荐"[J]. 宁波教育学院学报，2010(2).
[141] 郑若玲，刘盾，谭蔚. 大中学衔接培养创新人才的探索与成效——以厦门大学附属科技中学为个案[J]. 湖南师范大学教育科学学报，2016(2).
[142] 郑若玲. 高考改革必须凸显公平[J]. 教育研究，2005(3).
[143] 郑若玲. 高考公平的忧思与求索[J]. 北京大学教育评论，2010(2).

[144] 郑若玲. 试析高考的指挥棒作用[J]. 厦门大学学报（哲学社会科学版），2002(2).
[145] 曾水兵. 再论国民性改造是当代素质教育的重要内涵[J]. 教育科学研究，2014(8).
[146] 曾钊新. 高考要在“统”字上松绑[J]. 现代大学教育，2006(3).
[147] 钟秉林. 高考招生制度改革与高中学校人才培养[J]. 中国教育学刊，2015(10).
[148] 钟启泉，有宝华. 发霉的奶酪——《认真对待“轻视知识”的教育思潮》读后感[J]. 全球教育展望，2004(10).
[149] 钟启泉. “三维目标”论[J]. 教育研究，2011(9).
[150] 钟启泉. “微课”的诱惑与反诱惑[J]. 内蒙古教育(综合版)，2015(9).
[151] 钟启泉. 打造教师的一双慧眼——谈“三维目标”教学的研究[J]. 上海教育科研，2010(2).
[152] 钟启泉. 基于核心素养的课程发展：挑战与课题[J]. 全球教育展望，2016(1).
[153] 钟启泉. 凯洛夫教育学批判——兼评“凯洛夫教育学情结”[J]. 全球教育展望，2009(1).
[154] 钟启泉. 课程人的社会责任何在[J]. 全球教育展望，2006(9).
[155] 周彬. 论高考制度教育功能的缺失与提升[J]. 教育理论与实践，2009(1).
[156] 周序，王卉. 解读“高分低能”[J]. 中国教师，2016(11上).
[157] 周序，郑新蓉. 高考承载的“异化”压力与可能消解[J]. 中国教育学刊，2012(2).
[158] 周序. 多提升些技术，少推广些理念——中国教学改革亟待转向[J]. 湖南师范大学教育科学学报，2015(4).
[159] 周序. 质疑与反思：大学教育应“后现代转向”？——兼与李薇博士商榷[J]. 现代大学教育，2013(3).
[160] 周正，温恒福. 教师参与课程发展：调查与反思[J]. 课程 · 教材 · 教法，2009(7).
[161] 朱文辉. 预设与生成：有效教学范式之嬗变[J]. 教育探索，2010(10).
[162] 左璜. 基础教育课程改革的国际趋势：走向核心素养为本[J]. 课程 · 教材 · 教法 ，2016(2).

3. 报纸文章

[1] 蔡闯，周迅. 姜伯驹：新课标让数学课失去了什么[N]. 光明日报，2005-03-16.

[2] 陈鸿斌. 日本教育患了什么病[N]. 光明日报，2001-08-24.
[3] 陈若葵. “走班制”：未来教育新趋势？[N]. 中国妇女报，2015-05-14.
[4] 储召生，赵小雅. 对话义务教育数学新课标[N]. 中国教育报，2005-06-01.
[5] 管璇悦. 新高考，教和学随之变[N]. 人民日报，2016-05-04.
[6] 郭华. “走班制”：从“班”到“个人”[N]. 中国教育报，2014-05-21.
[7] 胡乐乐. 乐观看待“走班制”[N]. 云南日报，2014-12-22.
[8] 霍益萍. 高中：基础＋选择——也谈高中教育的定位与选择[N]. 中国教育报，2012-03-09.
[9] 姜泓冰，赵婀娜，顾春，方敏，巩育华. 高考改革，“定义”教育的未来[N]. 人民日报，2016-02-03.
[10] 九大“教学范式”解读[N]. 中国教师报，2010-04-14.
[11] 李凌，万玉凤. 异地高考期待更多“一小步”[N]. 中国教育报，2012-03-06.
[12] 李萍. “走班制”十字路口的冷思考[N]. 中国教育报，2015-11-12.
[13] 刘昌海. “走班制”的管理难度不容忽视[N]. 甘肃日报，2014-12-24.
[14] 刘海峰. 高考改革应顾及城乡公平[N]. 中国教育报，2009-08-17.
[15] 刘武俊. 考试立法缺席[N]. 中国青年报，2000-07-14.
[16] 马云鹏，唐丽芳. 基础教育课程改革问卷调查与分析[N]. 光明日报，2003-06-19.
[17] 慕毅飞. “走班制”有利于因材施教[N]. 宁波日报，2014-12-22.
[18] 孙振东. 歧义颇多的“教学回归生活世界”[N]. 中国教育报，2006-09-09.
[19] 王郢. 走班制是按规律办教育的有益尝试[N]. 中国教育报，2014-01-15.
[20] 谢维和. 从基础教育到大学预科——新时期高中教育的定位及其选择[N]. 中国教育报，2011-09-29.
[21] 新华社. 注重公平公正，科学选拔人才，有利有序推进教育考试制度改革[N]. 中国教育报，2012-07-20.
[22] 杨晓峰. 高中与大学断层导致大学教学困境[N]. 中国教育报，2012-05-18.
[23] 臧铁军. 1977—2007，高考改革焦点回眸[N]. 中国教育报，2007-06-06.
[24] 陈杰人. 保送生制度还要存在多久[N]. 中国青年报，2000-08-30.
[25] 丰捷，杨光，孙献涛，戴自更. 破解素质教育的难题[N]. 光明日报，2002-03-13.

4. 学位论文

[1] 陈彬莉. 统一高考影响下应试体制的形成原因以及运行机制[D]. 北京：北

京大学博士学位论文，2007.
[2] 陈为峰. 大规模高利害考试后效研究——以科举、中美高校招生考试为例[D]. 厦门：厦门大学博士学位论文，2012.
[3] 饶佩. 教师中心与学生中心：理论冲突与现实抉择[D]. 厦门：厦门大学硕士学位论文，2016.
[4] 周序. 英语作业评语对小学生课堂体验和学业成绩影响的实验研究[D]. 北京：北京师范大学硕士学位论文，2009.
[5] 周序. 应试主义教育的规训及其逻辑[D]. 北京：北京师范大学博士学位论文，2012.
[6] 周颖. “县中”模式的特点及成因研究[D]. 北京：北京师范大学硕士学位论文，2009.

5. 网络资源

[1] 教育部. 关于普通高中毕业会考制度改革的意见[EB/OL].（2000-03-15）[2016-03-31]. http://www.moe.edu.cn/publicfiles/business/htmlfiles/moe/s7054/201403/166062.html.
[2] 李铮. 实施高中新课程省份高考改革方案比较[EB/OL].（2009−09−11）[2016−03−18]. http://edu.people.com.cn/GB/116076/10034359.html.
[3] 浙江省杭州第二中学课程建设方案[EB/OL].（2016−04−15）[2017−03−31]. http://www.hz2hs.net.cn/sites/main/template/Detail.aspx?id=17461.

二、英文文献

[1] J. W. Stigler, J. Hiebert. The Teaching Gap: Best Ideas from the World’s Teachers for Improving Education in the Classroom[M]. New York: Free Press, 1999.
[2] E. W. Said. Orientalism[M]. New York: Random House Inc, 1994.
[3] W. A. P. Martin. A Cycle of Cathay, or China, South and North with Personal Reminiscences[M]. Edinburgh and London, 1896.
[4] Toward Universal Learning: Recommendations from the Learning Meterics Task Force[R]. UNESCO Institute for Statistics & Center for Universal Education at Brookings, 2013.
[5] E. A. Hanushek. Assessing the Effects of School Resources on Pupil Perfor-

mance: An Update[J]. Education Evaluation and Policy Analysis, 1997, 19 (2).
[6] P. T. Hardiman, A. Pollatsek, A. D. Well. Learning to Understand the Balance Beam[J]. Cognition and Instruction, 1986, 3(1).
[7] R. E. Mayer. Should there be a Three-strikes Rule Against Pure Discover Learning? The Case for Guided Methods of Instruction[J]. American Psychologist, 2004, 59(1).
[8] J. E. Tuovinen, J. Sweller. A Comparison of Cognitive Load Associated with Discovery Learning and Worked Examples[J]. Journal of Educational Psychology, 1999, 91(2).
[9] OECD. Definition and Selection of Competences (DeSeCo): Theoretical and Conceptual Foundations: Strategy Paper[EB/OL]. (2002-10-07) [2016-06-07]. http://www.voced.edu.au/content/ngv%3A9408.
[10] The Europcan Parliament and the Council of the European Union. Recommendation of the European Parliament and of the Council of 18 December 2006 on Key Competences for Lifelong Learning[EB/OL]. (2006-12-30) [2016-06-07]. http://eur-lex.europa.eu/LexUriServ/LexUriServ.do?uri=OJ:L:2006:394:0010:0018:EN:PDF.

后　记

本书是刘海峰教授主编的“高考制度变革与实践研究”丛书当中的一本。记得当初刘海峰教授在众多题目中挑选出“高考改革与基础教育变革”这个题目让我负责撰写的时候，我暗自感到有些庆幸：因为无论是高考，还是基础教育，都是我相对熟悉的领域，也有很多可以谈的内容。但真的开始写作的时候才发现，难度远比我想象的要大。一是由于整个社会上关注高考、关心基础教育的人太多了，似乎谁都可以对高考改革发表一些犀利的观点，同样谁也都可以对基础教育的变革“指手画脚”，无论是学术界还是社会公众，相关的看法、争论太多，我的研究怎样才能另辟蹊径？二是因为基础教育的变革受到太多因素的影响，我很难区分出到底哪些变革是由最新的高考改革举措导致的，哪些不是。正是因为困扰于上述问题，我迟迟未能动笔。

但无限期地拖延也不是办法，在停笔踌躇期间，我一直在思考，新一轮高考改革究竟改了些什么，和以往历次高考改革相比究竟有何不同。我的妻子，厦门工学院的王卉老师为本书的写作做了很多工作，提供了不少思路和资料。王卉有多年中小学从教经历，她提醒我说，新一轮高考改革引发了一系列的连锁效应，例如英语热降温，传统文化得到重视；“走班制”开始在中学盛行；选修课程开始增多……这些都是新一轮高考改革不同以往的地方。上述变化令社会各界叫好声一片，但我想做的，却不是一个随大流的“点赞者”，我更希望成为一个反思者。基础教育呈现出新的面貌固然可喜，但当我们沉浸于“走班制”对学生个性的尊重的时候，有没有思考过如何解决“走班”过程中的杂、乱和形式主义的问题？当我们流连于“导学案”对“学”的调动的时候，有没有考虑过是否只能“以学定教”而不能“以教促学”？我认可新一轮高考改革的意义以及基础教育变革的成效，但也希望能够更多地发现问题，看到不足。

我没有办法如同自然科学一般控制变量，先控制高考，然后看基础教育进行了哪些变革、多大程度上的变革，从而判断高考改革究竟给基础教育带来了什么样的影响。我把这个问题做了一个简单化的处理：如果某些高考改革的措施和基础教育的一系列变革相伴而生，那么即使不能说二者之间是“一一对应”的，但至少我们无法否认它们之间或多或少存在一些牵连。毕竟高考是基础教育的“指挥棒”，是“风向标”。因此，我在本书中着重讨论的是，在新一轮高考改革这一大背景下，基础教育究竟产生了哪些变革，如何看待这些变革，但并未纠缠于高考改革与基础教育变革之间精确对应的因果联系。这一思路给了我一个相对简单而宽松的写作空间，但也难免在一定程度上削弱本书的逻辑性。

本书的另一个特点，就是它并不试图从理念上、思想上为高考改革或基础教育变革指明方向，而是试图强调技术之于改革的意义。我不是技术决定论者，但也不赞同“理念变了，就能万事大吉”的观点。进入新世纪以来，指导基础教育变革的理念繁多，但如果不掌握相应的技术，“素质教育”可能会沦为空洞的口号，“学生中心”也可能异化为“学生主宰”或是“学生霸权”。而本书提到的学科交融的课堂要能够发展壮大，其前提也是任课教师充分掌握这类课堂的设计、引导与启发等方面的技术。高考改革也是如此。没有命题技术的进步，高考试卷的效度就得不到提高，也就无法考查出学生的真实能力；而没有科学合理的阅卷过程，即便我们有了高质量的试卷，也依然会被阅卷过程中存在的问题降低效果。因此，明知技术存在问题，却不予承认或不进行改进，依然仅仅呼吁“革新理念”，便不是明智之举。若本书能唤起人们对高考技术改革的重视，也算实现了一些目的。

无论是高考改革还是基础教育变革，目前都已经有了很多研究成果，但未来仍然需要更多持之以恒的关注和思考。本书的出版，既非这一研究的开始，更谈不上其终结。愿本书能带给关心高考、关注基础教育的研究者一些思考，若能承上启下、抛砖引玉，则吾将喜极而泣矣！

周序

2017年10月

图书在版编目(CIP)数据

高考改革与基础教育变革 / 周序著. —杭州：浙江教育出版社，2017.12

(高考制度变革与实践研究)

ISBN 978-7-5536-6768-3

Ⅰ.①高… Ⅱ.①周… Ⅲ.①高考-教育改革-研究-中国 Ⅳ.①G632.474

中国版本图书馆CIP数据核字(2017)第321683号

责任编辑 王凤珠　　**责任校对** 谢 瑶
美术编辑 韩 波　　**责任印务** 陈 沁

高考制度变革与实践研究
GAOKAO ZHIDU BIANGE YU SHIJIAN YANJIU

高考改革与基础教育变革
GAOKAO GAIGE YU JICHU JIAOYU BIANGE

周 序 著

出版发行 浙江教育出版社
(杭州市天目山路40号 邮编：310013)
图文制作 杭州林智广告有限公司
印刷装订 杭州富春印务有限公司
开　　本 710mm×1000mm 1/16
印　　张 14
插　　页 2
字　　数 214 000
版　　次 2017年12月第1版
印　　次 2017年12月第1次印刷
标准书号 ISBN 978-7-5536-6768-3
定　　价 35.00元
联系电话 0571-85170300-80928
网　　址 www.zjeph.com